商业计划书写作与通用模板

王琪◎编著

人民邮电出版社

北　京

图书在版编目（CIP）数据

商业计划书写作与通用模板 / 王琪编著. -- 北京：
人民邮电出版社，2021.1
ISBN 978-7-115-54787-3

Ⅰ．①商… Ⅱ．①王… Ⅲ．①商业计划－文书－写作
－高等学校－教材 Ⅳ．①H152.3

中国版本图书馆CIP数据核字(2020)第165936号

内 容 提 要

本书系统介绍商业计划书的撰写方法与技巧。全书共 10 章，第 1—8 章的主要内容包括商业计划书的基础知识、公司与产品介绍部分的写法、市场与行业分析部分的写法、运营与营销计划部分的写法、团队介绍与展示部分的写法、财务与融资计划部分的写法、风险管理与控制部分的写法、摘要与附录部分的写法等。第 9 章通过几个不同行业的商业计划书进一步综合分析商业计划书的写作方法与技巧，第 10 章介绍美化商业计划书的有效手段。

本书内容丰富、系统全面、实用性强，全书穿插大量的实际案例，可以帮助读者更好地学习和理解书中所讲的内容。通过阅读本书，读者能够在较短的时间内全面掌握商业计划书的写作方法和技巧。

本书可以作为大型公司商业运营部门、创业团队等需要撰写商业计划书的人群的自学参考书，也可以作为各类高等院校、高等职业院校创新创业、市场营销等课程的教材。

◆ 编　著　王　琪
　　责任编辑　刘　尉
　　责任印制　王　郁　焦志炜
◆ 人民邮电出版社出版发行　　北京市丰台区成寿寺路 11 号
　　邮编　100164　　电子邮件　315@ptpress.com.cn
　　网址　https://www.ptpress.com.cn
　　北京天宇星印刷厂印刷
◆ 开本：700×1000　1/16
　　印张：16.25　　　　　　　　2021 年 1 月第 1 版
　　字数：268 千字　　　　　　　2025 年 1 月北京第 11 次印刷

定价：59.80 元

读者服务热线：(010)81055256　印装质量热线：(010)81055316
反盗版热线：(010)81055315
广告经营许可证：京东市监广登字 20170147 号

前　言

　　无论是公司、团队还是个人，在寻求合作、寻找资金时，商业计划书就是其与投资人沟通的重要工具。在目前资本市场愈发成熟的背景下，无论是投资人还是寻找资金的人，都越来越看重商业计划书。一份好的商业计划书，可以促成并推进双方的合作；一份差的商业计划书，则可能直接失去融资机会。因此，学会撰写高质量的商业计划书非常重要。本书从写作模板的角度出发，将商业计划书的主要内容进行拆解，详细介绍各部分的写作方法和技巧，旨在帮助读者快速掌握商业计划书的撰写方法，使商业计划书能够在合作双方的沟通中更好地发挥作用。

※ 本书特色

◇ **引导案例：** 本书除第 9 章外，每章都通过一个案例进行情景引导，告诉读者了解该章知识对于撰写商业计划书的必要性，让读者可以通过实际发生的案例更深入地体会到学习相关知识的重要性。

◇ **系统讲解：** 本书第 1—8 章将商业计划书分为八大部分，每个部分为一章，每章详细剖析该部分的具体内容、具体写法和写作技巧，让读者深入了解商业计划书的构成与撰写方法。

◇ **案例与模板展示：** 在介绍商业计划书各个部分的写法时，为了让读者更直观地看到该写法在实际工作中的应用效果，本书提供了大量展示案例供读者阅读与学习，并提供相应部分的写作模板供读者参考使用。

◇ **案例分析：** 本书在介绍完商业计划书的写法后，会对若干案例进行分析，通过分析，读者除能学习他人的写作技巧外，还能进一步对该章所学知识融会贯通。

◇ **疑难解答：** 全书在每章最后均设有"疑难解答"栏目，主要用于对书中的内容进行解释、延伸，让读者更全面深入地理解所学内容。

※ 作者团队

本书由王琪编著，参与资料收集整理的人员还有肖庆、李秋菊、黄晓宇、蔡长兵、牟春花、熊春、李凤、蔡飔、曾勤、廖宵、何晓琴、蔡雪梅、罗勤、李星、李婷婷、蒲加爽、张健、连伟、杨楠、韩璐等。

尽管在本书的编写与出版过程中，我们一直力争做到精益求精，但由于水平有限，书中难免存在疏漏和不足之处，恳请广大读者批评指正。

编者

2020 年 7 月

目 录

第 1 章

从零开始——
认识商业计划书

在商业社会中，无论是创业者，还是公司的管理人员，他们缺乏的往往不是想法、创意和点子，而是资金。当发现了机会，需要资金运作的时候，商业计划书就成了募集资金的重要工具。

那么，商业计划书到底有什么作用？商业计划书由哪些内容组成？投资人又是如何看待商业计划书的呢？这些问题就是本章将要探讨的内容。

引导案例

　　某团队研发出了一种新型高科技材料，为了抢占先机，他们马上联系了一众投资人，兴致勃勃地向投资人阐明这种材料的优势、市场价值，希望投资人能够投资这个项目。然而投资人的态度都较为平淡，他们一致认为该团队虽然研发出了一种新型材料，但没有想好如何进行开发和应用，更没有明确的营销计划和财务规划，并认为这项投资的风险太高。

　　在这期间，投资人同时接触了另外一个类似的开发团队，该团队带着他们的项目和一份上百页的商业计划书，用于说明项目情况并寻求投资。面对这份厚厚的商业计划书，投资人也只是象征性地浏览了一遍。因为对投资人而言，他们经常会浏览大量的商业计划书，对于这种动辄上百页的商业计划书，除非项目非常具有优势，否则他们也不会真正重视。

　　以上两个团队寻求投资的过程显然都以失败告终，他们都需要重新认识商业计划书在招商引资中应该发挥的作用。

案例分析

　　无论是团队还是个人，当手握一个优质的项目准备寻求投资时，都需要商业计划书助其一臂之力。没有商业计划书，投资人根本无法真正了解项目的具体情况；而一份长篇大论、啰唆重复的商业计划书，也无法引起投资人的阅读兴趣，这就可能导致投资人无法真正发现项目或产品的特色或优势。好的商业计划书，不仅内容要全面，篇幅也要控制在投资人能够接受的范围内，这样投资人可以完全掌握项目的情况，进而才能认真思考后续投资的事项，提高投资成功率。

1.1　商业计划书概述

　　商业计划书（Business Plan，BP）是公司、团队或个人为了达到招商融资和其他发展目标，将自身的项目、产品或服务介绍给投资人，并经过对市场、行业、团队、营销、财务、风险等各方面的分析后，最终希望实现融资、寻求合作伙伴、业务并购等目的的一种书面文件。下面将介绍商业计划书的作用和撰写流程。

1.1.1　商业计划书的作用

商业计划书的作用不仅仅是招商融资，它还有许多重要却容易被大家忽略的作用，主要包括以下3个方面。

1. 获得投资

好的商业计划书是获得投资的关键。好的商业计划书能够把公司和项目的优势、潜力、运营思路、商业模式等完美地展现给投资人，使投资人可以更快、更好地了解投资项目，提升投资人对项目的信心，最终达到为项目筹集资金的作用。

2. 寻求合作

商业计划书中展现的相关内容，可以向业务合作伙伴和其他相关机构提供必要的合作信息，最终促成双方或多方合作。比如，当公司需要向其他某个陌生领域发展时，就可以撰写商业计划书，向该领域的某个公司、团队或个人表达自己寻求合作的愿望，如果对方也能在合作中得到相应发展，最终双方就可能结成战略合作伙伴关系，实现共赢。

3. 业务并购

如果需要将公司或公司的某个业务出售，可以通过商业计划书向对方说明项目的价值，以期获得被并购的机会。在这种情况下，为了在并购过程中获得主动权和优势，最终获得收益，被收购的公司就更需要通过商业计划书体现项目在市场前景、竞争环境、管理团队、风险控制和财务预测等方面的优势。

专家指导

撰写商业计划书的过程，也是对产品或项目进行进一步分析和规划的过程。因此商业计划书应当由项目负责人执笔，项目负责人在这个过程中进一步厘清思路，做好被投资人询问各种问题的准备。如果项目团队负责人能够对每个问题都对答如流，那么项目团队就能在投资人心中留下更好的印象。

1.1.2　商业计划书的撰写流程

从商业计划书具有的重要作用可知,其撰写流程必然是一个复杂而严谨的过程。总体来看,商业计划书的撰写流程有四大环节,如图1-1所示。

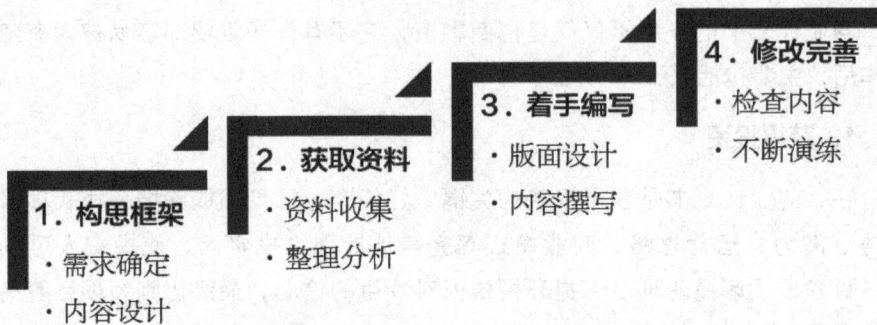

4．修改完善
・检查内容
・不断演练

3．着手编写
・版面设计
・内容撰写

2．获取资料
・资料收集
・整理分析

1．构思框架
・需求确定
・内容设计

图1-1　商业计划书的撰写流程

1. 构思框架

着手撰写商业计划书之前,首先需要确定需求,即确定撰写商业计划书的目的是获得投资还是寻求合作,是项目需要融资还是公司需要合作或并购等,这样才能找准战略方向。接着就需要确定商业计划书中应当包含的主要内容,比如涉及生产的项目或产品,是否考虑在商业计划书中着重体现生产优势,高精尖项目是否体现技术壁垒内容等。从整体出发,将整个商业计划书的架构和内容确定下来,方便后面更有目的地对需要的资料进行收集、整理和分析。

2. 获取资料

商业计划书中一般都会涉及大量的数据和其他各种资料,如市场情况、竞争对手情况等,这些资料都需要通过收集来获取。对于外部资料而言,收集的方法主要有问卷调查,整理各种报纸、刊物等提到的数据,购买数据统计机构统计并分析好的数据等。无论采取哪种或哪些方式,都一定要保证所收集的资料的正确性,切忌胡编乱造。

收集好资料后,可以进一步对资料进行汇总、整理和分析,提炼出最有价值的数据供撰写商业计划书使用。无须将大量枯燥无用的数据都放到商业计划书中,否则这些数据不仅毫无作用,还会增加商业计划书的篇幅。在提炼数据资料时,可以充分借助表格、图片等工具,以便更直观生动地将数据展示出来。

3. 着手编写

确立了框架并整理好数据后，就可以开始为商业计划书设计版面效果了。比如，对于科技类公司或产品，可以将整个商业计划书设计得充满科技感，少儿培训类项目则可以让商业计划书显得活泼生动等。

完成版面设计后，就可以着手编写商业计划书了，整个编写工作应由项目负责人或公司负责人来完成，原因是通过编写，负责人可以进一步熟悉项目或产品的情况，提前发现缺陷或不足，也可以找到更多的优势和特色，为最终向投资人展示做好更加充分的准备。

4. 修改完善

商业计划书并不是一步到位的，它需要反复修改和完善，才能得到最终的版本。特别是一些涉及政策性内容和市场变化较快的项目，更需要及时修正内容，确保信息和数据的正确性和时效性。

另外，商业计划书还需要负责人不断地进行演练，这样可以更充分地做好准备工作，在投资人面前更加自信，做到对答如流、游刃有余。

1.2 从投资角度看商业计划书

就目前而言，商业计划书最主要的用途是获取投资。因此可以从投资角度出发，了解投资人的一些投资思维和他们所关心的内容，这样就可以更好地撰写出满足投资人需求的商业计划书。

1.2.1 分析投资人的思维模式

一般情况下，投资人的投资思维是"了解→判断→方案"。投资人首先要了解需要投资的项目、产品、公司和人（管理团队），并确保正确无偏差地理解这些对象；其次，投资人需要进一步判断产品或项目是否可以投资，这考验的是投资人的投资经验、专业知识、分析能力和判断力等；最后，投资人会看项目的方案是否具体可行，只有拿出投资项目的详细方案，才更容易打动投资人。如果该项目的运作模式尚未得到市场验证，比如初创公司的某个创新项目，就更需要清楚地向投资人介绍这个项目的可行性。

1.2.2　关注投资人关心的内容

投资人在初步判断一个项目时，最关心的内容是方向（即市场）、团队、商业模式和营利模式，这些内容都需要在商业计划书中有所体现。

» **方向**：一颗选择了花盆的种子，是无法成长为参天大树的。不管种子质量多好，后期施肥、修枝等管理工作做得多么到位，如果一开始方向就错了，后面再怎么做也于事无补。投资人肯定不会投资没有前景的市场。选择好项目或产品的方向，实际上就是提前为寻求到投资打下了坚实的基础。

» **团队**：除了名气之外，投资人欣赏的管理团队需要具备一定的特质，比如富有激情、理想和使命感，有积极乐观的心态，有较强的合作意识和能力，有极强的学习能力和解决问题的能力等。

» **商业模式**：投资人需要了解项目是如何运作的，到底要投资什么样的产品，这种产品能为用户提供什么价值等。投资人只有充分了解了项目的商业模式，才能分析项目和投资的可行性。

» **营利模式**：在了解了商业模式后，如何营利就成了投资人最为关心的问题之一。投资人一般都具有长远的眼光，即使现在没有获得利润，只要项目有前途，商业模式和营利模式没有问题，他们也是会投资的。

1.3　商业计划书的内容组成

按排列的先后顺序，商业计划书一般由目录、摘要、核心内容、附录等部分组成，其中核心内容会根据产品或服务的不同而有所取舍，下面进行具体介绍。

1.3.1　目录与摘要

目录与摘要是商业计划书的开头部分。其中，目录一方面可以让投资人快速了解整个商业计划书的内容结构，另一方面可以引导投资人快速翻阅到需要的内容。

摘要则是对整个商业计划书内容的高度提炼，能够反映商业计划书的全貌。投资人可以用大约10分钟的时间阅读完整个摘要的内容，并以此决定是否继续阅读后面的正文内容。因此，摘要应该通过简洁有力的表述，将公司、项目、产品等内容全方位地展现在投资人眼前，务必引起投资人的兴趣，使其有进一步阅读的想法。

1.3.2 核心内容

商业计划书的核心内容主要涉及公司与产品介绍、市场与行业分析、运营管理与营销计划、团队介绍与展示、财务与融资计划、风险管理与控制等方面。

1. 公司与产品介绍

公司与产品介绍一般是商业计划书需要首先展现的核心内容。通过这部分内容，投资人可以第一时间了解需要投资的对象。介绍公司时，可以将公司的基本情况、定位、规划和取得的成绩向投资人进行简要说明，让投资人对公司的实力有一定的了解；介绍产品时，则可以将产品的详细情况、优势和营利情况进行说明，让投资人了解该产品是极具竞争力的产品。图1-2所示为公司与产品介绍涉及的问题。

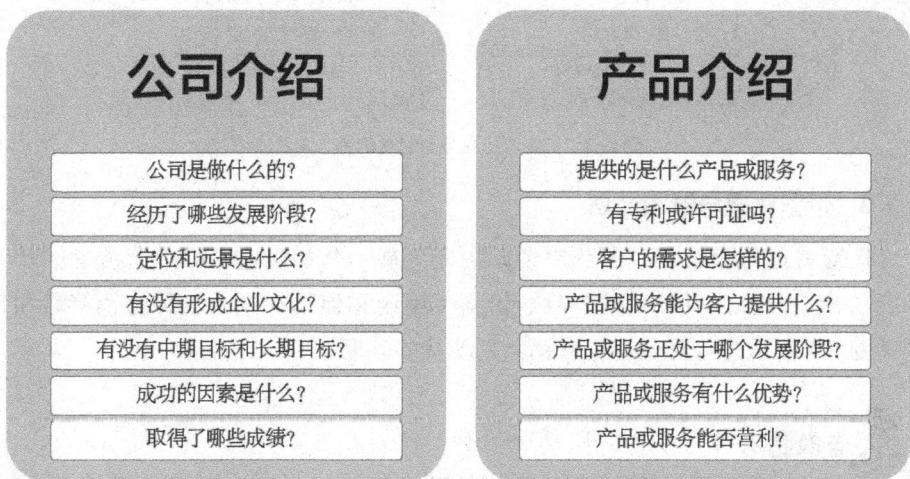

公司介绍

- 公司是做什么的？
- 经历了哪些发展阶段？
- 定位和远景是什么？
- 有没有形成企业文化？
- 有没有中期目标和长期目标？
- 成功的因素是什么？
- 取得了哪些成绩？

产品介绍

- 提供的是什么产品或服务？
- 有专利或许可证吗？
- 客户的需求是怎样的？
- 产品或服务能为客户提供什么？
- 产品或服务正处于哪个发展阶段？
- 产品或服务有什么优势？
- 产品或服务能否营利？

图1-2 公司与产品介绍包含的基本内容

专家指导

具备研发优势的公司，可以将研发资金投入的情况、研发人员和设备的配置情况及研发的先进技术向投资人做简要说明，进一步体现公司的研发实力和优势。

2. 市场与行业分析

市场与行业分析部分可以向投资人说明本项目团队对市场和行业的了解情况，从而论证项目和产品能否在市场中占有一席之地并发展壮大。比如，分析市场时可以对市场的总体环境、供需情况、市场细分等数据进行分析；分析行业时可以对行业发展趋势、竞争度、需求痛点、产业链等进行分析。图1-3所示为市场与行业分析涉及的问题。

市场分析

- 市场现在和将来的规模有多大？
- 应该如何对市场进行细分？
- 产品或服务应该定位在哪个群体？
- 进入市场有无障碍？
- 市场供需情况如何？
- 市场对客户的依赖有多大？
- 竞争对手占据了多少市场份额？

行业分析

- 行业发展的趋势如何？
- 行业竞争激烈吗？
- 是否找准了行业的需求痛点？
- 行业的产业链情况如何？
- 哪些竞争对手最具威胁？
- 竞争对手提供了哪些产品或服务？
- 竞争对手有哪些优势？

图1-3 市场与行业分析包含的基本内容

3. 运营管理与营销计划

运营管理与营销计划部分需要向投资人展示公司和业务的运营流程、运营经验、管控方法，以及包括产品、价格、渠道和促销在内的各种营销策略和计划。图1-4所示为运营管理与营销计划涉及的问题。

专家指导

运营是指公司或公司的某个业务如何进行运作与经营的；营销是指以销售为目的、以客户为中心，通过制定各种策略来提升销售业绩的过程。

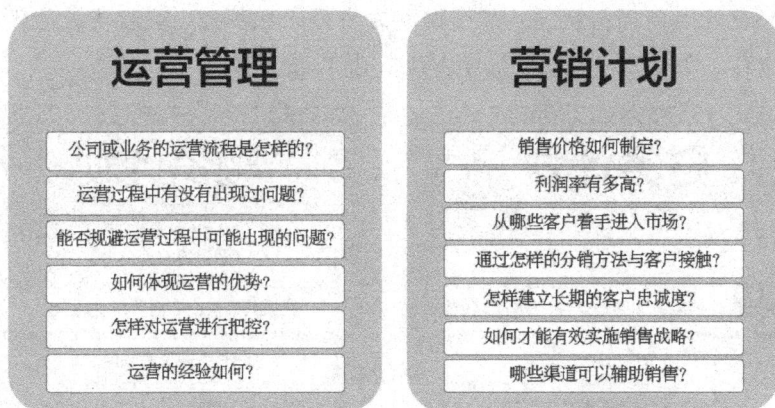

图1-4 运营管理与营销计划包含的基本内容

4. 团队介绍与展示

项目团队是投资人非常看重的因素，有些投资人宁可投资"二流的项目、一流的团队"，也不会投资"一流的项目、二流的团队"，由此可见团队在吸引投资方面的重要性。商业计划书中的团队介绍与展示部分，可以全面介绍公司管理团队的情况，如公司组织架构、核心管理人员的基本情况、团队优势等。图1-5所示为团队介绍与展示涉及的问题。

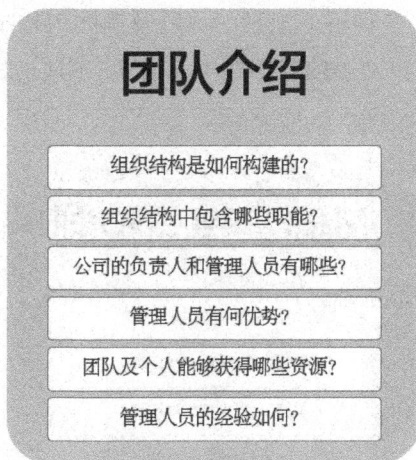

图1-5 团队介绍与展示包含的基本内容

5. 财务与融资计划

财务与融资计划部分需要向投资人说明公司的财务情况和财务规划，并预测未来经营的财务损益状况；需要说明融资需求和用途、股权出让比例和退出方式等内容。图1-6所示为财务与融资计划涉及的问题。

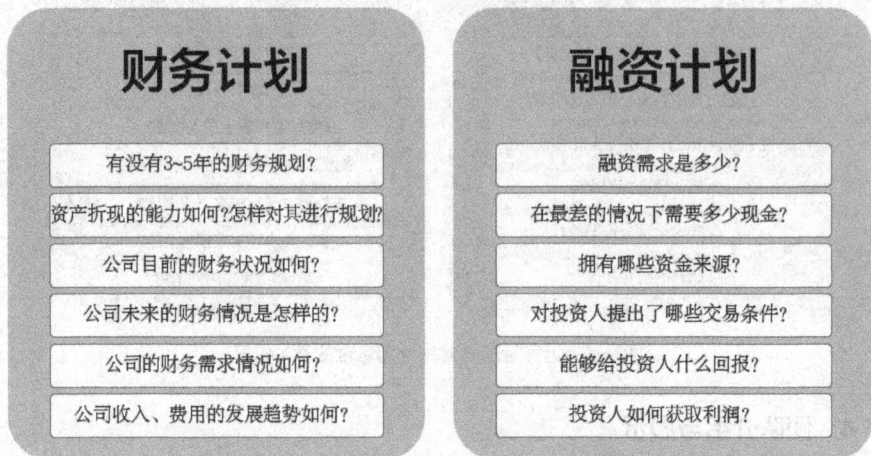

财务计划

- 有没有3~5年的财务规划？
- 资产折现的能力如何？怎样对其进行规划？
- 公司目前的财务状况如何？
- 公司未来的财务情况是怎样的？
- 公司的财务需求情况如何？
- 公司收入、费用的发展趋势如何？

融资计划

- 融资需求是多少？
- 在最差的情况下需要多少现金？
- 拥有哪些资金来源？
- 对投资人提出了哪些交易条件？
- 能够给投资人什么回报？
- 投资人如何获取利润？

图1-6　财务与融资计划包含的基本内容

6. 风险管理与控制

投资自然有风险，但如果公司将所有风险都考虑到了，并提供了有力的防范和管控措施，能够有效降低投资风险，自然可以增加投资人的信心。因此在商业计划书中，可以将各种可能出现的风险及其防范措施、管控措施，甚至对风险造成的损失的处理措施等内容，都体现出来。图1-7所示为风险管理与控制涉及的问题。

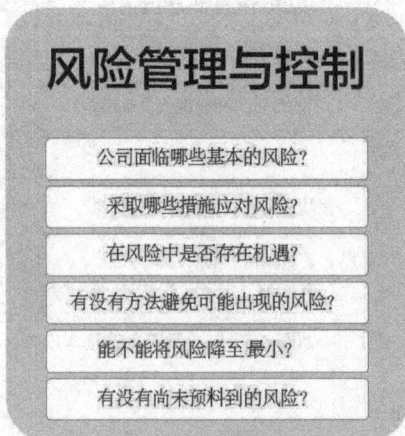

风险管理与控制

- 公司面临哪些基本的风险？
- 采取哪些措施应对风险？
- 在风险中是否存在机遇？
- 有没有方法避免可能出现的风险？
- 能不能将风险降至最小？
- 有没有尚未预料到的风险？

图1-7　风险管理与控制包含的基本内容

1.3.3　附录

附录的作用是对商业计划书中的部分内容或数据进行解释、说明或汇总，使整个商业计划书的内容更容易被投资人理解。虽然附录不是商业计划书必备的组成部分，但大多数商业计划书中都包含附录部分。

专家指导

> 不同的公司、项目或产品，在寻找投资时制作的商业计划书都各有特色，上述内容并不是商业计划书的固定内容，在实际工作中可以适当参考和应用，根据公司、业务、产品或服务的具体情况，制作出最符合自身需求的商业计划书。

1.4　案例分析

罗飞科技有限公司是生产智能科技膜的一家公司。为了扩大规模，公司需要寻求5 000万元的投资，以下即该公司撰写的商业计划书。下面通过对该案例的阅读与分析，帮助读者进一步熟悉商业计划书的基本内容。

罗飞科技有限公司科技膜商业计划书

一、摘要

罗飞科技有限公司（以下简称罗飞公司）生产的科技膜（TL Film）是一种智能控制的功能薄膜，科技膜能够通过电场来调节光的通过状态，使其在全透明的光学状态和类似毛玻璃的散射光学状态之间自由切换。该科技膜可以广泛应用于汽车车窗贴膜、广告投影幕墙、室内隔断贴膜、智能家电触摸屏等领域。

在2020年，科技膜在智能窗市场的规模可达100亿元，在智能家具领域的市场规模可达1 000亿元，在公装智能隔断市场的规模可达100亿元。

公司目前在市场上的竞争对手主要有两家，它们都是应用型企业，不具备核心材料的生产技术。与竞争对手相比，我公司产品的驱动电压最小，属于人体安全电压范围，而它们产品的驱动电压均高于人体安全电压。我公司产品能耗为1瓦特/平方米，远低于它们产品的能耗（6瓦特/平方米）。另外，我公司最显著的优势在于拥有核心材料的生产专利和多元化的产品。

我公司将针对中高端产品领域，提供基于科技膜的系统集成增值服务及解决方案，逐渐建立品牌，并通过代理商和自主销售团队同时进行销售。同时，我们已着手量产第二代产品，研发下一代产品，保持市场和技术领先。

我公司核心管理人员均参与了国家项目，具备扎实的技术和管理能力，拥有丰富的创业经验。团队成员均具有15年以上行业从业经验。

公司未来3年财务预测：第一年预计税前利润亏损60万元，第二年实现税前利润550万元，第三年实现税前利润1 330万元。

公司本次计划融资5 000万元，转让公司20%的股权。本次融资主要用于补充中试线运营的资金及改进中试线、增加产能。

罗飞公司致力于成为科技膜产品应用的整体方案提供商，公司拥有核心生产技术、优秀的管理团队和营销计划，在智能科技膜市场将会有很好的市场前景和发展空间！

二、公司简介

成立时间：2010年8月13日。

注册资本：400万元。

法人代表：张××。

公司面积：1 200平方米。

厂房面积：800平方米。

公司定位：以市场为导向，以技术为基础，致力于成为卓越的中国科技膜产品技术引领者以及基于科技膜产品应用的整体方案提供商。

三、产品介绍

科技膜是一种智能控制的功能薄膜，是利用电场来调节光的通过状态的光阀产品。用户可以通过遥控器或手机软件对科技膜进行光学状态调节，既可以将其变成全透明的光学状态，也可以将其变成像毛玻璃一样的散射光学状态。

科技膜的应用范围非常广，可以用作汽车玻璃及全景天窗贴膜；可以用作背投方式的投影幕墙（并结合多媒体触控功能，实现商业广告橱窗等应用领域的人机互动效果）；可以用作住房、写字楼的室内隔断贴膜，替代传统的百叶窗；可以用在智能家具、智能家电等领域。

（详细介绍略）

四、市场分析

关于科技膜产品的市场容量，这里通过3个应用领域进行简单介绍。

1. 智能窗市场。根据××财务统计机构的预测，若按智能窗目前3 000元/平方米的售价计算，预计2020年市场规模将增长至每年20亿元；如按2 000元/平方米的售价计算，预计市场规模将增长至每年100亿元。

2. 智能家具市场。随着智能家居大环境的成熟，智能家具势必成为智能家居中非常重要的一环。有数据显示，2008年全国房地产市场直接带动的家居市场容量达到11 800亿元，近3年家居市场容量的复合增长率为18%。就算智能家具只占10%的市场份额，也可达到上千亿元的市场规模。

3. 公装智能隔断市场。目前我公司正为一家酒店提供整体方案服务，该项目可以带来100万元左右的销售额。以1 000家类似规模酒店计算，可以产生百亿元以上的市场规模。另外，全国有超过12万个银行营业网点，一个营业网点工程按15万元计算，当推广率达到50%时，将产生100亿元以上的市场规模。

五、主要竞争对手分析

目前市场上主要的竞争对手为甲公司和乙公司。它们都是应用型企业，核心材料基本都是通过采购取得，自身不具备核心材料的生产技术。它们通过采购液晶、聚合物、PET薄膜等材料，然后加工制成薄膜或夹胶玻璃进行销售。

我公司与甲、乙两公司的产品优劣势比较如下表所示。

公司	驱动电压	能耗	特点	是否掌握核心材料技术
我公司	人体安全电压范围内，不超过36伏	1瓦特/平方米	产品多元化，能针对客户的不同需求提供个性化定制服务，比如以不同光学状态显示公司商标等	拥有核心材料专利，技术团队是做材料出身的
甲公司	高于人体安全电压，55~75伏	4~6瓦特/平方米	产品单一，其产品出口业务做得比较好	液晶及聚合物核心材料为外购取得
乙公司	高于人体安全电压，60~110伏	6~10瓦特/平方米	产品单一，其产品在与投影及多媒体结合方面做得比较好	液晶及聚合物核心材料为外购取得

六、市场营销策略

1. 代理商分销和自主销售团队销售同时进行。业务拓展方面着重于满足终端客户个性化、差异化的产品定制需求，通过提高终端用户对产品增值服务的满意度，提高代理商的黏度。

2. 针对中高端产品领域，比如银行、商业橱窗、高档酒店、别墅、写字楼等场所，提供基于科技膜的系统集成增值服务及解决方案，逐渐建立品牌。

3. 基于科技膜的光学特性，针对智能家居产业链环节的智能家电及智能家具产品，开发并销售智能硬件。

4. 通过优化工艺、提高产量、降低成本，最终达到推广产品至普通家庭用户的目的。同时，量产第二代产品，研发下一代产品，实现市场和技术领先的目标。

七、团队介绍

公司管理架构如下图所示。

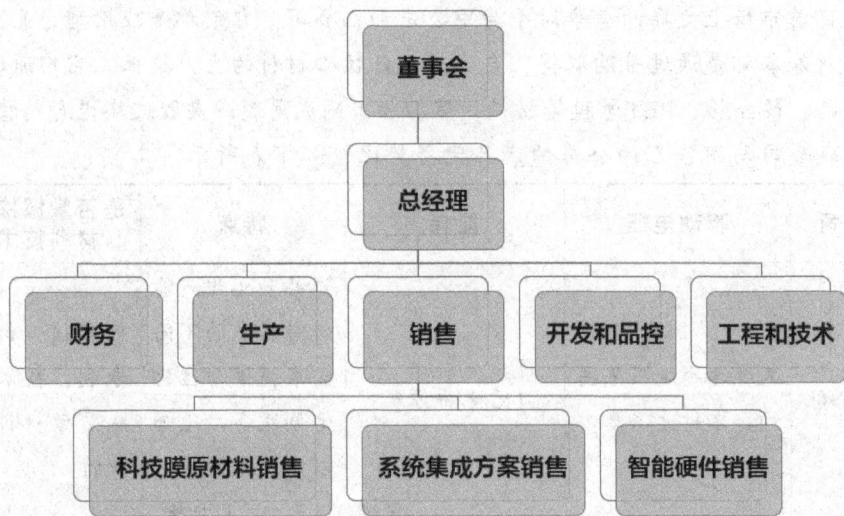

罗飞公司核心团队成员均具有15年以上的液晶及聚合物体系开发经验及15年以上的LCD显示行业从业经验。同时，核心团队成员都有创业经历，创立的企业目前运营良好。

董事长：张××，男，正高职称，参加国家及省部级项目10余项，并作为主要负责人两次承担国家863项目；先后申请国家发明专利12项。

总经理：宋××，男，副高职称，理学学士学位；毕业后一直在LCD显示行业内工作，作为技术骨干两次参与国家863项目，多次获得科技进步奖；先后开发并申请了3项专利。

销售代理：刘××，男，副高职称；从业17年，对光学膜材应用及市场有很深的理解；2015年担任××科技有限公司副总经理，主要负责透明视窗玻璃屏蔽薄膜、低辐射功能薄膜、建筑装饰玻璃贴膜产品的推广及销售工作。

销售代理：李××，男，有在日企10年的工作经验；善于沟通，勤于分析，有良好的交际能力，对各个行业均有一定程度的了解，熟悉进出口贸易及国内贸易的各项流程。

八、近3年财务预测

财务预测	项目	2019年	2020年	2021年
收入（万元）		100	1 800	3 600
各项销售额度对总收入的占比	科技膜	20%	25%	20%
	系统集成工程	60%	50%	50%
	智能硬件产品	20%	25%	30%
成本各项对总收入的占比	科技膜	15%	15%	15%
	系统集成工程	45%	42%	40%
	智能硬件产品	40%	43%	45%
毛利润		40%	50%	55%
销售、管理、财务费用（万元）		100	350	650
税前利润（万元）		-60	550	1 330

上表为我公司近3年的财务预测。

九、融资计划及资金使用

融资计划：通过转让20%的股权，融资5 000万元。

资金用途：本次融资主要用于补充中试线运营资金以及改进中试线。

十、联系方式

联系人：王××。

电话：139××××××××。

传真：028-8564××××。

电子邮件：5110××××@qq.com。

网址：www.TL××.cn。

地址：四川省成都市锦江区下东大街×××号。

案例分析 该商业计划书内容简洁、篇幅较小，有利于投资人快速了解需要投资的项目。从内容上看，该商业计划书包含摘要、公司简介、产品介绍、市场分析、主要竞争对手分析、市场营销策略、团队介绍、近3年财务预测、融资计划及资金使用以及联系方式等内容，涵盖了几乎所有投资人关心的对象。其中，公司简介和产品介绍说明得较为清楚，市场分析与竞争对手分析是此商业计划书的亮点之一，利用真实有效的数据体现出了这个市场规模的庞大，通过与竞争对手的直观对比展示了自身的优势。另外，市场营销策略确定的营销方向的细节内容没有提及，这也无可厚非，可以在后期交流中进一步解释。团队介绍和财务预测也可圈可点。

该商业计划书的问题在于融资计划及资金使用的内容。首先，对资金用途应该进一步说清楚；更重要的是，应当在商业计划书中体现投资人的退出方式，如公司回购、分红等，该商业计划书遗漏了这一点。总体而言，作为篇幅较小的商业计划书，该案例的写法是较为典型的，有一定的参考价值。

1.5 疑难解答

问： 商业计划书的篇幅应控制在什么范围内比较合适呢？

答： 原则上对商业计划书的篇幅没有统一的规定，但鉴于投资人需要阅读的商业计划书可能较多，因此篇幅不宜过长。一般来说，整份商业计划书的页数控制在20～30页即可，内容较多时30～40页为宜。

问： 商业计划书需要制作封面吗？

答： 完整的商业计划书是需要封面的，封面的内容一般是"××公司商业计划书"或"××项目商业计划书"。有些商业计划书会在封面下方或另起一页说明保密协议的内容，如该计划书属于商业机密，不得外传，需要保密等内容。实际上，如果某个项目或产品的进入壁垒很高，是不需要特别注明保密协议的内容。换句话说，具有保密协议的商业计划书，在一定程度上也说明其产品或服务是很容易被复制的，是容易失去竞争力的，故需要对内容保密。

第 2 章

单刀直入——
公司与产品介绍

公司与产品介绍往往是一篇商业计划书正文的开头。从投资人的角度来看，整篇商业计划书的质量，或多或少地能从公司与产品介绍中看出来。因此，公司与产品介绍不仅要描述准确，还应该简洁有力，能够吸引投资人，让他们产生继续读下去的兴趣。

本章将分别从公司介绍和产品介绍两个方面进行讲解，着重讲解公司基本情况、公司定位与规划、公司取得的成绩、产品详细情况、产品的优势、产品的营利模式等内容的撰写方法与技巧。

引导案例

　　某智控电子有限公司为了让投资人在最短的时间内了解公司，特撰写如下介绍公司的内容。

　　我公司全称为"××智控电子有限公司"，公司属于有限责任公司。公司拥有行业领先的手机远程控制技术，它能提供更加轻松、有序、高效的现代生活方式，在繁忙的现代生活节奏中改善人们的生活质量。

　　项目负责人阅读后觉得内容过于简单，无法让投资人对公司产生全面和立体的认识，于是要求对内容进行修改。修改后的公司介绍内容如下。

　　我公司全称为"××智控电子有限公司"，公司属于有限责任公司。公司拥有行业领先的手机远程控制技术，它能提供更加轻松、有序、高效的现代生活方式，在繁忙的现代生活节奏中改善人们的生活质量。

　》成立时间：2019年×月×日。

　》注册资本：800万元。

　》法人代表：×××。

　》公司面积：1 000平方米。

　》厂房面积：600平方米（千级净化车间）。

　》产线情况：中试线设计月产能2 000件。

　》经营状况：2019年×月底完成了中试线的全部调试工作；2019年×月生产出第一批合格的产品；2019年×月开始对外做试点销售。

案例分析

　　公司介绍是为了让投资人对公司有初步的了解，因此篇幅不宜过长，但前提是它能让投资人对公司有足够的了解。上述案例在修改前，虽然内容非常简洁，但对于投资人而言，只了解到该公司拥有"行业领先的手机远程控制技术"，对公司实力等其他方面一无所知。修改后虽然内容增加，但关键问题还是没有得到解决，那就是公司是做什么的？生产什么产品？提供什么服务？因此在修改后的内容的基础上，还应该增加上述内容，让投资人了然于胸，否则投资人看完公司介绍后仍是一头雾水。

2.1 简明扼要地介绍公司

商业计划书撰写人应当既简洁又全面地介绍公司情况，具体可以从公司基本情况、公司定位与规划以及公司取得的成绩这3个方面着手，让投资人在短时间内了解和熟悉公司情况。

2.1.1 公司基本情况

介绍公司基本情况时，可以将公司成立的情况、公司业务、公司地理位置等信息体现出来，这样不仅能让投资人了解公司，也可以通过展现出的真实可靠的信息进一步取得投资人的信任。

1. 公司成立情况适当提及

一般来说，成立不久或刚成立的公司，应该将公司成立的情况在商业计划书中体现出来，如公司类型、注册资本、负责人、股份占比等信息。非初创公司还可以将公司大事记进行简要罗列。

（1）公司类型

常见的公司类型如图2-1所示，各公司类型的含义如下。

公司法规定的公司类型

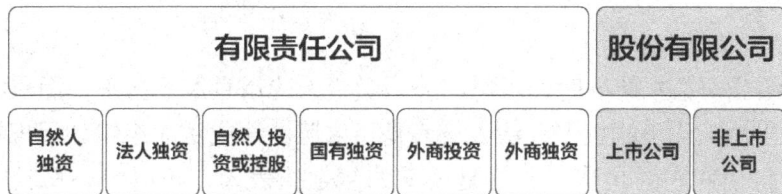

有限责任公司						股份有限公司	
自然人独资	法人独资	自然人投资或控股	国有独资	外商投资	外商独资	上市公司	非上市公司

图2-1 常见的公司类型

» **有限责任公司**：股东以其认缴的出资额为限对公司承担责任的公司。

» **股份有限公司**：股东以其认购的股份为限对公司承担责任的公司。

» **自然人独资公司**：一人投资经营，投资者对公司承担无限责任的公司。

» **法人独资公司**：由法人出资经营，归法人所有和控制，由法人承担经营风险并享有公司全部经营收益的公司。

» **自然人投资或控股公司**：由自然人出资开办的，而不是国家或其他法人开办，自然人拥有公司股份（一般超过50%），能够控制公司的一种公司类型。

» **国有独资公司**：由国家授权投资的机构或国家授权的部门单独投资设立的有限责任公司。

» **外商投资公司**：由中国投资者与外国投资者共同投资设立的公司。

» **外商独资公司**：由外国投资者单独投资设立的公司。

» **上市公司**：指公司公开发行的股票经过中华人民共和国国务院（下文简称"国务院"）或国务院授权的证券管理部门批准在证券交易所上市交易的股份有限公司。

» **非上市公司**：指公司股票没有上市，也没有在证券交易所交易的股份有限公司。

（2）注册资本

公司的注册资本分为认缴资本和实缴资本。其中，认缴资本指的是在办理工商登记时登记的出资总额，而不是实际缴纳的金额；实缴资本则是指实际的出资总额。商业计划书中应该尽量清楚地说明这两项资本的具体情况，让投资人对公司的注册资本情况了解得更为透彻。

◉ **案例**   **某IT公司商业计划书的注册资本说明情况**

注册资本为5 000万元，实缴资本为3 900万元，其中现金资本3 200万元。

（3）负责人

介绍公司基本情况时，可以将公司负责人的信息展示出来，而最常见的就是写出法人代表的姓名。法人代表是指依照法律或法人组织章程规定，代表法人行使职权的负责人，它是公司的法定代表人，可以由公司股东、董事、经理等实际负责人兼任。

如果公司的实际负责人在行业内较为有名，则建议列出负责人的信息，这样可以吸引投资人，增加其投资信心。

（4）股份占比

股份占比可以进一步体现公司股东的构成以及各股东在公司的权利和责任。介绍股份占比时一般需要详细说明股东名称、出资金额及其占股比例。某生物科技有限公司商业计划书的股份占比介绍就展示了这几方面的信息，如图2-2所示。

××生物科技有限公司股东及占股比例

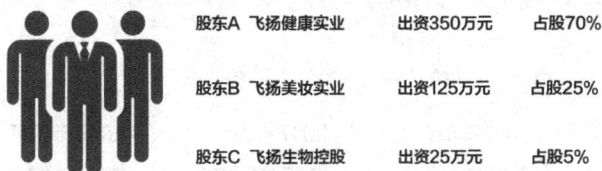

股东A 飞扬健康实业	出资350万元	占股70%
股东B 飞扬美妆实业	出资125万元	占股25%
股东C 飞扬生物控股	出资25万元	占股5%

图2-2 公司股东及股份占比介绍

（5）公司大事记

公司大事记可以将公司发生的重大事件记录并反映出来，通过时间、人物、地点、事件等元素详细介绍公司发生的大事。商业计划书中的公司大事记可以简化为"时间+事件"的撰写方式，说明某个时间段发生的对公司而言属于重大事项的事件或活动。特别是对于处于创业初期的公司或不知名的公司来说，展现大事记可以让投资人了解公司的发展经历，借此判断公司的实力。

👁 **案例**   **某生物科技有限公司商业计划书的大事记内容**

> 2016年
> 8月，××公司正式成立；10月，注册"××××"商标。
> 2017年
> 1月，第一代产品上市；8月，申请××项国家专利。
> 2018年
> 1月，××系列产品上市；4月，申请4项国家专利；5月，第一代产品改良升级；6月，第一款平台定制产品上线。
> 2019年
> 3月，申报国家高新技术企业。

👨 **专家指导**

如果公司成立初期并没有能够吸引投资人的大事记，则可以省略这一内容，不需要将无足轻重的事件强行列为大事记，这样会影响投资人对公司的印象。另外，公司大事记由于具有明显的时间顺序关系，因此可以使用图示化的方式来展现，这样更利于内容的表达，如图2-3所示。

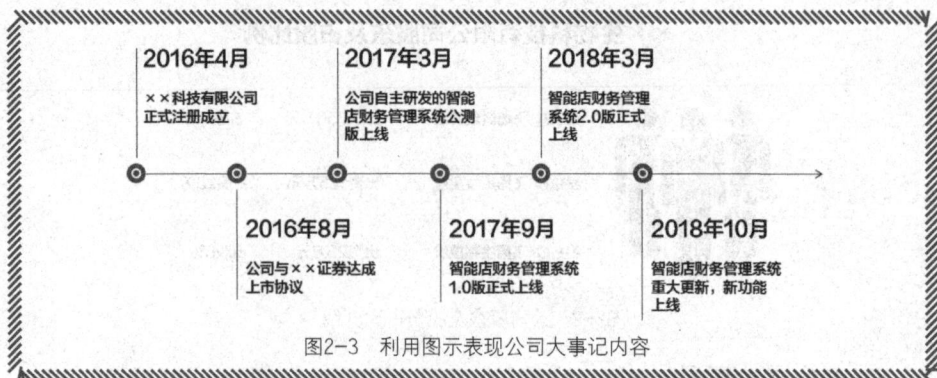

图2-3 利用图示表现公司大事记内容

2. 公司业务总结性介绍

介绍完公司的基本情况后，可以总结性地介绍一下公司的主要业务，让投资人明白公司是做什么的。介绍公司业务的篇幅不宜过长，能够让投资人清楚公司的主要业务和行业范围即可。以下案例为某品牌沙拉隶属的公司业务介绍内容，其简洁有力地说明了公司提供的产品是什么、以什么为卖点、有什么优势等。通过这些内容，投资人可以在短时间内对公司有进一步的认识。

👁 **案例**　　　　　　　某品牌快餐商业计划书的公司业务介绍

　　××沙拉成立于2015年××月，隶属于××餐饮管理有限公司。品牌致力于为大众提供绿色健康的食物。所有果蔬、肉类、豆制品等均选用有机绿色食品。每一款产品都经过专业营养师的精心打造，能提供人体基础代谢所需的各种营养。产品以时尚卡通形象作为包装，力争打造出健康、专业、有趣的快餐品牌。

3. 公司地理位置清楚明确

公司地理位置优越、规模庞大时，可以在商业计划书中将公司的位置表达清楚，比如处于大城市最重要的商业区，办公区域或厂房面积非常大，周围都是知名企业等。展现优越的地理位置，一方面可以说明公司的实力，一方面也可以让投资人实地考察，增强对公司的信任感。

撰写公司地理位置时，一般可以强调该位置的优越性，并可配以地图直观地显示出位置信息。如"公司地理位置优越，距北京首都国际机场98千米，距天津滨海国际机场68千米，距天津新港70千米。"下面这个案例通过简短的地理位置介绍，不仅清楚说明了公司的位置，更反映了公司的规模和实力。

◉ **案例** **某生物工程股份有限公司商业计划书中对地理位置的介绍**

　　××生物工程股份有限公司占地面积约为32 000平方米，建筑面积约为27 000平方米，坐落于深圳市高新技术工业园区，地理位置优越，交通便利。（下方可通过地图显示公司精确位置）

4. 模板：公司基本情况

　　在商业计划书中撰写公司的基本情况时，可参考以下模板提供的内容或根据模板自行设计内容。撰写时应注意尽量将内容简化，根据公司自身的条件对内容进行取舍，有目的地利用这些内容直接或间接地表现出公司的实力，不要让投资人对公司产生怀疑，但切记内容要真实无误。

模板 ▶ **公司基本情况**

　　[公司名称，体现出公司类型]成立于[成立时间]，是一家[行业领域，如互联网高科技公司]。公司坐落于[公司地理位置及优越性]。

　　公司成立时注册资本为[注册资本具体情况]，公司占地面积[建筑面积]平方米，[其他能体现公司规模的信息，如厂房面积、生产线、目前经营情况等]。

　　公司主要从事[公司业务，也可以提及宗旨、理念等内容]，股东及股份占比如下。

股东名称	出资金额	股份占比

　　公司法人代表是[姓名]，主要负责人如下[可通过图片或表格展现负责人的姓名、职位、履历]。

姓名	职位	重要履历

公司成立至今，发展过程如下[利用图片展示公司大事记]。

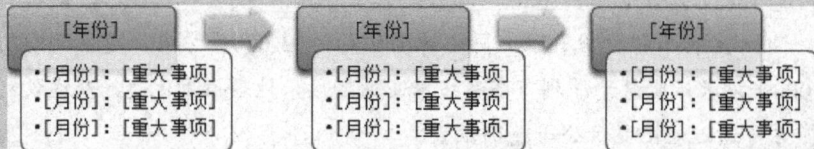

[年份]	[年份]	[年份]
• [月份]：[重大事项] • [月份]：[重大事项] • [月份]：[重大事项]	• [月份]：[重大事项] • [月份]：[重大事项] • [月份]：[重大事项]	• [月份]：[重大事项] • [月份]：[重大事项] • [月份]：[重大事项]

2.1.2 公司定位与规划

公司定位与规划体现公司的现状，决定公司的未来。公司也需要通过自身定位与发展规划，更好地制定运营策略、建设管理团队等。在商业计划书中，需写明公司的定位与规划，这对投资人最终是否做出投资决策有非常重要的影响。

1. 公司定位不可盲目

公司定位主要是指确定公司在行业和客户心中的形象与位置。在商业计划书中尽量用一句话来总结公司定位，比如"卓越且超一流的日用工业品生产商"就是宝洁公司对自己的定位；"充满地域文化的实力雄厚的生产质量卓越的跨国公司"则是可口可乐公司对自己的定位。

中小公司和初创公司更需要有明确的公司定位，可以从"做什么？做成什么样？做给谁？"几个问题出发进行确定，从行业产品、目标和客户方面进行思考和分析，让投资人直接了解公司的定位。如某IT公司的定位是"做年轻人喜欢的短视频分享软件"，在这句话里面，"短视频分享软件"回答了"做什么"的问题，"喜欢"回答了"做成什么样"的问题，"年轻人"回答了"做给谁"的问题。

专家指导

一些大型企业除了公司定位外，在商业计划书中还可以简单说明公司的使命和愿景。比如某科技有限公司关于定位的内容为"定位：××生活——足浴店专属的互联网营销平台；使命：让足浴店的生意越来越好做；愿景：成为国内足浴店互联网一站式服务提供商。"用这种方式也可以清晰地展现公司的定位。

2. 公司规划体现阶段性特点

投资人希望看到公司有清晰的发展规划，因为这会影响投资回报的结果。商业计划书中不宜使用太多篇幅叙述公司未来的规划，只需要分阶段说明公司需要完成的具体计划和目标，以时间顺序为线索，明确指出各阶段规划的关键节点。

◎ **案例**　**某农业科技股份有限公司商业计划书中的未来3年发展规划**

公司未来3年的发展规划紧紧围绕"科技创新""规模""人才"这三大战略展开。

第一，持续、不间断地加大科研投入，通过科研交流与合作、整合科研资源等一系列措施，进一步夯实科研实力。

第二，通过挂牌的方式，更好地推动公司与行业中的龙头企业进行强强联合、战略性合作，实现"1＋1＞3"的目标。

第三，继续强化团队建设和人才培养等工作，通过规范公司的管理工作，为公司未来10年的发展奠定坚实的基础。

3. 模板：公司定位与规划

公司定位与规划在商业计划书中可以简单提及，但切忌泛泛而谈，让投资人感觉只是在吹嘘，并没有认真进行计划。下面的公司定位与规划的模板涉及定位、使命、愿景和发展规划4个方面，使用时可以根据自身情况进行取舍，也可根据需要自行调整或增加内容。

模板　**公司定位与规划**

定位：[说明做什么]

使命：[说明能够让客户得到什么]

愿景：[说明最终目标]

发展规划

第一阶段：[高度概括该阶段内容]

[简要说明该阶段需要实施的关键计划，计划较多时可分段罗列]

第二阶段：[高度概括该阶段内容]

[简要说明该阶段需要实施的关键计划，计划较多时可分段罗列]

第三阶段：[高度概括该阶段内容]

[简要说明该阶段需要实施的关键计划，计划较多时可分段罗列]

[发展规划也可用图说明]

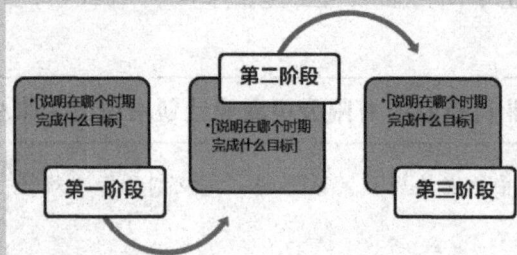

▍2.1.3 公司取得的成绩

将公司取得的成绩写在商业计划书中能够有效地展现公司的实力，但取得的成绩一定是要有较大影响的，否则不仅会让投资人失望，还会反映出公司"实力有限"。

1. 罗列重要的资质与证书

公司申请的各种专利、取得的各种资质许可文件等，可以在商业计划书中进行说明，并有选择性地提供若干证书图片，增强说服力。

（1）专利证书

我国专利的种类有发明专利、实用新型专利和外观设计专利，它们的含义分别如下。

» **发明**：对产品、方法或其改进提出的新技术方案。

» **实用新型**：对产品的形状、构造或其结合提出的适于实用的新技术方案。

» **外观设计**：对产品的形状、图案或其结合，以及色彩与形状、图案的结合创作出的富有美感并适于工业应用的新设计。

在商业计划书中可以将已获得的和正在申请的专利都反映出来，并通过数字强调专利的数量。对于专利较少的公司而言，则可以详细列出各项专利的内容，配以若干证书的图片，以此增加可信度。

◉ **案例**　　　　**某生物科技有限公司商业计划书中介绍的专利**

已获得的实用新型专利：一种便携式化妆品套盒，一种夹层面霜瓶，一种双层化妆品瓶。

已获得的国家发明专利：一种活性因子精华素。

已获得的外观设计专利：一种新型磁疗面膜。

（2）资质许可

资质许可指的是通过考核程序核发的证明文书，允许申请人持有相应证件，并从事某一职业或进行某种活动。资质许可能够证明持证人的资质水平，反映公司在行业中的实力。因此公司如果有资质许可证明文件，应该在商业计划书中体现出来。

专家指导

除专利证书、资质许可证书外，其他如政府颁发的荣誉证书、行业颁发的嘉奖或认定证书等，都可以反映公司的实力和行业的认可，都可以在商业计划书中展现出来。

2. 介绍强大的合作伙伴

合作伙伴可以从侧面体现公司的整体实力，合作伙伴的知名度越高，公司就越能受到投资人的青睐。一般来说，可以直接在商业计划书中罗列合作伙伴的名称，但更常见的做法是将合作伙伴通过"商标＋名称"的方式以图片展现出来。某公司展现全球合作伙伴便采用了这种方式，效果如图2-4所示。

全球合作伙伴

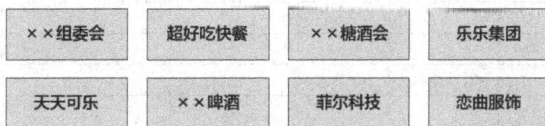

××组委会	超好吃快餐	××糖酒会	乐乐集团
天天可乐	××啤酒	菲尔科技	恋曲服饰

图2-4　商业计划书中的合作伙伴展示

3. 不要隐藏其他重大成就

如果公司在发展过程中取得了其他重大成就，如市场占有率遥遥领先，则完全可以将相应数据展示出来，让投资人坚定投资信心。下面这个案例便是某农业科技股份有限公司展现的在市场占有率和行业贡献两个方面取得的成就。

案例　某农业科技股份有限公司商业计划书中介绍的公司取得的成就

（一）市场占有率领先

201×年公司自主研发××杂交种销量约××吨，推广种植面积××万亩（1亩约等于666.67平方米），约占全国总种植面积的33％。在××区域市场占有率可达88％以上，在××市场占有率达80％以上，在××细分市场领域中处于绝对优势地位。

（二）行业贡献领先

199×—201×年，××产业第一次技术革命引领者。201×年至今，××产业第二次技术革命引领者。成功带动农业种植结构变化，提高农民收入水平，引领未来品种研发趋势。××产品一经推出便广受消费者青睐，带动大批企业发展、壮大。

4. 模板：公司取得的成绩

展现公司取得的成绩是打动投资人的有效途径，特别是卓越和重大的成绩，更受投资人青睐。在商业计划书中撰写公司取得的成绩时，可以合理利用表格和图片等工具，清晰地展现具体的内容和数据，参考模板如下。

模板　公司取得的成绩

知识产权

序号	名称	类型	专利号	有效期
1				
2				
3				
4				
5				
6				
7				

知识产权证书

[罗列获得的若干知识产权证书图片]

公司资质

[罗列获得的资质证书图片，如生产许可证、质量体系认证证书等]

公司荣誉

[罗列获得的荣誉证书图片，如当地政府颁发的各种荣誉证书等]

合作伙伴

[将合作过的客户以图片形式展现出来，图片内容为"客户商标＋名称"]

其他重大成绩

[简要描述公司取得的其他具有重大影响的成绩]

2.2　为什么要投资这个产品

　　销售产品（包括提供劳务和服务）是公司获取利润的主要途径，也是投资人非常看重的因素。为什么要投资这个产品？产品有什么特色？产品所处行业有没有进入壁垒？产品如何获得利润？这些问题都需要通过商业计划书向投资人介绍清楚。

2.2.1　产品详情展示

　　公司介绍可以让投资人初步了解公司的主要业务，但是投资人对产品的情况还了解甚少。因此在进行产品介绍时，首先需要向投资人展示产品的具体情况。

1. 清楚地陈述产品特色

　　陈述产品特色时，应从创新的角度出发，向投资人着重介绍产品的优点、价值以及其是否是目前市场上唯一的一种产品等，让投资人能够对产品有最基本的认识。如某生物科技有限公司从经济价值、核心技术、种植基地和生产基地等方面说明了产品的具体情况，充分地向投资人展现了产品的特色。

◉ 案例　　　某生物科技有限公司商业计划书中介绍产品的内容

（一）经济价值

××作物石油醚、乙酸乙酯、正丁醇和95％乙醇等4种提取物对人体内的胃癌细胞株SGC7901、宫颈癌细胞株HeLa、肝癌细胞株BEL7404的生长均有抑制作用，其中乙酸乙酯的抑制作用最为明显，并在测定浓度范围内呈现良好的剂量依赖性。

（二）核心技术

××种苗存活率为95％，××纯度为99.91％，××含量是××的5倍以上，××癌的存活率在70％以上。

（三）种植基地

种植基地位于××，占地××余亩，共有××余万株。拥有约占全国90％的××种苗，与进口优良品种实现杂交，并育种××余万株。

（四）生产基地

先进的××提取设备、××萃取设备。基地占地××平方米，拥有国内精英人才××位，负责生产、管理、研发、检测等全方位产业业务。

2. 避免过多的技术或理论解释

有些公司担心投资人不了解自己的产品，在商业计划书中过多地强调产品的功能细节，希望利用大量的技术和理论内容，把产品全方位地展现在投资人面前。实际上，这样的做法适得其反，因为投资人更关心的是产品能够解决用户的什么问题。因此在产品介绍时应该避免对产品的技术、理论参数等进行过多介绍。

3. 强调进入壁垒

进入壁垒指的是在某个行业市场内，公司与其他潜在进入公司和刚刚进入的公司相比所具有的某种优势的程度。具备进入壁垒优势的产品，更容易受到投资人青睐。

根据进入壁垒的难易程度，可以将进入壁垒分为以下5类。

» **绝对性进入壁垒：**指存在某种绝对性的保障使产品的技术或模式绝不可能被抄袭。这种情况常见于生物医药类产品或政府特许经营类产品。

» **高难度进入壁垒：**指没有绝对保障，但在技术上或模式上的复制门槛较高，以致无法被复制。比如有突出个性的团队或个人、产品设计、逻辑思维等。

> » **一般难度进入壁垒**：指在技术上或模式上可以被复制，但需要耗费大量成本。大部分国内的技术性创业企业基本上都处于这个层面。

> » **低难度进入壁垒**：指模式和技术都比较清晰，只要组建好团队就可以随时进入。

> » **无进入壁垒**：指该产品已经标准化，任何团队或个人都可以轻易进入。

专家指导

公司在选择项目时，应该考虑提高进入壁垒，以形成相对好的发展环境。具体而言，首先就是技术壁垒，指产品或项目具有专有的技术；其次是资源壁垒，指相对垄断的原料来源；再次是许可壁垒，指取得众多的经营许可证书和资格等级证书等。

4. 模板：产品详情展示

商业计划书中产品详情展示的部分较为灵活，比如可以向投资人展示不同系列的产品情况，展示拳头产品的详细情况，说明产品在市场、技术、客户等因素上具备的优势等。总而言之，产品详情展示应该向投资人介绍能够引起对方兴趣的内容，去掉无用的各种参数指标的介绍，让投资人相信该产品具备良好的投资前景。下面提供了产品详情展示的撰写模板，读者可在实际工作中参考使用。

模板　产品详情展示

（一）主要产品介绍

[产品系列名称]系列产品

[展示若干该系列产品的图片]．

[产品系列名称]系列产品

[展示若干该系列产品的图片]

（二）产品特色介绍

[说明产品在社会、经济方面的价值]

[简要说明产品的生产工艺、技术]

[说明产品的生产规模、市场规模等情况]

▌ 2.2.2 产品具有的优势

没有任何优势的产品，一般很难引起投资人的兴趣。如果产品具备某一方面或多方面的优势，就要在商业计划书中以简洁有力的文字将这些优势展现给投资人。

1. 产品竞争优势介绍

竞争情况能体现产品是否具有优势。在商业计划书中可以重点从创新、市场占有率、渠道、推广、价格等方面来介绍产品的竞争优势。

（1）创新

产品创新是指创造某种新产品或对某一产品的部分功能进行创新。根据产品创新方式的不同，可以在商业计划书中着重说明相应的创新方式。

» **全新产品**：全新产品是其同类产品的第一款，可以开拓全新的市场。换句话说，在这类产品出现前，市场上从未出现过相同类型的其他产品。全新产品的前景有无限可能，可能会有很高的回报，但也伴随很高的风险。向投资人介绍时，需要从如何提高回报、降低风险的角度来说明。

» **重新定位的产品**：重新定位的产品是指旧产品在新领域的应用，包括重新定位于一个新市场或应用于一个新领域。如果旧产品在原来的市场中有很好的表现，那么重新定位的产品对投资人来说是非常有吸引力的。相反，如果旧产品的表现并不好，那么投资人对旧产品在新领域中的表现就会持更加谨慎的态度。

» **已有产品的补充**：这类产品属于已有产品系列的一部分，但对于市场来说，它们也有可能是新的产品。推出这类产品的目的可能是补全产品线，也可能是发现可能更具市场表现力的系列产品。投资人会充分考虑旧产品的市场表现和市场的预测分析情况，以此判断这类产品是否有市场前景。

» **改进的旧产品**：改进的旧产品从本质上说是旧产品的替代，是对旧产品的更新换代。与旧产品相比，这类产品在性能上往往都会有所改进，能够提供更高的内在价值，至于是否能吸引投资人，还是要看旧产品的市场表现。

（2）市场占有率

产品的市场占有率不仅是衡量产品市场的因素，更能直接影响投资人对产品的判断。如果产品有较好的市场表现，那就应该主动在商业计划书中将这些重要数据列举出来；如果产品没有很好的市场表现，则可以通过分析产品的未来表现进行预测。

（3）渠道

产品如果有渠道优势，特别是销售渠道，在市场上就更可能有好的表现。如果产品有多元化的销售渠道，比如线上、线下、分销等，就可以告知投资人，让他们对产品优势有更深入的体会。

（4）推广

推广优势可以改善产品的销售情况和市场占有率，如果公司具备先进的推广理念和方式，特别是在市场中经过了实践并取得了成绩，一定要在商业计划书中体现出来，这能紧紧抓住投资人的目光。

（5）价格

价格优势涉及多方面的优势，比如进货渠道、生产工艺和规模等。在保证产品质量、技术等环节不存在任何问题的情况下，价格优势能从侧面反映公司的规模和运营策略，能够让投资人对公司进行重新评估，提高对公司和产品的认可度。

专家指导

初创公司的产品如果没有在市场上表现出竞争优势，则公司在向投资人介绍产品时应该着重以扎实可信的数据为基础，通过严密的分析对产品优势进行预测。但注意不能轻易说出"一定""保证""绝对"等主观臆断的词语，否则会让投资人觉得是在异想天开。

案例　　**某清洁能源有限公司商业计划书中对产品优势的介绍**

相较于××能源方式，本产品具有清洁、资源循环利用等优点，还具有投资成本低、经济效益高、回收期短等特点，符合全球资源循环利用的产业政策。

公司专用"添加剂"产品在××领域中具有成本低、原料丰富、寿命长达15～20年、适合大规模生产、易于制造等优势。

公司专用设备在××领域具有优于国际水平、应用范围广、在各种恶劣条件下均可使用、生产利用效率高、设备保值期长等优势。

公司采用的生产技术的效率是当今××效率的4倍，各项环保排放指标达到欧盟标准，营利能力是当今××项目的5倍。

2. 说明如何击中用户的痛点

用户痛点来自用户的真实需求，这是产品诞生的原动力。只有当用户有需求时才会出现对应的产品，但这并不表示已经出现的每个产品都能真正地解决用户的问题。

向投资人描述产品如何击中用户的痛点时，首先要确定产品的出现是为了解决用户的需求，而不是解决产品开发人员的需求；其次，说明产品解决的是广大用户的需求，而不是解决部分用户或特定用户的需求，即产品具有普适性；再次，说明产品解决的是用户的真实需求，是刚需。比如某篮球共享产品，其制造商提供篮球出租业务，用户需缴纳押金，按小时计费。这个产品的出现，源于部分人群抱怨打球时带球不方便或偶尔走到篮球场想投篮却找不到球的需求。很明显，由于产品没有普适性，不能解决所有人共同的痛点，也并不是用户的刚需，因此最终这款产品运营半年就草草收场。

在商业计划书中描述痛点时一定要直击目标，同时可以说明痛点的解决方案。某食品有限公司在这方面的做法就较为典型，如图2-5所示。

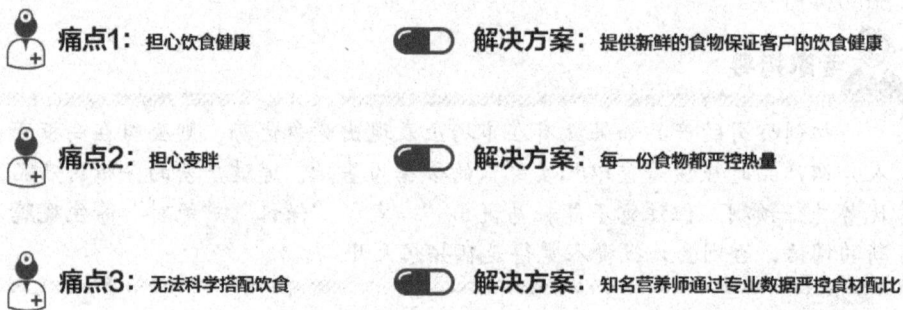

痛点1：担心饮食健康　　　　　　解决方案：提供新鲜的食物保证客户的饮食健康

痛点2：担心变胖　　　　　　　　解决方案：每一份食物都严控热量

痛点3：无法科学搭配饮食　　　　解决方案：知名营养师通过专业数据严控食材配比

图2-5　痛点及解决方案的描述

3. 自信地阐述产品的运营数据

运营数据可以直观地反映公司及产品的销售情况，这些数据都是商业计划书中的亮点，可以向投资人阐述这些数据的具体含义。比如大中型公司的产品运营数据，可以说明某个期间的销售收入达到了多少、经销商有多少、出口到了多少个国家等；小公司或初创公司如果没有产品的运营数据，则可以不用撰写这部分内容，如果有一些运营数据，直接将这些数据表述出来即可，不必觉得数据不好看而故意忽略不谈。在投资人眼中，经过市场检验的产品比还没有进入市场的产品更有吸引力。

展现产品运营数据时可以借助图表，比如某公司将近几年的销售额通过折线图的方式表现出来，如图2-6所示，让投资人一眼就看到公司业绩呈逐渐上升的状态，这样更容易引起投资人的兴趣。

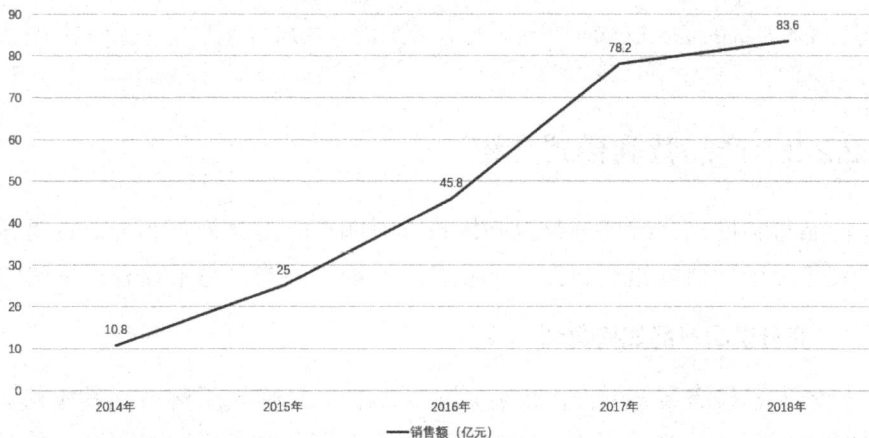

图2-6　通过图表反映公司运营数据

4. 模板：产品具有的优势

产品在技术、创新、市场占有率、价格、渠道等方面的优势，都可以在商业计划书中表现出来。这不仅可以让投资人进一步了解产品的情况，更重要的是可以让投资人明白这款产品的优秀之处。

模板　产品具有的优势

（一）用户痛点

[说明产品找到了用户痛点并提供了有效的解决方案]

（二）市场占有率

[提供产品的市场数据（可以利用图片和表格等形式），同时可提供相关的运营数据]

（三）技术

[说明产品在技术上的优势]

（四）创新

[说明产品在创新上的优势]

（五）渠道

[说明产品在渠道方面的优势]

（六）资源

[说明产品已经获取的资源]

（七）价格

[说明产品在价格方面的优势]

2.2.3 产品营利模式介绍

产品营利模式介绍部分可以向投资人说明产品是如何营利的，这是投资人投资产品或项目的重要原因，不具备营利能力的产品是不会有人投资的。

1. 充分说明产品如何营利

投资人不仅需要知道产品的营利能力如何，还需要了解产品具体的营利模式。对于不同的产品而言，营利模式自然各不相同。比如有的使用的是产品营利模式，有的使用的是规模营利模式，有的则选择渠道营利模式。但无论使用哪种营利模式，在商业计划书中一定要清楚地告知投资人产品是如何营利的。

👁 **案例**　　　**某互联网公司在商业计划书中介绍的产品营利模式**

（一）创业期营利模式

首先，通过分时租赁实现部分变现，通过收取押金回收资金，在获取巨大资金流的同时进行市场扩张。鉴于行业现状，分时租赁所获营利微乎其微，押金部分才是现阶段营利的重心所在。其次，本产品App的用户使用率非常高，可以将App作为一个平台，进行广告代理及活动推广，实现广告营利。最后，可以与其他互联网企业合作，将App作为一个入口实现合作营利。

（二）扩张期营利模式

首先，通过吸收各界融资，加大产品投放量，迅速扩大市场规模。通过规模效应实现规模成本下降；同时通过融资扩张，抢夺市场份额，打败竞争对手，获取更多利润。其次，不断积累品牌价值，当用户规模持续增长并拥有足够的用户量时，可实现持续营利。

（三）成熟期营利模式

筹备上市，优化业务组合，提升经营业绩，通过股价回馈投资者，使公司实现持续性营利。

2. 不要避讳可能出现的问题

营利固然欣喜，但谁也不能保证在运营过程中不会出现一些问题影响收益。对于可控的问题，在商业计划书中明确指出来并说明解决方法，反而会增加投资人的投资信心，而且并不会因为该问题影响产品在投资人心目中的地位。比如在说明某共享产品的营利模式时，需要考虑到高昂的管理和维修成本可能会影响产品扩张所需的资金流，只有认识到这个潜在的问题，才能提前做好解决问题的准备。

3. 模板：产品营利模式介绍

介绍产品营利模式时，不仅要考虑最主要、最核心的营利模式，同时要考虑其他能够通过产品带来收益的营利模式，多元化的营利模式更能引起投资人的兴趣。

模板 产品营利模式介绍

（一）产品（或项目）收益

[说明如何通过销售产品营利]

（二）广告收益

[如果产品有广告位出售，说明具体的广告收益情况]

（三）[营利模式]收益

[如果有，说明产品或项目的其他营利模式]

（四）[营利模式]收益

[如果有，说明产品或项目的其他营利模式]

2.3 案例分析

公司与产品介绍在商业计划书中起到了类似于"开门见山"的作用。通过将公司、产品或项目等的信息直接介绍给投资人，投资人可以快速认识并了解需要投资的对象，因此它们在商业计划书中是非常重要的。下面通过案例来进一步说明公司与产品介绍的典型写作方法。

▌ 2.3.1　公司介绍

　　某消防科技股份有限公司在商业计划书中介绍公司情况时，重点描述了公司的概况、组织架构、管理团队、合作客户以及行业资质与证书等内容，具体如下。

（一）公司概况

　　公司成立于2013年，主要从事消防器材和消防设备的设计、制造、生产、销售与安装等业务。

» **注册资本：** 4 000万元。

» **员工团队：** 300名熟练工人，多位从业10～20年的公司高管。

» **厂房面积：** 占地面积为66 000平方米，建筑面积为57 000平方米。

» **生产线：** 4条重点生产线。

（二）公司组织架构

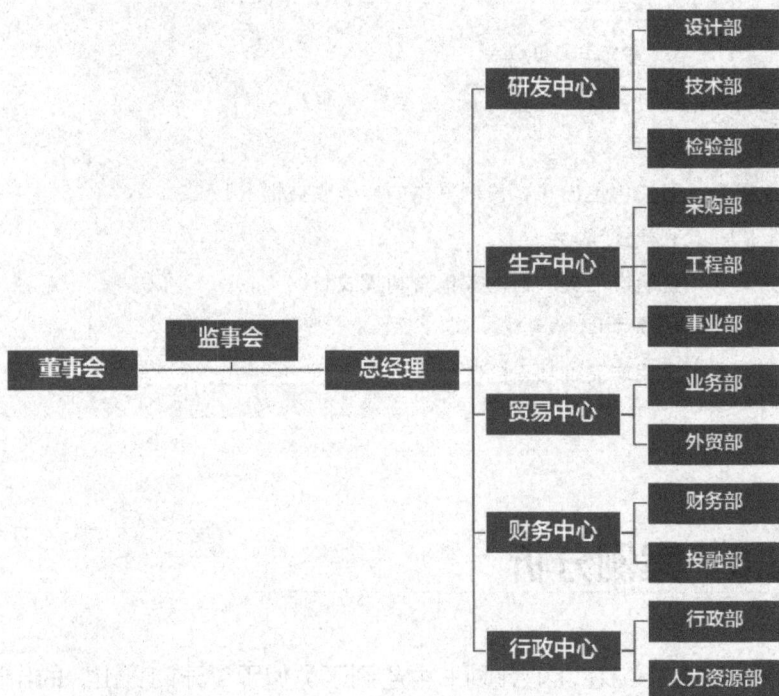

（三）管理团队

» **李×× 董事长，** 公司创始人，专注消防行业20年，具备开阔的视野、良好的战略分析力与决断力以及优秀的领导力。

» **刘×× 总经理**，负责公司运营，拥有计算机与英语双学士学位、计算机科学硕士学位，曾任××公司高级分析师、产品经理、××区总经理等职位。

» **王×× 技术总监**，主导公司智能化及消防设备研发工作，博士学历，智能化机器人项目负责人，曾参与国家863科研项目和国家自然科学基金工作。

» **陈×× 财务总监**，高级会计师，负责企业税务筹划、融资、预算、资产整合等财务管理工作，具有20多年的工作经验、10年以上的集团财务管理经验。

（四）部分客户展示

爱国石油	河津天然气集团	张家坳机场	万荷电信公司
东福广场	罗湾集团	金笛大厦	奇妙公司
柳湾地铁	终东科技	河马商务区	淘薯集团
艾叶集团	柳彰人民政府	水源银行	舜网大学城
西格玛广场	和乐产业中心	三宝体育场	下伞渠地铁

（五）行业资质与证书

　　案例分析　该公司在行业内具备一定的影响力，投资人对公司情况也比较清楚，因此在介绍公司情况时，没有对公司的发展历史、定位及规划做过多介绍。对于该公司而言，如何向投资人展现公司现阶段强大的实力才是最重要的问题。注册资本、员工团队、厂房面积、生产线、公司组织架构、管理团队、合作伙伴、行业资质与证书，这些数据和信息无一不在向投资人透露公司拥有的强大实力和较高可信度。对于在这部分没有交代股份占比的情况，原因是其将该部分信息放在了融资需求的部分，这种处理方式也是可行的。总体而言，对于公司介绍这部分的内容，该公司用最简洁的篇幅，向投资人展示了自身的强大实力，为整个商业计划书开了个好头。

2.3.2　产品介绍

　　某智能科技公司研发了一款智能晾衣架，在商业计划书中该公司做了以下产品介绍。

（一）用户痛点

换洗衣服后，许多用户提出了各种各样的晾晒问题。

1. 住所没有阳台或其他可以晾晒衣服的区域。

2. 可以晾晒衣服的阳台堆满了衣服、衣架，空间太小。

3. 室内晾晒效果不好，无法起到杀菌和晒干的效果。

4. 贴身衣物希望在较隐私的区域晾晒。

5. 推拉杆衣架在室外不方便操作。

6. 出太阳时晾晒的衣物不在室外，下雨时晾晒的衣物又无法及时收回。

（二）产品特色

针对上述用户痛点，我们研发了一款智能晾衣架，它具有以下特点。

1. 该产品包括晾衣架、电动机、推窗器、摄像头和烘干器，并配备了手机软件。

2. 手机软件中结合了天气预报和红外传感器，可通过远程控制衣架实现阳台的安防及下雨时自动收衣关窗的功能。

3. 通过摄像头可以在手机上查看衣物的晾晒和收回操作。

4. 利用手机软件控制推窗器，可以有效且安全地实现开窗和关窗操作。

5. 利用手机软件控制烘干器可以随时对衣物进行烘干处理。

6. 产品可以安装在室内、室外、飘窗、阳台等任何区域，安装只需4个膨胀螺丝。

7. 利用手机软件可以远程对晾衣架进行定时，晒衣、收衣等操作将按照设置的时间自动完成。

8. 晾衣架可以在前后上下方向任意移动，最大限度地利用空间。

（三）产品优势

1. 本产品是一款"互联网＋衣架"产品。

2. 本产品可以在室内挂好，然后自动伸展出去，不仅可以节约空间、节约时间，而且能保证人身安全，避免坠落事故。

3. 本产品是目前市场上唯一一款可以用手机远程操控的衣架。

4. 本产品没有同类型产品竞争，在填补这一领域空白的同时也获得了整个新兴市场。

5. 衣架行业技术发展缓慢，缺乏新产品刺激消费者，本产品的问世正好能解决这一问题。

6. 我公司为××智能的成员，产品的推广销售拥有强大的后台资源。

7. 本产品取得了1项发明专利、5项实用新型专利。

（四）营利方式

1. 通过销售产品实现营利。

2. 通过开发用户数据、获取用户来获取手机软件的衍生利润，如广告位出售、开发出更多的增值服务等。

3. 售后系统与硬件的维修、升级等有偿服务。

案例分析　该公司在商业计划书中介绍产品时，首先准确地找到了用户的多处痛点，然后通过对产品特色的描述说明了解决痛点的方法，接着又进一步说明了产品具备的优势，最后说明了营利的方法。整个过程流畅且紧凑，能够达到吸引投资人的效果。不足之处在于营利方式里提到了在手机软件上开发更多的增值服务，这里应当具体说明有哪些增值服务，否则会让投资人感觉是在假设或空谈，还没有开始这方面的准备工作，甚至还没有这方面的打算。另外，在介绍用户痛点和产品特色时，应尽可能地利用图片来进行辅助说明，一方面可以加深投资人对痛点的感受，另一方面可以让投资人更清楚产品的构成和使用方法。

2.4 疑难解答

问： 介绍公司概况时，有必要介绍公司组织架构和主要管理人员吗？

答： 如果公司的组织架构严密有序，能够体现公司的规模，则可以在商业计划书中利用图片的形式展现出来。管理人员可以在后面介绍团队时详细说明，如果管理人员有一定的影响力，那么可以在公司介绍部分简要提及。

问： 产品介绍一般有哪些禁忌呢？

答： 首先不能太苛求细节，比如产品的交互图、流程图都不需要介绍，投资人更多的是想要了解产品如何解决用户的需求。另外，不能只讲想法和点子，投资人要的不是点子，而是应该怎么做。也不要过分吹嘘，轻易说"我们要成为国内较大的……"之类的话。介绍产品时不能追求大而全，应该突出核心内容，表明就想做一件事，就想解决这件事中的某一个关键问题。

问： 营利模式就是商业模式吗？

答： 营利模式不同于商业模式，以滴滴打车为例，其商业模式以多方共赢为出发点，滴滴打车公司提供平台，让C端客户可以通过客户端快速高效地实现打车的目的；让B端司机入驻滴滴平台赚取外快；同时滴滴打车公司通过从司机那里抽成获得利润，这就是多方共赢的共享经济商业模式。而滴滴打车主要的营利模式，是在司机完成每单业务后的抽成。商业模式与营利模式是有机相连而又各有侧重的，商业模式注重的是整体运作，营利模式聚焦的是获取利润的具体方式方法。

问： 常见的营利模式有哪些？

答： 最常见的就是产品营利，即通过销售产品或提供劳务来赚取差价获取利润；还有规模营利，该营利模式依靠的是大进大出的产品分销，经销商通过扩大规模降低经营成本，赚取大量的现金流；另外还有渠道营利，即通过建立稳固的渠道，依靠渠道优势形成别人无法攻破的壁垒，获取利益。其他的还有信誉营利、服务营利等，这些模式是利用公司的无形资产来取得客户的信任，最终获得一批忠实客户，进而抢占市场份额的一种营利方式。

第 3 章

抽丝剥茧——市场与行业分析

　　市场与行业分析是对公司外部环境的调查与研究，它是商业计划书中不可或缺的组成部分，也是投资人非常看重的信息之一。只有真正把握了市场与行业变化的公司，才能更加主动地占有相应的市场份额，并在竞争中立于不败之地。

　　本章将分别从市场机遇、行业前景和竞争对手等几个角度出发，对市场环境、市场容量、市场结构、行业趋势、行业需求和竞争对手等方面进行分析，介绍在商业计划书中如何更好地编写市场与行业分析这部分内容。

引导案例

　　某少儿英语培训机构在对市场进行了充分的调研和分析后，在其商业计划书中撰写如下市场与行业分析内容。

　　（一）市场机遇

　　少儿英语培训市场尚处于不太成熟的阶段。目前的培训机构往往采用早期教育与低水平培训相结合的方式进行教学，质量并不理想；同时市场竞争又非常激烈，严重阻碍了市场的良性发展。但是对于采取高质量教学方式的英语培训机构来说，这种现状又是难得的机遇，因为它们能够凭借优秀的教学理念和培训方式重新调整市场，释放巨大的市场潜能。

　　（二）市场规模

　　目前国内少儿英语培训市场的规模已达每年几十亿元，并且以每年20%～30%的速度扩张。权威机构统计的数据表明，每一年，全国中等收入家庭中的人均少儿教育支出的52%主要用于英语培训，20%用于舞蹈艺术，11%用于奥数培训，其他教育总共占17%。全国拥有3亿适龄儿童，在中等规模、经济发展状况一般的城市中，3～6岁的学前儿童有近3万人，7～12岁的小学生约5万人，年人均业余教育支出约为3 000元，其中90%以上的家庭需要少儿英语培训。

　　（三）市场环境

　　少儿英语培训经过多年发展，市场和客户认知的不断更新也将迫使各个机构从品牌、服务、教学质量等方面进行全方位提升。少儿英语培训行业也将迎来真正意义上的"洗牌"，一些口碑良好的优秀品牌将逐渐成为首选，小规模的或不正规的培训机构会逐渐退出培训市场。

　　（四）市场竞争

　　目前，国内新的少儿英语培训机构仍不断涌现，大量国外少儿英语培训机构也进入市场，现有的少儿英语培训机构仍在增设新的班级。整个少儿英语培训市场的竞争空前激烈，谁能打赢这场"攻坚战"，谁就能在少儿英语培训市场中占据有利地位。

　　我们充满自信，我们将在竞争中占据优势并占据一定的市场份额，成功成为数一数二的培训品牌。

案例分析

　　市场分析考验的是公司对商业环境的洞察能力，在商业计划书中，这部分内容应当写得非常具体，并通过数据与图表相结合的方式，增强内容的说服力。该案例认识到了市场的机遇，也对市场规模和市场环境做了基本介绍；但就市场竞争而言，缺乏有力的数据对比，无法让投资人了解主要竞争对手的情况及其自身的优势。最后一段更是一种表达美好愿望的写法，这在投资人眼中完全不会加分。

3.1　透析市场机遇

　　向投资人介绍项目或产品所在的市场情况，一方面可以让投资人更熟悉市场情况，另一方面也能让自己洞察市场的机遇。在商业计划书中分析市场情况时，可以重点从市场环境、市场容量、市场结构等角度进行介绍。

3.1.1　展示好的市场环境

　　市场环境包括多种宏观外部环境，这些环境的好坏会直接影响市场的发展前景。

1. 市场环境概述

　　市场环境的变化，既可以给公司带来机遇，也可能形成威胁。因此，分析市场环境是企业开展经营活动的前提，这也是投资人看重商业计划书中市场分析部分的原因之一。具体而言，市场环境主要有以下6种。

» **政治环境：** 指公司面临的外部政治形势、状况和制度。

» **政策环境：** 指公司在市场经营活动中必须遵守的法律法规。

» **经济环境：** 指公司面临的经济条件及其运行状况、发展趋势、产业结构、交通运输、资源等情况。

» **技术环境：** 指公司可能面临的各种新兴产业或新型技术等。

» **社会环境：** 指公司面对的消费者需求环境，它会影响消费者的购买态度和购买动机。

» **地理环境：** 指公司所在地的各种自然地理条件，如地理位置、气候、季节、自然资源等。

2. 市场环境的写法

在商业计划书中介绍市场环境时，应充分借助各种媒体或渠道发布的数据，将真实的情况展现给投资人，增加其投资兴趣和信心。切记不可伪造数据，为了迎合投资人而一味地描述好的市场环境，这样不仅欺骗了投资人，而且会对公司的创业和发展造成损害。

👁 案例　　　某生物科技有限公司在商业计划书中介绍的市场环境

（一）政策环境

国家多个部门陆续颁布了化妆品行业的监管政策，广泛涉及研发、生产、原料等多个领域，催生了化妆品行业的大量新型技术，其中我公司的××技术也成为国家重点规划项目。

（二）经济环境

当代消费者的品牌意识和维权意识日益增强，这种现状使得化妆品行业必须进行精细化运作，因此优质化妆产品会有更大的发展空间。

（三）社会环境

社会人均可支配收入的持续增长促进了内需的不断增加，人们对生活质量的要求越来越高，对化妆品的需求也越来越大，其中抗衰老产品成了近几年最为热门的社会关注点。

（四）技术环境

国内化妆品市场以生产型企业为主，市场较为杂乱，大部分企业缺乏持续核心竞争力，我公司的××技术日趋成熟，其应用于化妆品的潜力非常巨大。

3. 模板：市场环境介绍

在商业计划书中介绍市场环境时，建议尽量引用公开发布的各种准确的数据信息，提高市场调研的可信度。即便如上例所示没有具体的数据，也应该先对大方向做清晰的判断，并做好被投资人进一步询问的准备，此时同样也需要数据来佐证各种观点和结论。以下模板主要筛选了常见的几种外部环境的写法，读者可在此基础上灵活地使用。

模板　市场环境介绍

（一）政策环境

[部委名称]公布了一系列法律法规，包括[展示几个最为重要的文件名称]等，这些政策[说明政策对当前市场的影响]。

（二）经济环境

[列举数据说明当前市场的经济环境现状]，[适当预测未来经济环境的变化情况]，[说明经济环境对市场的影响]。

（三）社会环境

[列举数据说明当前市场的需求和消费现状]，[适当预测未来社会环境的变化情况]，[说明社会环境对市场的影响]。

（四）技术环境

[列举数据说明当前市场的技术环境现状]，[适当预测未来有无新产业或新技术的产生和发展]，[说明技术环境对市场的影响]。

（五）地理环境

[介绍公司所在地的地理环境情况，包括位置、气候、季节等]，[说明地理环境对市场的影响]。

3.1.2　市场容量分析

市场容量体现了市场的需求总量，在一个市场容量只有100万元的行业中，即便企业垄断了市场，投资人的回报率也很低。相反，一个容量为10亿元的市场，哪怕企业只占了1%的市场份额，也有1 000万元的销售额，投资人的回报率也不会很低。因此，为了吸引投资人，应在商业计划书中对市场供需现状进行分析。

专家指导

市场容量是保证经济增长的重要因素。没有足够大的市场容量的产品，仅仅依靠公司效率来推动经济增长，就会面临经济失调的巨大风险，不仅市场发展的质量不高，而且容易出现泡沫投资，最终导致市场萎靡。

1. 调查市场容量

在市场容量调查中，首先应当了解同类产品在目标市场中的具体销售数据，包括销售额、销量、单价、品牌、规格、来源、生产厂家；其次，叮以调查同类产品在某个地区的年消费量、消费者数量、消费额度、有无替代产品等，以佐证当前市场容量数据的真实性；最后，在撰写商业计划书时将收集到的所有数据汇总，简明有力地说明整个市场的规模。

2. 预测市场容量

投资人不仅关心当前的市场容量，更关心未来的市场容量。因此商业计划书中需要对未来的市场容量进行准确预测，以说服投资人投资。可以通过调查当地的工资收入水平、消费习惯等数据预测市场潜力，也可以通过咨询专家、销售人员、购买者等进行销售预测。在商业计划书中可以直接给出预测的结果，包括预测金额和增长率，这些都是投资人较为看重的数据。

◎ 案例　　　　**某生物科技有限公司对市场容量的分析和预测**

（一）全球××产业规模

根据××数据调查机构的统计数据，2011年全球××市场规模大约为3.3亿美元，2014年全球××市场规模近10亿美元，2017年全球××市场规模近20亿美元，每年的复合增长率约为34％。预计到2020年，全球××市场规模将达到100亿美元。

（二）国内化妆品市场

根据××数据调查机构的统计数据，国内化妆品市场规模已由2014年的831亿元迅速增长至2018年的2 036亿元，期间年均复合增长率达到25.1%。

（三）全球抗衰老产品市场

2010年全球抗衰老产品市场规模超过1 000亿美元，2013年全球抗衰老产品市场规模达1 223亿美元，预计到2020年，全球抗衰老产品市场规模将达到2 000亿美元，期间年均复合增长率约为7.2％。

（四）国内抗衰老产品市场

2011年我国抗衰老产品市场规模为200亿元，同比增长17%。预计到2020年，我国抗衰老产品市场规模超过500亿元，年均复合增长率超过10.7%。

👔 专家指导

复合增长率是指一项投资在特定时期内的年度增长率，它描述的是将一个投资回报率转变成一个较稳定的投资回报所得到的预想值，其计算方法为总增长率百分比的n次方根，n为有关时期内的年数。计算公式为：（现有价值/基础价值）^（1/年数）—1。比如2016年年底的市场规模为9 000万元，2019年年底的市场规模为13 000万元，则年均复合增长率＝（1 3000/9 000）^（1/3）—1≈13%。

3. 模板：市场容量分析

市场容量分析虽然需要大量的数据，但其反映在商业计划书中的结果往往就是最终的市场规模大小。结合图表和增长率等数据体现市场容量，能快速吸引投资人的目光，让投资人快速了解市场的容量和未来的增长情况。因此，虽然市场容量分析的前期数据调查和整理工作较为繁重，但其展示在商业计划书中的内容却较为固定，其参考模板如下。

模板　　　**市场容量分析**

根据[说明数据的来源]的统计，[过去的某个年份]年[产业市场]的规模达[金额]元[货币单位，一般国际市场用美元，国内市场用人民币元]，[较上一个更近的年份]年[产业市场]的规模达[金额]元[货币单位]，[较上一个更近的年份]年[产业市场]的规模达[金额]元[货币单位]，平均每年的复合增长率为[具体增长率数据]，预计[未来某个年份]年[产业市场]规模将达到[金额]元[货币单位]。

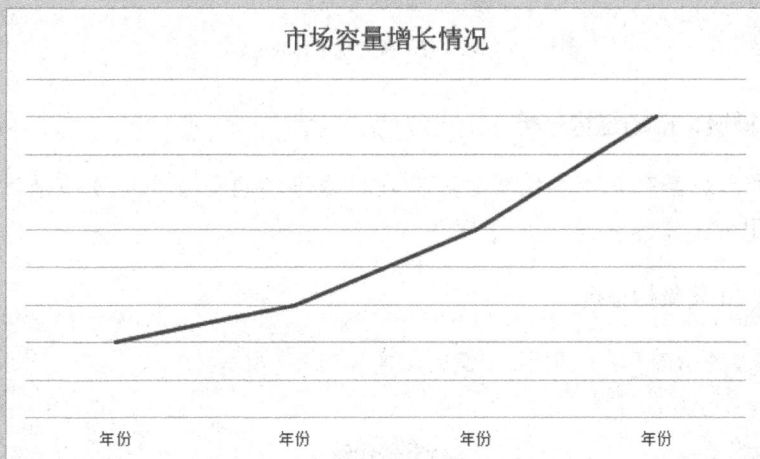

市场容量增长情况

3.1.3　市场结构分析

在市场容量的基础上，需要进一步分析市场结构。比如在一个容量巨大的市场中，如果公司的产品针对的仅仅是该市场中某个极小的部分，那这个产品自然不会引起投资人的兴趣。

1. 图示化市场结构

在商业计划书中，建议用图表方式将市场的结构展示出来，这样不仅直观清晰，而且内容丰富、节约空间。比如某家为美容院提供产品的公司，其产品主要针对的是个体经营的美容院，因此该公司便将整个美容院市场的结构进行了分类显示，如图3-1所示。

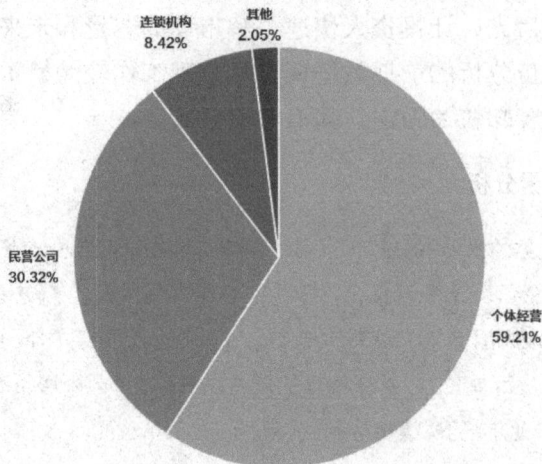

图3-1　图示化显示美容院市场的组成结构

2. 模板：市场结构分析

每个市场都有其市场结构，在商业计划书中直截了当地将该结构组成描述出来即可，其参考模板如下。

模板　**市场结构分析**

[简要说明该市场的结构组成情况]，具体如下图所示。

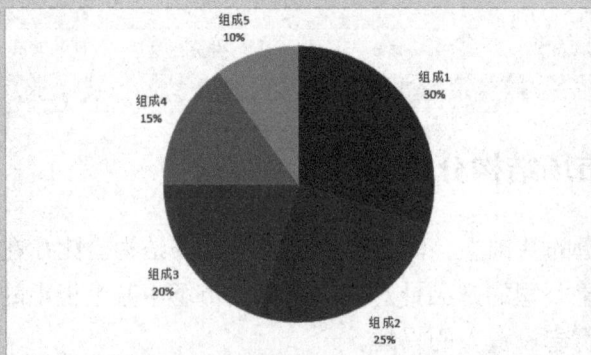

3.2　展示行业前景

行业前景不仅影响投资人的决定，更关乎公司的生死存亡，进入朝阳产业与进入夕阳产业的后果，是非常明显的。因此在商业计划书中展示行业的前景是非常有必要的。

3.2.1　行业发展趋势是否良好

对于投资人而言，呈现增长趋势的行业是他们青睐的行业，这样的行业具有更大的高投资回报率的可能性。

1. 趋势变化分析

在商业计划书中，可以引用权威分析机构的报告或根据自己收集的数据进行分析，预测行业未来几年的发展趋势。如果该行业是一个正在高速发展的增量市场，那这本身就是一大利好，因为公司的增长最好来自行业本身的增长，而非抢占竞争对手的份额，毕竟抢占竞争对手份额的难度更大；如果该行业是一个正在变化中的行业，那么就要证明公司的产品或服务模式正好契合了这种变化趋势，抓住了时机。如果能证明公司有机会成为行业中具有支配地位的龙头企业，会使投资人更感兴趣。

👁 **案例**　　　**某消防科技股份有限公司对行业发展趋势的介绍**

公安部实行消防市场准入制度后，大量的中小企业涌入消防领域，消防行业发展空前繁荣。目前全国消防市场规模为5 000亿元左右，按器材类占30%左右的份额计算，每年的需求为1 500亿元，未来5年将每年保持15%～20%以上的增长幅度，行业潜力巨大。

随着国家及社会越来越重视公共安全，消防产品的质量、安全性、稳定性要求越来越高。公安部实行强制3C认证制度及相关体制改革，此举预计将淘汰1/3的落后企业，大规模品牌企业在市场上的话语权和占有率将进一步提高。

2. 模板：行业发展趋势

商业计划书中描述行业发展趋势的写法较为灵活，有时也可以将市场和行业的发展趋势一同介绍。单独说明行业发展趋势时，只要能让投资人了解到该行业有很好的发展空间，公司在行业中处于有利的地位就行。

模板 ▷ 行业发展趋势

（一）行业现状

[从整体出发说明行业现状，如整个行业目前是什么情况，其中的企业数量有多少，产品是否丰富，等等]。

（二）行业发展趋势

[借助调查或收集的数据、国家政策等信息，预测行业在未来的变化情况]。

3.2.2 行业竞争度情况

行业竞争度能够说明行业的竞争激烈程度，投资人可以根据行业的竞争度判断投资获利的难度。

1. 行业竞争结构

行业竞争结构是指行业内公司的数量和规模，通常可以分为完全垄断、寡头垄断、垄断竞争和完全竞争4种结构。

» **完全垄断**：指整个行业中只有一家公司的情况，如公共事业中由政府完全垄断的行业（如国有铁路、邮电等部门）。如果公司要进入这种竞争结构的行业，投资人会极度谨慎。

» **寡头垄断**：指少数几家公司控制着整个行业的情况，如美国的钢铁、汽车行业，日本的家用电器等规模庞大的行业。如果公司要进入这种竞争结构的行业，投资人的态度也会非常谨慎。

» **垄断竞争**：指许多公司在行业中提供有差别产品的情况，行业中既存在竞争因素又存在垄断因素，如零售行业。如果公司要进入这种结构的行业，投资人会着重了解公司提供的差异化产品或服务。

» **完全竞争**：指行业中竞争不受任何阻碍和干扰的情况，每家公司提供的产品几乎没有差别，如各种农产品行业。如果公司要进入这种结构的行业，投资人会希望看到公司提供的产品或服务非常具有特色。

2. 影响行业竞争度的因素

如果需要在商业计划书中证明有关行业竞争度的观点是正确的，则需要进一步分析影响行业竞争度的因素，从这些因素出发给出更为有力的数据。

这些因素分别是行业内现有竞争者的竞争能力、潜在竞争者进入的能力、替代品的替代能力、供应商的讨价还价能力及购买者的讨价还价能力。

>> **行业内现有竞争者的竞争能力**：行业中现有竞争对手的数量、实力的强弱、行业的增长速度和规模、退出行业障碍的高低等，都会影响行业现阶段的竞争情况。如果现有竞争者的竞争能力强，则说明行业的竞争度很大，公司在这个竞争中能否获得一席之地，需要在商业计划书中有所说明。

>> **潜在竞争者进入的能力**：行业发展良好，必然会吸引更多的竞争者进入，如果进入壁垒较低，竞争者进入的能力就更强，这就会减少行业内现有竞争者的市场份额。如果潜在竞争者进入的能力强，则说明行业的竞争度高，公司如何应对潜在竞争者也是投资人非常关心的问题。

>> **替代品的替代能力**：如果行业中存在许多可以被替代的产品，则说明该行业替代品的替代能力很强，竞争度高，因为用户可以轻易找到替代的产品来满足自己的购买需求。对于公司的产品而言，替代品的数量、性能、客户改变替代品所需的成本，将直接决定公司能否拥有持续竞争力。

>> **供应商的讨价还价能力**：假设行业为服装行业，则需要购买布料，如果只有一家供应商售卖布料，则行业内的公司将别无选择只能从那里购买。此时供应商可以大幅提高售价甚至拒绝售卖，其讨价还价的能力就最强。

>> **购买者的讨价还价能力**：如果行业的用户较少，比如将橙子销售给收购商，如果果园园主没有更多的销售渠道，则收购商就可以随便压价。相反，如果拥有其他渠道，收购商讨价还价的能力就会降低。

◎ 案例　　　　　　　**某公司对行业竞争度的介绍**

公司在行业中的自我保护能力较强，行业的进入壁垒很高，新的竞争者不易进入，难以构成威胁。但是行业中价廉物美的替代品陆续出现，这可能会对公司产品产生一定的冲击，公司将根据这种现象有针对性地制定新的营销策略，以削弱替代品产生的影响。

3. 模板：行业竞争度分析

在商业计划书中分析行业竞争度时，可以说明行业竞争结构，也可以忽略该内容，直接说明行业的竞争情况，其参考模板如下。

模板　　**行业竞争度分析**

（一）行业竞争结构

[说明行业是哪种竞争结构，如果是完全垄断和寡头垄断行业，则更需要说明公司进入该行业的优势]。

（二）行业竞争度

[从行业现有竞争者的竞争能力、潜在竞争者进入的能力、替代品的替代能力、供应商和购买者的讨价还价能力等方面，总结性地说明行业的竞争度]。

🔍 3.3　如何在竞争中立于不败之地

公司要想获得更大的利益，就需要通过不断的竞争使自己占据更有利的地位，抢占更多市场份额。对于投资人而言，公司对竞争对手的分析是否准确，自身是否具备竞争力，都是直接影响其是否投资的关键问题。

3.3.1　竞争对手分析

竞争对手分析同样是商业计划书中应该体现的关键内容。有的商业计划书为了显示自身的优势，挑选的竞争对手是行业中不具备竞争力的对象；有的商业计划书甚至直接忽略了对竞争对手的介绍，就像没有竞争对手似的，这样的做法都不可取。

1. 竞争对手的类型

一般来说，竞争对手有现实竞争对手和潜在竞争对手之分，其中现实竞争对手又包括直接竞争对手、间接竞争对手和替代性竞争对手，如图3-2所示。

» **直接竞争对手**：这类竞争对手提供相同的产品，竞争同一目标用户群体，如可口可乐和百事可乐这两种碳酸饮料，就是直接竞争对手。

» **间接竞争对手**：这类竞争对手提供的产品可能不同，但竞争的是同一目标用户群体，如提供碳酸饮料的公司与提供果汁饮品的公司，实际上就是互为间接竞争对手的关系。

» **替代性竞争对手**：这类竞争对手竞争的同样是相同的用户群体，只是其提供的产品有较大的区别，如提供胶卷的公司与提供数码相机的公司，当用户发现胶卷无法满足自己的需求时，就会选择数码相机作为替代品。

» **潜在竞争对手**：这类竞争对手竞争的用户在目前来看一般不是同一类群体，不具备竞争关系，比如生产电视机的公司与生产冰箱的公司。但如果电视机行业的利润可观，就会吸引生产冰箱的公司加入竞争者的行列。

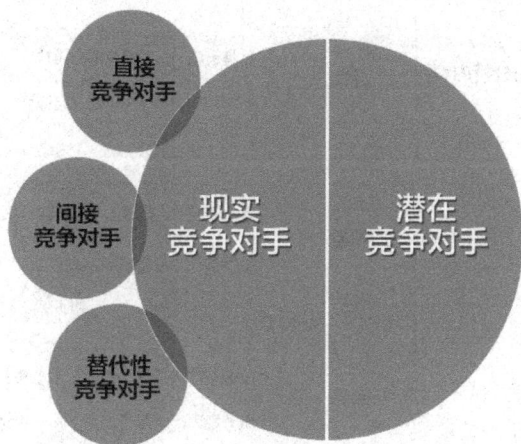

图3-2 竞争对手的类型

专家指导

公司在分析竞争对手之前，首先要找准竞争对手，即便其属于直接竞争对手，也不一定就会与自己形成竞争的关系。比如餐饮行业中提供中餐服务的公司或具体到某种菜系的中餐企业，如川菜馆，虽然其目标群体都是喜爱川菜的用户，但由于定位不同，A公司针对的是高端消费人群，B公司针对的是普通消费人群，那么这两家公司就构不成直接竞争的关系。

2. 竞争对手的分析内容

分析竞争对手时，可以从市场、产品、品牌、渠道、服务等多个方面进行分析，客观地对数据进行统计和对比，通过对比展示出各个竞争对手的优缺点。具体而言，竞争对手的分析内容如图3-3所示。

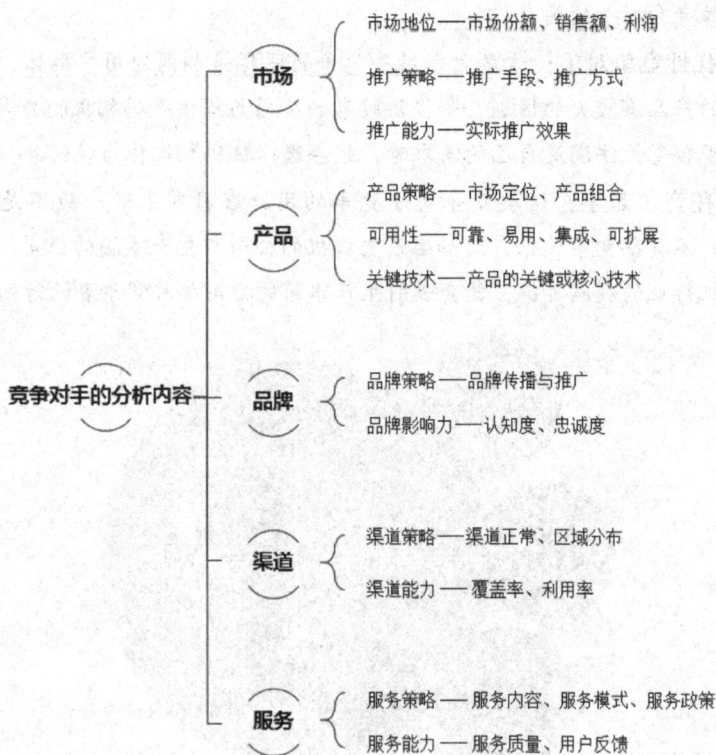

图3-3　竞争对手的分析内容

案例　　某防伪包装公司商业计划书中对竞争对手的分析内容

国内防伪包装企业技术比较		
公司名称	主要产品	防伪技术
温州宝信	购物券、证书、防伪标志、刮奖卡	印刷
北京安信	证书、标志、刮奖卡、防复印纸	纸张、印刷
深圳大学反光材料厂	防伪包装膜	激光镭射技术
深圳盛宁	不干胶	印刷
深圳缔成	不干胶	印刷
珠海一鸣	防伪彩印	印刷
武汉好丽特	镭射膜、金银卡纸、激光全息商标	激光镭射技术
上海印钞厂	纸币、有价证券、邮品、防伪票证	纸张、印刷
紫江企业	各类包装用品	激光镭射技术

从上述比较可见，大部分公司的防伪包装是通过印刷环节来实现防伪功能的，这导致行业的进入成本低，很容易被其他人模仿。我公司整合了包装产业链，从造纸环节开始防伪处理，有复合技术、转移技术、镀铝技术、激光镭射技术、金属丝防伪技术、水印防伪技术，具备国内仅次于印钞厂的综合防伪技术。

3. 模板：竞争对手分析

竞争对手分析的内容面较广，商业计划书中一般不会分析所有的内容，通常分析的都是自身较有优势的方面，如上例主要是从技术方面对竞争对手进行分析。总体而言，在商业计划书中分析竞争对手时可以利用表格来罗列分析的内容，这样便于投资人对比查看，其参考模板如下。

模板　竞争对手分析

就行业现状而言，我公司的主要竞争对手是[罗列竞争对手的名称]，在[说明对比的方向，如技术、渠道、营销等]方面，我公司与竞争对手的情况如下表所示。

项目	我公司	[竞争对手1]	[竞争对手2]	[竞争对手3]	[竞争对手4]
[对比项目]					
[对比项目]					
[对比项目]					
[对比项目]					
[对比项目]					
[对比项目]					

3.3.2 自身具备的竞争优势

我们在2.2节的产品介绍中讲到过，进入壁垒高和产品优势都是公司具有的竞争优势。除此之外，还可以从公司的角度出发，针对竞争对手来向投资人说明自身具备的竞争优势，但要注意不能与公司介绍的内容重复。

1. 品牌优势

品牌优势不言而喻，不仅消费者青睐大品牌的产品，投资人也更青睐大企业大公司的产品。在商业计划书中描述品牌优势时，可以从公司获得的资质、奖项等方面进行说明，如具备哪些资质、获得过哪些奖项等，这些都是品牌多年积累下来的优势，一定不要忘记展示出来。

案例 　　　　　　某公司商业计划书中描述的品牌优势

（一）资质优势

经国家认证认可监督委员会颁发的产品认证证书和检验报告达285份。

公司于2015年通过ISO9001质量体系认证，获得了国内管道压力元件生产许可证、挪威船级社DNV质量体系论证及美国石油学会API6A和16C产品论证。

（二）品牌积累优势

2012年被评为全国质量、服务、信誉AAA企业。

2014年被评为中国科技创新优秀企业、年度质量信誉双保障示范单位。

2015年被评为中国产品质量放心企业、年度重合同守信用AAAA级企业。

2016年被评为全国进口产品行业十大领先品牌。

2018年被评为工程建设推荐产品。

2. 生产优势

生产优势可以重点从研发团队、研发设备、知识产权、厂房规模、生产设备和团队等角度，说明公司在生产和研发方面具备的优势。

案例 　　　　　　某公司商业计划书中描述的生产优势

公司拥有××市页岩气阀门研发工程技术中心，于2014年被评为国家级高新技术企业，专业研发团队9人，团队成员均具有长期从事石油钻采设备的研究开发工作经历并拥有具有公司独立知识产权的专利共11项。

公司拥有各类先进的数控车床、加工中心、光谱仪、磁粉探伤、拉伸、冲击试验机、试压系统等生产、检验检测设备50余台套，年加工产值可达1.5亿元。

3. 销售优势

在描述公司的销售优势时，不仅可以说明供应链情况、营销情况，还可以简要说明财务情况，这些都能够体现公司的销售优势。

◎ **案例**　　　　　**某公司商业计划书中描述的销售优势**

（一）供应链优势

行业领先的成本、质量与服务，具备一流的垂直一体化生产供应链系统。

（二）营销优势

把握营销新趋势，重视营销战略与营销整体布局。

高效优质的国内与国际销售网络与渠道建设，重视销售质量。

重视营销人才培养，特别重视销售工程师型的营销人才培养。

拥有超过500家稳定的经销商。

与40多个国家有过合作经验。

电商业务高速发展。

（三）财务优势

收入每年持续稳定增长，增长率大约为7%。

成本比同行业低大约3%。

账款回收及时。

拥有良好的银行授信与记录，不对外担保，低财务杠杆。

具备规模经济效应，新产品毛利率高。

4. 模板：公司竞争优势

公司竞争优势可以根据公司类型来进行阐述，例如生产型公司可以从生产、研发等角度体现优势，销售型公司可以从渠道、运营、销售等角度体现优势。这里再次强调，公司竞争优势的内容，不能与前面公司介绍的内容重复，否则会降低商业计划书的质量，也会降低投资人对项目的印象分。

模板　　　**公司竞争优势**

（一）资质优势

[说明公司获得的各种有效且有影响力的资质]。

（二）知识产权优势

[说明公司获得的和正在申请的专利情况]。

（三）品牌积累优势

[说明公司获得的各种有影响力的奖项，如国家级的奖项]。

（四）研发优势

[说明公司在研发投入、研发团队、研发设备等方面的优势]。

（五）生产优势

[说明公司在生产设备、生产团队、生产成本等方面的优势]。

（六）销售优势

[说明公司在供应链、营销团队、营销成绩等方面的优势]。

（七）财务优势

[说明公司在业绩、营利等方面的优势]。

3.3.3　未来竞争中的优势

投资人需要了解公司在未来的竞争中还能否具有优势，特别对于那些可能面对国际巨头进入或变革频繁的高精尖技术行业，更需要知道公司能不能在未来的竞争中存活下来。比如在大量竞争对手，特别是国际巨头公司涌入后，公司是否能够通过品牌优势、团队优势、营销优势等保持竞争力；面对技术更迭，公司能否通过创新保持竞争力。

3.4　案例分析

市场与行业分析一般会涉及市场、行业及竞争3个方面的内容，这是商业计划书中非常重要的组成部分。通过对这些内容进行介绍，可以向投资人传达其将要投资的市场和行业的前景、其将要投资的对象的竞争力等。下面通过案例和分析进一步讲解这部分内容的写法。

3.4.1　行业与竞争分析

某生产电动涂卡器的公司对其所在行业和竞争情况进行了分析，重点介绍了行业背景、目标市场、竞争情况以及机遇与风险，具体内容如下。

（一）行业背景

随着教育普及程度的提高和经济增长对人才需求的不断增加，整个受教育群体的规模日益扩大，据统计，××××年在校接受教育的人达到3亿。

近年来，各层次受教育人数及毕业人数都稳步增长。各类考试中60%以上的考试采用答题卡收集客观题部分的答案。

考试市场的深度和广度都在飞速发展，大、中学生在校考试人数以平均每年3%的速度递增，其考试总人数以50%的份额常年占据考试市场的首位。非学历教育考试人数占据考试市场的第二位，××××年参加各类职业技能鉴定考试的人数达到880万，同比增加28%，同时职业技能鉴定考试项目每年都在以10~20个的速度新增。未来5年，还将有6 000万人参加职业技能鉴定考试。成人学历教育考试人数位居第三，××××年自考报名人数达到1 100万，成人高考报名人数达到270万。受本科院校扩招的影响，考研队伍也成了考试市场的重要组成部分，报名人数以每年20%左右的速度递增。公共外语、出国外语等考试人数占据了剩余的3%。

目前市场上使用的涂卡产品主要有3类：传统2B铅笔、自动铅笔、格尺/垫板类涂卡工具。考生均采用手动涂卡的产品，存在电动涂卡器市场的空白。电动涂卡器以其高效率和高准确率，根据涂卡的次数，能在重要的考试中，为考生平均节约5分钟。所以电动涂卡器有很好的市场前景。下表为电动涂卡器与其他涂卡产品的比较。

名称	类型	操作	效果	阅卷机显示	时间
电动涂卡器	电动	自动涂卡	准确规范	清晰无误、显示率100%	1秒/题
自动铅笔	自动	手动涂卡	黑度不易控制	易出现阅卷机不显示、不计分等问题	平均3秒/题
涂卡格尺	手动	手动涂卡			平均5秒/题
普通铅笔	手动	手动涂卡			平均5秒/题

（二）目标市场

公司选择参加中考和高考的考生作为主要目标用户群体，其他参考人数较多、考试重要性较强的大型正规考试，如英语四、六级，考研，公务员考试等的考生作为次要目标用户群体。

高考竞争最为激烈，中考的竞争激烈程度仅次于高考。同时这两类考试时间长、题量大，考试的低重复性会给学生造成极大的心理压力。我公司电动涂卡器的主要特点是省时、准确率高，可以缓解考生因为担心涂卡不准确、时间不够用而产生的心理压力，在此类考试中本产品最能突显它的优势。

中学生群体特性接近，公司容易掌握市场的需求变化；考生对考试用品的使用频率极高，在选择产品时会比较注重外观、功能和耐用性，而对价格的敏感度较低；另外在校学生的考试时间十分集中，公司可以集中力量进行有针对性的营销活动。大学生群体虽然考试竞争程度较弱，但考试频率较高，并且考试重要性较强；同时，大学生可自由支配的"收入"高于中学生，其对产品功能的关注程度高于其对价格的关注程度。

（三）竞争分析

1. 供应商的供货能力和议价能力分析

我公司的电动涂卡器主要分为3部分：一部分为涂卡器内部的电机及零部件和外壳，一部分为铅芯，另一部分为包装。这3部分在市场上都可以找到多家供应商，比如铅笔芯的生产商主要集中在浙江，据不完全统计，共有300多家生产厂家，这充分保证了我公司产品的生产能力。

由于市场上这几种产品的供应商较多，不易形成卖方市场，供应商讨价还价的能力比较弱。

2. 顾客的购买能力和议价能力分析

我国今年参加高考的人数大约为1 000万，而且有逐年上升的趋势；全国中考的人数有2 200多万；考研、大学英语四六级考生和公务员考生人数总计每年有700万～800万。针对考生专用的电动涂卡器有较大规模的顾客购买群和潜在的顾客购买群。

电动涂卡器的主要目标顾客是参加中、高考的学生，在购买本公司的产品时，这些顾客是以个人的身份单独购买的，很少能形成集团采购的形式，在这种情况下顾客的议价能力并不是很强。

3. 竞争对手分析

下表为我公司生产的电动涂卡器与竞争对手产品的比较。

竞争对手	价格	销售渠道	性能
好运牌等类似的涂卡笔	5元	超市、文具用品店	笔尖是方头的，涂卡比较方便，机器可以识别，速度慢
中华真品2B铅笔	1～1.5元	超市、文具用品店	需要削笔，涂卡速度慢，涂后不工整，机器识别率非100%，不环保
潜在的竞争对手	有涂卡笔的专利但没有投入生产的大概有2～3家企业；目前全国有500多家生产自动铅笔的厂家		
我公司的电动涂卡器	39元	大型连锁超市和百货商场、文具用品店、大型的书店	标准化涂卡，自动装置，涂卡速度快，机器100%识别，环保

（四）机遇与风险分析

1. 企业所面临的机遇

（1）每年大量的考生参加考试，而且考生数量逐年增加。

（2）国家在税收上给予大学生创业优惠政策。

（3）我国的文具行业逐渐形成产业化，有利于公司的发展。

2．企业所面临的威胁

本公司生产的铅笔虽然有专利保护，但还是极易被模仿。在投产后为了规避这种风险，将进一步进行产品研发及申请相应的专利保护。

» **技术风险及防范：** 由于采用全部外包和供应商竞标的方式进行生产，供应商比较了解我们的专利技术。我们采取和供应商签订合同的方式来保护专利技术，防止供应商盗用我们的专利技术。

» **市场风险及防范：** 为防止市场上出现同类假冒产品，我们将在大型超市或购物中心建立专柜来销售我们的产品。建立完善的供货和销售渠道，要求代理商与大型超市、购物中心和大型书店等签订销售合同，确保产品的质量。

» **政策风险及防范：** 国家在2B铅笔、考试用品的携带等方面有严格的要求。随着考试规则的不断完善，我们的产品有可能受到影响。为了规避这种风险，我们需要通过多种正规渠道，获得国家的认证证书，使其成为考试中不可缺少的产品。

案例分析　首先，该商业计划书结合一系列数据的分析，简单明了地说明了行业发展的前景是非常良好的；同时，比较了几种市场上常用的涂卡产品，说明了它们各自的特点，在行业分析中，这种做法不仅说明了行业中的产品情况，还为后面的竞争对手分析做了"预热"；然后，该商业计划书重点对目标市场进行了分析，确定了产品的销售对象，实际上这部分内容放在商业计划书的营销计划中更为恰当；接着，在竞争分析中简单地说明了供应商的供货能力和讨价还价能力、顾客的购买能力和讨价还价能力，并且对竞争对手做了对比分析；最后，单独分析了机遇与风险。通过阅读该商业计划书不难发现，该产品的市场是较大的，行业前景也是良好的，如果想要通过竞争占据较多的市场份额，最重要的就是得到国家政策的支持；其次是下调产品价格。如果能解决这两点，就能进一步提升产品的吸引力。

3.4.2　市场与竞争力分析

某计算机信息技术有限公司为获得投资，撰写了以下商业计划书（内容仅为行业、市场和竞争分析部分）。

（一）行业和市场

公司属于利用信息技术改造来促进交通运输业发展的高新技术企业，因而兼具交通业和软件业的属性。

（1）软件是知识经济时代的关键技术和关键产业。软件产业成为进入新世纪、进入知识经济时代的重要支柱产业，它是信息社会的核心和灵魂，是全球信息化进程的关键所在。软件产业以其独有的广泛渗透性、行业带动性，不仅本身在创造经济效益，而且推动了其他众多高新技术产业的发展，对众多经济领域有"辐射"作用，在国民经济中起到了"倍增器"的作用。

软件产业已经成为当前发达国家和发展中国家竞相发展的核心产业，是新世纪综合国力竞争的重要产业领域之一。我们占据了产业优势和市场前景优势。目前我国的软件技术和软件产业正处于初创期的后期，即将进入行业成长期，初创期产业的增长率为20%～50%，成长期产业的增长率将达到50%以上。

（2）从交通行业来看，交通运输业在国民经济中起着举足轻重的作用，而落后的传统技术制约着其快速发展，交通行业的信息化建设迫在眉睫。以××省为例，根据省经济发展战略目标，经济发展平均增长速度为10%～12%。运输量必将随着这样的发展速度高速增长，交通运输业将向高水平、高效率、高内涵方向发展，这也对交通行业信息化建设提出了更紧迫的要求。

××省发展规划提出要加快交通信息化建设步伐，开发公路运输管理信息系统、货运市场信息服务系统、运力宏观调控决策支持系统、智能交通系统、以GPS为基础的车辆调度管理系统等，充分发挥交通基础设施的潜能，提高交通服务能力和服务水平，更好地为国民经济和社会发展服务。由此可见，交通行业信息化建设将带来巨大的社会效益和经济效益。

有关资料显示，截至×××年底货物运输户已达到273 886户，货物实载率低于50%，每年综合经济损失高达800亿元。运输群体虽然规模大，但其分散程度高，资源浪费严重。采用现代信息技术提供信息服务，如果能提高5%的实载率，即可创造40亿元的综合效益；同时，由于大幅度减少空载行程，提高了里程利用率，可有效提高运输效率，减少能源消耗和环境污染，降低交通安全事故的发生率，这些都将产生巨大的社会效益和经济效益。

（3）智能化交通是21世纪世界交通运输业的发展方向。可以说，交通行业信息化建设这一领域的市场潜力巨大。

从动态的角度来看，我国经济已经进入新的增长周期，未来几年，国民经济将保持快速发展的良好态势。社会经济的快速发展必将对交通行业产生巨大的影响。客货运输需求将保持较快的增长速度，交通基础设施总量将会有较大的增加，交通管理业务将会更加繁杂。因此，交通行业信息化需求会不断增长，交通行业信息化市场的潜力无限。

（二）公司的独特性及市场竞争力

1. 独特性

公司是交通行业信息化软件开发的专业公司，承担着××省交通行业信息化建设的重任，在市场中占有得天独厚的优势。公司以××省交通信息化市场为依托，积极开拓全国市场。

2. 市场竞争力

公司的竞争优势集中表现在以下6个方面。

» **技术优势：** 公司拥有实力雄厚的技术队伍，掌握了当今国内交通行业领先的信息技术。

» **政府支持优势：** 交通信息化建设是××省交通科技发展规划的重中之重，公司作为××省交通行业信息化建设的承担单位，交通厅从各方面给予了大力的支持。确定公司总经理为交通厅信息化领导小组成员，与政府方面共商交通信息化发展规划。

» **产品组合优势：** 公司已经开发了拥有自主知识产权的6套应用软件，并将进一步完善产品结构，可为各省市的交通行业信息化建设提供全面的解决方案。

» **市场优势：** ××省交通运输业在全国交通行业中处于领先地位，高速公路建设里程居全国第一，交通行业信息化市场容量很大。更重要的是，××省交通业在全国有很强的影响力，它的选择将直接影响其他省市有关部门和企业的决策。可以说，"得××省而得天下"。

» **质量、成本优势：** 公司对交通行业有较深入的研究，聘请了熟悉交通行业业务流程的专家在软件开发上给予业务指导，从而大大减少了调研用时，缩短了开发进程，降低了开发风险，提高了产品的质量，大幅度降低了成本。

» **管理优势：** 公司管理队伍的整体素质较高，有良好的知识结构、年龄结构，富有激情和创新精神。

（三）竞争对手的优势和劣势

由于交通行业信息化市场前景广阔，××软件公司、××软件科技公司、深圳××软件、××软件接团等公司及一些大专院校、科研院所极力向该行业渗透。雄厚的资金、优秀的人才、完善的营销网络是它们的竞争优势所在，但它们缺乏对交通行业的深入研究以及交通部门的指导和支持。

另外，上述竞争对手主要致力于公路建设信息化或货运电子商务等项目开发，而我公司立足于交通行业信息化基石的大型数据库建设、××省三级信息化网络建设工程的研究和开发，产品内涵量很大，与上述竞争对手的产品既有区别又有互补性。

案例分析　该案例重点强调了行业与市场的情况以及公司的巨大竞争优势。案例从政策高度出发，简洁有力地说明了软件业与交通业的行情以及市场蕴含的巨大潜力。该公司的竞争优势也非常明显，几乎具备压倒性优势。在这些条件下，商业计划书的内容得以简化，却完全不影响公司在投资人心中的地位。这种以行业、市场、竞争力和竞争对手为主要目标的写作方法也是较为典型的行业与市场分析方法之一，值得借鉴和参考。

3.5　疑难解答

问： 怎样理解市场与行业的区别？

答： 市场由一群有相似需求的消费者组成，关注的是消费者和需求；行业则由一群生产可替代产品的公司组成，关注的是产品和公司。如果说这个市场的潜力巨大，则说明市场中的消费者很多、需求量很大；如果说这个行业的潜力巨大，则说明竞争较小、替代品较少等。

问： 行业只有朝阳产业和夕阳产业之分吗？

答： 不是。按技术的先进程度，行业可以分为新兴产业和传统产业，新兴产业采用新兴技术进行生产，产品技术含量高；传统产业采用传统技术进行生产，产品技术含量低。另外，按不同要素的集约度，行业又可以分为资本密集型产业、技术密集型产业、劳动密集型产业、知识密集型产业、资源密集型产业等。其中，资本密集型产业是指需要大量资本投入的产业，如钢铁行业、房地产行业等；技术密集型产业是指技术含量较高的产业，如飞机制造行业等；劳动密集型产业是指高度依赖劳动力的产业，如纺织业；知识密集型产业是指依赖知识、创意、设计的产业，各种创意行业均属于此类；资源密集型产业是指高度依赖资源消耗的产业，如煤炭行业、木材行业等。

第 4 章

运筹帷幄——
运营与营销计划

本章导读

　　当投资人了解了公司与产品的情况，发现了市场与行业有好的发展前景，同时公司及产品也有一定的竞争力，那么如何运作就成为接下来需要解决和叙述的问题，这就涉及运营与营销的内容了。前者可以向投资人说明如何运营并管理公司及产品，后者可以向投资人说明将采取哪种营销策略，以获取更多的客户与销售额。

　　本章将详细介绍商业计划书中运营管理和营销策略的写作方法，涉及的主要内容包括如何体现运营管理优势、如何应用运营数据、产品策略、价格策略、渠道策略、促销策略等。

引导案例

IBM是世界500强企业，它曾经是一家单纯的硬件制造商，但经过10多年的整合，已经成功转型为提供硬件、网络和软件服务的整体解决方案供应商。2005年，IBM公司的服务收入所占比例超过50%，连年利润增长率高达10%以上。

十几年前，当所有IT厂商大张旗鼓制造个人计算机时，IBM公司已经悄然转型为IT服务公司。而现在，当越来越多的IT厂商又开始意识到IT服务的战略重要性及其超强的创收能力时，IBM又再次转身，开始采用服务产品化策略。在IBM全球的营收体系中，目前大约有55%的收入来自IT服务。

根据互联网数据中心的研究报告，2006年中国IT服务市场整体增长19.7%，市场规模超过950亿元，2010年则超过了2 000亿元。未来，中国将超越澳大利亚成为亚太地区最大的IT服务市场。面对如此巨大的市场空间，IBM进一步提出了用"服务产品化"的方法来创新IT服务的运营与营销策略。"服务产品化"从产品化的角度重新看待IT服务，这样有助于更为准确地把握市场的需求，提高响应市场的速度，进而可以把产品定义清楚，把质量也定义清楚，最终在提高服务质量的同时，实现IT服务提供商的规模化，扩大其收益。

案例分析

有了好的市场和高质量的产品或服务，如何进行运营和营销就显得非常重要了。上述案例中，IBM公司始终走在市场的前端，通过先进且长远的运营和营销策略，让公司始终处于行业的领导者地位，在市场竞争中得以不断地发展壮大。在商业计划书中，通过对运营与营销计划的描述，不仅能让自己进一步理清运作思路，也能让投资人判断出公司的运作方式是否正确、是否长远、是否经得住考验。

4.1　运营管理

　　如果投资人不了解公司业务的运作方式，就需要在商业计划书中向其介绍具体的运营管理方法；如果投资人已经了解公司业务或相关行业的运作方式，就更需要向其说明公司的具体运营现状，避免其产生误解。

4.1.1　体现运营管理的优势

　　在商业计划书中说明运营管理的情况时，应尽量在叙述过程中体现出自己的优势，这样才能增强投资人的投资信心，进而获得融资。

1. 阐述运营流程

　　首先需要向投资人介绍清楚的是公司业务的整个运营流程。比如商品流通业务中，进货环节如何挑选商品、库存环节如何管理库存、店铺管理环节如何管理员工和销售商品等，整个运营流程都需要交代清楚。同时，在这个过程中还需要充分展现自身优势，以获得投资人的青睐。比如库存管理如何使畅销商品的货源稳定、滞销商品不会积压，店铺设计与竞争对手相比具有哪些特色，用户管理如何做到新客户不断增加、老客户不流失等。

◉ 案例　　　某生物科技有限公司商业计划书中对运营管理的介绍

　　（一）环节管理

　　（1）前期种植培育。从种苗到开花需要两年时间，每亩年产200千克金银花，业内产能最高。

　　（2）中期提炼加工。每10吨金银花可提取100克高纯度绿原酸，业内水平最高。

　　（3）后期产品开发。每千克绿原酸可生产600克产品粉末，业内水平最高。

　　（二）开发管理

　　采用订单式开发管理模式，主要针对以下领域。

　　（1）针对药用，适用于抗菌、抗病毒领域。

　　（2）针对医用，适用于抑制突变病症和抗肿瘤领域。

　　（3）针对保健，适用于心血管保护和降压领域。

　　（4）针对美容，适用于抗氧化、抗衰老领域。

　　（三）产业整合

　　××生物科技有限公司执行投资管理、产品开发、针剂销售等产业一体化管理，重点涉及种苗研发、种植生产、技术提纯、粉末制造与销售等业务。

（四）供应管理

公司拥有三大生产基地，未来15年生产的金银花已被全部买断，同时具有唯一收购权，能确保未来15年生产原料的供给稳定。

（五）销售管理

公司分别与××国际公司和××集团签订了每年200千克绿原酸收购的长期采购合同，并且每年自用200千克绿原酸用于生产加工。

专家指导

阐述运营流程时，对于产能、产量、销售额等对象，可以使用"更多""很多""很高"等词汇；对于成本、时间等对象，可以使用"更少""减少""很低"等词汇；对于效率等对象，则可以使用"提升"等词汇。

2. 运营过程如何管控

对运营过程的管控同样是投资人非常看重的一个方面。因为无论是公司还是业务，都会在运营过程中出现大大小小的各种问题，如何应对出现的问题，或者如何预防和避免可能出现的问题，是投资人非常感兴趣的内容。比如利用某种先进技术生产产品时，需要考虑该技术是否足够成熟，有没有出现过问题，出现后是如何解决的，能不能避免可能出现的问题，等等。不要认为谈论这些问题的内容会影响公司获得融资的机会，实际上这些内容同样应该展现给投资人，因为它们不仅不是公司的短处，反而能体现公司处理问题和应对危机的能力。

案例　某零售公司在商业计划书中说明降低物流配送环节成本的方法

（一）快速高效的物流配送中心

（1）物流配送中心一般设立在多家零售店的中点位置，也就是配送中心设立在销售主市场。这使得一个配送中心就可以满足多个附近周边城市的销售网点的需求。

（2）运输的半径既比较短又比较均匀，基本上是以半径320千米为一个商圈建立一个配送中心。

（二）配送中心采用的作业方式

（1）配送中心的一端是装货的月台，另外一端是卸货的月台，两项作业分开进行。看似与"装卸一体"的方式没有什么区别，但是运作效率能提高很多。

（2）采用交叉配送的作业方式，效率极高。进货时直接装车出货，没有入库储存与分拣作业的过程，降低了成本，加快了流通速度。

3. 差异化才是创业优势

执行差异化的运营理念，本身就是一种竞争的优势，对于初创公司而言更是如此。充分说明自身的差异化管理方式，可以让投资人认为公司具备很强的竞争力，从而提高其投资兴趣和信心。比如，大多数果园都提供采摘服务，公司的果园除了提供这些服务外，还提供栽种和果盆销售服务，让用户可以在享受采摘乐趣的同时将"果园"带回家。这种服务不仅可以提升销售业绩，还能实现深度推广。

◎ 案例　　　某火锅连锁公司在商业计划书中对差异化管理的介绍

（一）产品差异化

××火锅连锁公司在继承川、渝餐饮文化原有的"麻、辣、鲜、香、嫩、脆"等特色的基础上不断创新，坚持"绿色、无公害、一次性"的选料原则，严把原料关、配料关，制作出10多种口味丰富的锅底和独具特色的蘸料。

在新菜品开发方面，打造了三大系列菜品：健美食品系列（能预防肥胖及胆固醇升高，辅助人体生态平衡的食品系列），绿色食品系列（安全无害、无污染、新鲜的食品系列），营养食品系列。

在产品、菜品的安全方面，保证每种菜品、底料的生产制作符合国家标准，并配有权威部门的合格检验报告书。各店还建立了菜品24小时留样制度，以备出现食品卫生安全问题时追溯和查验。

在就餐环境方面，将中式餐饮环境改革为时尚化、西餐化的就餐环境，这种改变代表了公司对于时尚感、仪式感以及干净、精致的追求，满足了年轻顾客对良好的就餐环境的需要和情感依托。

（二）服务差异化

××火锅连锁公司的服务之所以让消费者印象深刻，就在于我们将其他同类火锅店所存在的普遍性问题通过服务的形式予以很好的解决。比如在就餐高峰期，为等候的客人提供一些让他们感觉很温暖的服务，如免费提供各式小吃、饮料，以及免费提供上网、擦鞋服务，女士在等待时可以免费修理指甲，等等。

4. 模板：运营介绍

在商业计划书中描述运营情况时，写法是非常灵活的，只要能够让投资人清楚公司和业务的运作方式，同时能够体现出自身的优势即可。下面提供一个运营介绍的模板，以供参考。

模板 ▶ 运营介绍

（一）运营模式

[说明公司和业务的运营模式，如进货、生产、技术、销售等各方面是如何运作的]。

（二）运营特点

[说明各个运营环节的特点，如成本控制得很低、销售业绩增长率很高、生产效率很高等]。

（三）运营管控

[说明运营过程中出现过或可能出现的问题，然后重点解释解决问题的方法]。

（四）差异化管理

[说明与同行业、同类产品不同的管理方法，并解释具体的优势]。

4.1.2 应该使用哪些运营数据

阐述运营情况时，如果能够适时地提供关键数据，则可以极大地提高文字内容的可信度。对于商业计划书而言，介绍运营内容时应该重点展示的数据包括用户和销售方面的数据、体现增长趋势的数据、体现重大成绩的数据。初创公司如果暂时还无法提供运营数据，则可以通过分析预测给出未来运营状况的数据。

1. 用户和销售方面的数据

用户和销售方面的数据，是衡量公司运营结果最直观的数据，同时也是投资人要考查的硬性指标。一个没有用户数据和销售业绩的公司，无论将自己描述得多么强大和美好，都很难得到投资人的青睐。比如一家运营购物软件的电商公司，其商业计划书中可以展示的用户数据和销售数据如图4-1所示。

图4-1　电商行业常见的用户和销售数据

◉ **案例**　　**某网站在商业计划书中提供的近3年用户和销售数据**

网站自成立起到现在3年的用户和销售数据如下表所示。

项目	2016年	2017年	2018年
日非重复用户访问量（人次）	10 000	50 000	150 000
每次通话页读数（页）	10	15	20
日均页读数（页）	100 000	750 000	3 000 000
年页读数（页）	9 000 000	273 750 000	1 095 000 000
CPM（元）	150	150	150
广告代理折扣	50%	50%	50%
每页读数广告率	20%	30%	40%
广告费（元）	135 000	6 159 375	32 850 000
公司会员数（家）	3 000	15 000	45 000
个人会员（人）	20 000	100 000	300 000
公司会员年费（元）	0	120	120
个人会员年费（元）	0	0	0
会员费（元）	0	1 800 000	5 400 000
其他服务费（元）	100 000	500 000	1 500 000
收入合计（元）	235 000	8 459 375	39 750 000

2. 体现增长趋势的数据

数据呈现增长趋势，自然就说明公司的业务有发展潜力甚至"前途一片光明"，这对于获取投资是一种非常聪明的数据使用方法。展现增长趋势最直观的方式就是使用图表，将用户不断增长、销售不断增长、利润不断增长等印象"植入"投资人的脑海。比如某公司主推新兴业务，将近一年业务实现的销售额用图表体现出来，让投资人感受到即使行业整体不算景气，但该业务有强大的发展潜力，如图4-2所示。

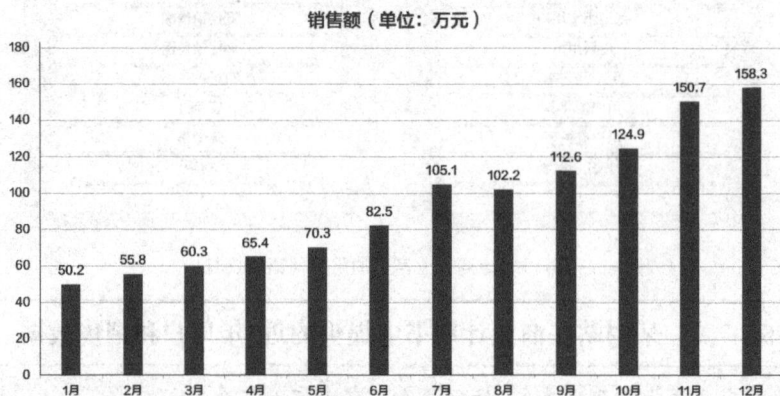

销售额（单位：万元）

图4-2 某业务近一年的销售额

3. 体现重大成绩的数据

公司运营过程中取得的重大成绩，可以充分利用数据体现出来。比如×××年××月××日，公司注册用户正式突破1亿人；公司成立1周年，营业额正式突破1 000万元等。这些极具冲击力的数据，能够在投资人心里留下很深的印象，增加其投资的信心。

案例　某IT公司在商业计划书中体现的重大运营成绩

2018年1月，公司在线促成交易额突破200亿元；2018年5月，公司以15亿元收购××网络公司；2018年12月，公司注册用户数量正式突破8亿人；2019年4月，公司凭借85亿元的品牌价值获得"中华IT服务创新示范品牌"的称号。

4. 预测未来的数据

当初创公司无法拿出有力的运营数据时，则可以将重点放在对未来的运营预测上。比如在未来某个时间阶段，实现多少营收，某个业务实现多少增长率等。当然，这些预测并不是妄断，而是基于前期非常扎实的对各种运营策略和竞争优势的有效分析。没有前期的准确分析，这些预测只会让投资人认为公司好高骛远，不脚踏实地。

👁 **案例**　　　**某生物科技有限公司商业计划书中的项目发展规划**

（一）第一年

（1）固定资产投资600万元，其中压力式喷雾干燥机（产能100千克/时）最大产能为850吨，是本项目的关键设备。该设备需用2个月时间进行生产的安装调试，需用1个月时间申请生产许可证，同时还需要申请HACCP、ISO9001认证。

（2）投产后预计在国际市场销售50吨，销售额为1 500万元，税前利润为1 000万元。

（3）喷雾干燥机是非标产品，需定做，定做时间为50天，所以生产线的建设需2个月。

（二）第二年

（1）重点开发胶原蛋白海绵。

（2）预计在国际市场销售马哈鱼皮200吨，销售额为6 000万元，销售羊皮300吨，销售额为3 000万元；在国内市场销售鱼鳞和鲫鱼皮100吨，销售额为2 000万元，销售羊皮100吨，销售额为1 000万元。合计销售额为12 000万元，税前利润为7 000万元。

（三）第三年

（1）投资4 000万元购买100亩土地以建设生物产业园，包括5 000平方米的医药车间，5 000平方米的植物提取物车间和10 000平方米的动物提取物车间。

（2）投产后预计在国际市场销售马哈鱼皮500吨，销售额为15 000万元，销售鱼鳞和鲫鱼皮200吨，销售额为4 000万元，销售羊皮300吨，销售额为3 000万元；在国内市场销售鱼鳞和鲫鱼皮150吨，销售额为3 000万元，销售羊皮150吨，销售额为1 500万元。合计销售额为26 500万元，税前利润为15 750万元。

（四）第四年

（1）随着胶原蛋白产能的增大，需增购喷雾干燥机（产能200千克/时，单价为100万元）和酶解罐，最多新增投资300万元。

（2）投产成后预计在国际市场销售马哈鱼皮700吨，销售额为21 000万元，销售鱼鳞和鲫鱼皮300吨，销售额为6 000万元，销售羊皮400吨，销售额为4 000万元；在国内市场销售马哈鱼皮100吨，销售额为4 500万元，销售鱼鳞和鲫鱼皮200吨，销售额为4 000万元，销售羊皮300吨，销售额为3 000万元。合计销售额为42 500万元，税前利润为26 000万元。

（五）第五年

预计在国际市场销售马哈鱼皮1 000吨，销售额为30 000万元，销售鱼鳞和鲫鱼皮300吨，销售额为6 000万元，销售羊皮600吨，销售额为6 000万元；在国内市场销售马哈鱼皮300吨，销售额为13 500万元，销售鱼鳞和鲫鱼皮400吨，销售额为8 000万元，销售羊皮400吨，销售额为4 000万元。合计销售额为67 500万元，税前利润为42 500万元。

4.2 营销策略

制定营销策略是为了更好地应对市场变化、获得更多的客户、提升销售业绩，最终获取利润。商业计划书中需要体现公司的营销策略，投资人可以参考此内容来分析自己是否能够通过投资获取利润。一般而言，可以从产品、价格、渠道、促销等方面来介绍公司的营销策略。

4.2.1 产品策略

产品策略是营销策略的核心，是价格策略、渠道策略和促销策略的基础，它需要解决的问题就是应该用哪种产品来满足用户的需求。就商业计划书而言，具体可以从产品组合、产品品牌和产品服务3个方面来展示产品策略的内容。

1. 产品组合

产品组合策略指将所生产的多种产品进行有目的的组合，使产品组合的广度、深度及关联性形成最佳结构，进而提高公司和产品的竞争能力，取得最好的经济效益。

» **增加产品组合：**增加产品组合主要是开拓产品组合的广度和提高产品组合的深度。前者是指通过增加产品线来扩充产品类目，后者是指在原有的产品线上增加新的产品项目。增加产品组合可以提高产品的市场占有率，满足更多用户的不同需求，能够充分利用资源、发挥生产能力、提高经济效益，还能减少市场需求变动造成的影响。

>> **减少产品组合：** 减少产品组合与增加产品组合刚好相反，最终结果就是削减产品线或削减产品线上的一些产品项目。这种策略可以集中优势资源和技术力量改进保留产品的品质，提高产品知名度，可以提高生产经营的专业化程度，提高生产效率，降低生产成本；利于公司向市场纵深发展，找到更合适的目标市场；也可以减少资金占用，加快资金周转速度。

>> **产品组合分档：** 产品组合分档是指在原有产品组合的基础上增加高档产品或低档产品。在原有基础上增加高档产品可以获取更多的利润、提高产品的市场地位。在原有基础上增加低档产品可以凭借高档产品的知名度吸引更多的用户、补充产品项目的空白，形成产品系列；也可以提升销售业绩，扩大市场占有率。

👁 **案例**　　　　　　**某食品公司使用的产品组合策略**

公司目前拥有 8 个知名品牌，为了集中资源和技术力量改进核心产品的品质，提高旗下产品的知名度；同时也为了使生产经营专业化、提高生产效率、降低生产成本，决定使用减少产品组合的战略，出售其中 4 个品牌。

2020 年，如果市场反应良好，公司将进一步细分核心产品市场，采取增加产品组合的策略：收购 × × 公司的糖果业务，将该公司在市场上具有竞争力的品牌收入囊中；同时与 × × 集团合并，将该集团的知名产品品牌归入旗下，以在食品行业扩大品牌的市场占有率。

2. 产品品牌

产品品牌策略是通过维护与传播品牌，提升品牌在用户心目中的地位，以占据更多的市场份额、提高销售业绩的营销方式。在利用品牌进行营销时，可以运用以下几种常用策略。

>> **不同品牌策略：** 即公司生产的每种产品均使用不同的品牌，如百胜集团旗下的快餐产品品牌为"肯德基"，比萨产品品牌为"必胜客"等。运用这种品牌策略，可以更好地为每种产品寻求不同的市场定位，更好地对抗竞争对手，分散风险，增加销售额。

>> **相同品牌策略：** 即公司生产的所有产品均使用相同的家族品牌名称，如格力公司生产的产品都称为"格力××"，包括格力空调、格力电风扇、格力电饭煲等。运用这种品牌策略，可以利用公司的品牌效应，使所有产品都更容易被用户接受。

》"企业＋品牌"策略： 即公司生产的不同产品使用不同的品牌名称，但在品牌名称之前都统一加上公司名称，如海尔集团旗下的彩色电视机产品的品牌为"海尔探路者"、冷柜产品的品牌为"海尔大力神"等。这种品牌策略可以充分用于新产品的开发，使新产品在享受公司声誉带来的正面影响的同时，又能体现出不同的特色。

◉ **案例**　　　　　**某科技公司在商业计划书中介绍的产品品牌策略**

为了充分借助"明星"产品的招牌效应，进一步提升公司品牌的知名度，尽管产品的目标市场和定位各不相同，产品宣传的创意和组织活动也各自独立开展，公司还是决定采用相同品牌策略，所有产品均使用同一品牌名称。

3. 产品服务

产品服务是指为支持产品的销售而向用户提供的附加服务。产品服务策略的制定可以体现在服务项目、服务形式和服务水平等方面。

》服务项目： 由于用户需求的不断增加，产品的服务项目也越来越多，如免费运送和安装、技术指导、质量保证、提供信贷服务等。了解用户对不同产品的服务需求，选择能够最大限度地满足用户的服务项目，自然可以提升产品的竞争力。

》服务形式： 产品服务分为固定服务和流动服务两种形式，前者是指设立服务网点，服务周边的用户；后者则是采取上门服务的策略，定期或不定期地进行走访、检查、维修。选择哪种服务形式，同样取决于用户的需求和竞争者的策略。

》服务水平： 不管服务项目是否完备，服务形式是否灵活，若没有较高的服务水平，用户的需求同样无法得到满足。因此，服务水平最终决定了产品服务策略能否成功。公司只有不断提升服务水平，才能取得用户的信任。

◉ **案例**　　　　　**某家电公司制定的产品服务策略**

（一）规范服务水平

建立服务培训部门，定期开展服务水平培训，向国内先进服务水平看齐。重点培训方面包括穿戴着装、言行举止、服务话术等，全面且系统地进行升级培训。

（二）落实服务项目

公司现阶段的服务项目包括部分项目免费运送与安装、免费技术指导、质保期内免费检修等。为提高公司品牌的知名度，将免费运送与安装服务扩大到所有产品，延长质保期，同时开展年度回馈活动，免费为用户检查与维修产品。

4. 模板：产品策略

商业计划书中，产品策略主要用于向投资人展示公司能够提供什么样的产品和服务去满足用户的要求，这方面的能力对公司能否生存和发展是至关重要的，因此也是投资人较为关心的一个方面。介绍产品策略时，可以从产品组合、产品品牌和产品服务这3个方面来说明。

模板　产品策略

（一）产品组合策略

[说明公司采用哪种或哪些产品组合策略，介绍采用这种或这些策略的原因和优势]。

（二）产品品牌策略

[说明公司采用哪种或哪些产品品牌策略，介绍采用这种或这些策略的原因和优势]。

（三）产品服务策略

[说明公司采用哪种或哪些产品服务策略，介绍采用这种或这些策略的原因和优势]。

▌4.2.2　价格策略

价格策略用于解决产品如何定价的问题。如产品如何进行第一次定价？随着环境和机会的变化如何修改产品定价来适应市场？如何调整价格来应对竞争对手的产品价格调整？

1. 第一次定价

在核算好成本的基础上，产品的第一次定价一般可以采用"渗透策略"或"筛选策略"。

>> **渗透策略：**即实现市场逐步扩张的拓展策略。如果新产品没有显著特色，市场竞争激烈，并且公司的目的是获得较大的销售量和较高的市场占有率，就可以实施低定价策略，以迅速对市场进行渗透。

>> **筛选策略：**若希望一开始就创造较高的收益，那么新产品上市之初就可以将价格定得较高，以期在短时间内获取厚利，尽快收回投资，这种策略就是筛选策略。

专家指导

使用筛选策略的优点在于，由于新产品刚上市，用户对该产品尚未形成理性认识，较高的价格定位可以提高身价，满足顾客的求新心理，有助于开拓市场。另外，产品进入成熟期后，价格可以分阶段逐步下调，有利于吸引新的购买者。

案例   **某科技公司使用的新产品定价策略**

公司新品定价采用渗透策略，以薄利多销的方式使产品以物美价廉的形象吸引顾客，占领市场，同时实现快速收回投资的目标以谋求产品的升级和研发。

2. 修改定价适应市场

市场需求往往是瞬息万变的，产品刚进入市场时可能供不应求，此时可以将价格定得较高一些。当供过于求时，就需要适当调低产品定价来促进销售。因此在实施价格策略时，一定要充分考虑产品定价对市场供求变化的适应。

3. 调整价格应对竞争

应对竞争者而调整产品价格的策略一般也有两种，一种是同向调整，一种是反向调整。

>> **同向调整：**指对手涨价自己也涨价，对手降价自己也降价。对于产品差异性不强的行业，采取这种方法是相对安全的，否则容易快速丢失市场份额。需要注意的是，如果双方都反复地调低定价，则容易造成恶性竞争，这对所有公司来说都得不偿失。

>> **逆向调整：**指对手涨价自己却降价，对手降价自己却涨价。采取这种策略的目的往往是想要抓住快速占有市场的机会，但只有产品自身的竞争优势较

大，并且其他如宣传、推广等营销工作配合到位，才有竞争优势，否则这种逆向调整定价的操作风险较高。

👁 **案例**　　　　　**某科技公司使用的产品价格调整策略**

公司产品定价较主要竞争对手而言稍高，同时产品在市场上处于优势地位。为了进一步提高公司的优质形象，提高品牌在市场上的占有率，公司将在未来半年内上调产品价格；同时为了避免用户出现过多的抵触情绪，将辅以服务策略和营销策略，在涨价后时刻关注市场反应，为涨价带来的影响做好全方位的应对准备。

4. 模板：价格策略

在商业计划书中说明价格策略时，往往需要明确时间因素，一般会说明在前期采用哪种策略，中期发展阶段采用哪种策略，后期成熟阶段又采用哪种策略。这样才会让投资人觉得公司有稳定的长远目标，能够坚定其投资信心。

模板　**价格策略**

前期[指定时间段]，公司产品价格将采取[说明策略]，具体定价为[各产品的价格数据]，[说明采取此定价的原因]。

中期[指定时间段]，公司产品价格将[说明是否变化]，具体定价为[各产品的价格数据]，[说明采取此定价的原因]。

后期[指定时间段]，公司产品价格将[说明是否变化]，具体定价为[各产品的价格数据]，[说明采取此定价的原因]。

4.2.3　渠道策略

渠道策略解决的问题是产品应该如何到达用户手上，这涉及渠道的拓展方向、分销网络建设和管理、区域市场的管理、营销渠道自控力和辐射力等内容，简言之就是分销策略（建立渠道销售产品）。对于商业计划书的撰写而言，将渠道策略简洁明了地展现在投资人眼前，体现出该策略的竞争优势即可。

1. 直接渠道或间接渠道

直接渠道是指将产品直接出售给用户的渠道，间接渠道是指将产品通过中间商出售给用户的渠道，如图4-3所示。

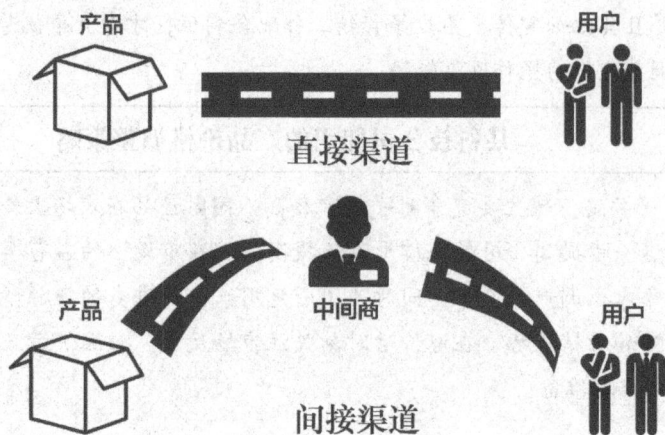

图4-3 直接渠道与间接渠道示意图

» **直接渠道**：这种策略减少了中间环节，节约了流通费用；而且产销直接见面，公司能够及时了解用户需求，进而了解市场的需求变化，这有利于公司及时调整产品结构、进行决策优化。

» **间接渠道**：这种策略由于中间商的介入，分担了公司的经营风险。同时借助中间环节可以扩大产品销售的覆盖面，有利于提高产品的市场占有率。

◎ 案例　　　　　　　　　**某家电公司的渠道策略**

公司从成立之初到现在，一直采取的都是"厂家—经销商/代理商—零售商"的渠道策略，在这种模式下取得了较高的市场占有率。未来将进一步加强这个策略的实施力度，增加与优质的经销商、代理商和零售商的合作，并始终坚持以自有营销网络为主体的渠道策略。

2. 长渠道或短渠道

长渠道是指产品经过两道或两道以上的中间环节，才能到达用户手中；短渠道则是指产品只需经过一道中间环节就能到达用户手中，如图4-4所示。

» **长渠道**：这种策略由于渠道长、分布密、触角多，可以有效地覆盖市场，从而扩大产品的销售范围，并能在更大的范围内调剂余缺、沟通供求。

» **短渠道**：这种策略有利于加快产品流通速度，缩短产品的销售周期，提高产品的竞争力；也有利于减少产品损耗，节省流通费用。

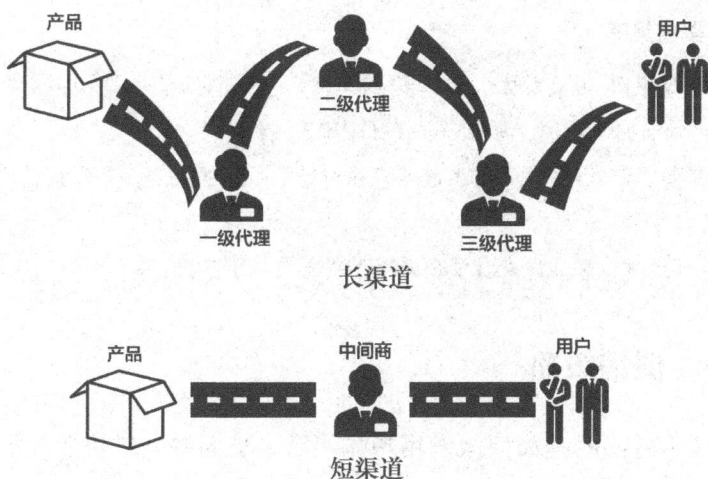

图4-4　长渠道与短渠道示意图

3. 宽渠道或窄渠道

分销渠道的宽或窄，取决于渠道中每个层次包含的中间商数量。比如产品生产后由批发商批发，这个层次中如果批发商很多，则渠道就宽；批发商销售给零售商，这个层次中如果零售商数量多，则渠道就宽。根据渠道宽窄的不同，可以分为密集分销、选择分销和独家分销3种方式。

> » **密集分销：** 产品通过大量的批发商和零售商进行推销。
> » **选择分销：** 产品在某一市场（地区）通过少数中间商进行推销。
> » **独家分销：** 产品在某一市场（地区）仅选择一家中间商进行推销。

专家指导

独家分销又包括独家包销和独家代理两种形式。独家包销是指公司将产品的专卖权和所有权转移给中间商，由中间商在市场上销售产品并承担经营风险；独家代理则是指公司委托中间商独家代理销售产品，产品所有权未发生变化，代理商只收取佣金，不承担经营风险。

4. 模板：渠道策略

渠道策略可以直接说明产品在从公司到用户的过程中使用的是哪种或哪些渠道，并进一步说明采取这种或这些渠道策略的原因、优势和取得的成绩，同时也可以进一步展望未来渠道策略的变化情况。

模板 ◣ **渠道策略**

公司产品采取[说明具体的分销渠道]策略，[适当说明此渠道中各个销售环节的情况，如经销商如何选择、零售商质量如何等]。

目前来看，此策略[说明该渠道策略在市场上引起的反应，有什么优势，取得的成绩如何]。

未来，[预测将来公司发展后在渠道策略方面有无变化]。

■ 4.2.4 促销策略

促销策略解决的是如何激发用户购买欲，从而提升销售业绩的问题。它涉及如何通过推销、广告、公共关系和推广等各种促销策略向用户传递产品信息，使其购买产品。促销策略一般有直接促销和间接促销两种。

1. 直接促销

直接促销也称推式促销（将产品推出去），是指运用人员推销手段，把产品推向销售渠道，经过批发商、零售商，最终到达用户手中的方式，如图4-5所示。

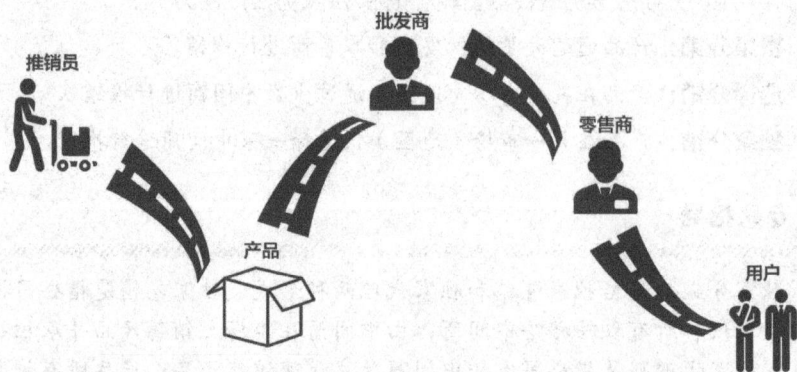

图4-5 直接促销示意图

2. 间接促销

间接促销也称拉式促销（将用户拉进来），通过广告和公共宣传等措施吸引最终用户，增加其购买欲，使其主动购买产品的方式。其作用路线与直接促销刚好相反，由公司将用户引向零售商，将零售商引向批发商，再将批发商引向厂商，如图4-6所示。

图4-6　间接促销示意图

👁 **案例**　　　　某饮料公司在商业计划书中介绍的促销策略

公司为配合品牌核心内涵将推出一系列促销组合，以达到建立品牌与用户的有效沟通、提升品牌忠诚度的目的。具体措施包括在不同的区域市场推出"××产品优质女孩选拔赛""××产品都市灯光秀""××产品闪亮女孩""××产品街舞挑战赛"等活动。

3. 模板：促销策略

在商业计划书中介绍促销策略时，可以直接向投资人说明具体采取的促销措施有哪些，并适当说明实施情况、预期效果等内容。

模板　　**促销策略**

公司采取的主要促销策略是[说明是直接促销方式还是间接促销方式]，具体促销手段如下。

（一）[促销手段]

[说明促销方式有何作用，如何实施，期待有什么效果]。

（二）[促销手段]

[说明促销方式有何作用，如何实施，期待有什么效果]。

（三）[促销手段]

[说明促销方式有何作用，如何实施，期待有什么效果]。

🔍 4.3　案例分析

优秀的运营与营销策略是产品、服务被市场和用户接受并购买的关键，否则再好的产品和服务也无法创造利润。因此公司往往都需要站在战略高度制定运营和营销策略，以把握好正确的方向，为公司的运作和产品的销售操盘掌舵。下面通过两个案例进一步学习商业计划书中运营与营销计划的写作方法。

4.3.1　公司运营战略

某计算机信息技术有限公司在商业计划书中对公司运营管理的内容做了详细介绍。该内容以管理为主，涉及发展战略、管理模式、人力资源规划、研发和市场策略等内容，具体如下。

（一）发展战略

公司总体发展战略为：建立动态联盟，形成核心层、紧密层和松散层相结合的网络化合作体系，并不断进行产品研究、开发和销售，以培育和发展公司的核心技术，实现合作与竞争并存、优势互补、共同发展的目标；坚持"以人为本"的经营管理理念；坚持"提供高品质产品，实现低交付成本"的市场竞争策略；充分运用产品经营和资本经营两种手段，积极开拓产品市场与资本市场，实现公司的跳跃式发展；注重知识管理，实现可持续发展的目标。

（二）公司管理模式

以目标管理为基础、以项目管理为核心，同时实施数字化管理、柔性管理、知识管理。

1．目标管理

将公司未来3年的发展规划确定的目标层层分解、落实，明确责任，以目标为尺度进行考核。

2．数字化管理

利用先进的信息技术建立公司的内部网络，实现资源共享与信息的快速传递。

3．柔性管理

提倡以人为本，建立柔性组织，实行弹性工作制度，提供特色柔性产品、服务，增强公司的灵活性、适应性和创新性。

4．知识管理

建立基于内部网络的知识库，完善知识共享机制，培养和提高公司的集体创造力。

（三）人力资源规划

公司奉行人本主义企业文化，以实现员工价值最大化为人力资源管理的目标。

（1）建立科学合理的人才智力、时间结构，创造崭新的人才空间，实现人才的互补效应。

（2）建立公开、公平、公正的绩效考评体系与合理的薪酬制度。

（3）推行"员工持股计划"，实现知识与资本的结合，构建利益共同体，增强公司发展的动力。

（4）采取股票、期权等多种股权激励方式，促使经营者以实现企业价值最大化为工作目标，解决所有者与经营者之间目标背离的问题。

（5）导入竞争机制，充分调动员工的积极性，发挥他们的创造性。

（6）积极开展员工培训工作，建立集管理培训、技术培训、学位培训和新员工上岗培训于一体的培训体系。提倡员工之间的交叉互动式学习，与大专院校合作以委托培养等方式进一步提升员工素质，实现公司价值与员工价值的同步增长。

（四）研究与开发

1. 软件开发管理

公司积极推行项目管理，引入工程化管理思想。按照国际ISO9001质量体系标准，对应用软件开发、供应、维护和系统集成等各个环节进行严密监控，实行全过程质量管理，建立一个过程受控、紧密衔接、闭环运行的质量保证体系，以实现"产品无缺陷、系统无故障、服务无投诉"的质量目标。

（1）开发人员实行竞争上岗、末位淘汰制。

（2）开发人员的报酬与其工作量和开发质量相结合。制定项目利益分配制度和综合技能考评制度，实现技术人员考核制度化。

（3）公司将严格实施软件开发的工程化和标准化措施，启动软件CMM、ISO9001质量体系认证工作。

2. 研究开发计划

为了巩固并长期保持公司产品的竞争优势，加强公司研发实力，将针对客运联网结算、运输安全、道路稽查、航运等领域的信息化需求以及地球卫星定位技术、地理信息技术等在交通行业的应用进行更深层次的研究和开发。形成公司"发芽期""种子期""结果期"产品并存的合理的产品结构线。

公司计划每年提取当期销售额的10%作为研发基金，提高研发人员待遇，改善研发条件，以提高公司的产品竞争力。

（五）市场策略

实行"提供高品质产品，实现低交付成本"的市场竞争战略。以"运政管理信息系统"为拳头产品，以××市场为基地，以××市场为突破口，建立有效的销售渠道和强大的销售队伍，建立良好的战略合作伙伴关系，充分利用交通行业的市场资源进行相关产品的销售。

计划于2021年在××市场站稳脚跟，夯实基础；在××省交通信息建设的新兴市场占有率达到60%～70%。实施"远交近攻"策略，积极抢占××省周边省市的交通行业信息化市场，同时密切关注较远省市的交通行业信息化市场。计划于2022年巩固公司在××省交通信息化市场的领先地位，新兴市场占有率达到80%；在××市场要占有一定地位，市场份额居于前三位；积极开拓××市场。计划于2023年进一步完善公司的营销网络和技术支持体系，确立公司在交通信息化市场的主导地位。

案例分析　上述商业计划书侧重从管理方面介绍公司的运营战略。就内容而言，包含发展战略、管理模式、人力资源规划、研究和开发及市场策略等方面，已经较为全面地说明了公司的运营战略和理念。通过这些内容，投资人能够了解公司运营管理的方方面面，能够借此判断该战略正确与否。如果该商业计划书在介绍公司和产品时详细说明了业务的运作流程，这里就可以不再对业务运营情况做过多介绍；否则就需要将业务运营流程或环节向投资人介绍清楚，并强调自身的优势和竞争力。

▌4.3.2　公司营销计划

某IT咨询公司采用差异化的营销策略，在其商业计划书中针对产品、价格、渠道和促销内容做了简要介绍，具体如下。

公司根据产品的特点，组建具有开拓精神的营销团队，针对行业市场、东部发展较快的区域市场等不同的细分市场，建立适合自己的营销网络和营销体系。同时根据产品特点，针对不同的宣传对象和用户，选择不同的宣传渠道，编写相应的宣传资料，进行新闻和广告宣传。从产品使用效果、产品功能模块和设计思想等多角度来加深客户对产品的印象。突出宣传的是产品的高质量和实施的高成功率，而不是低价格。

考虑到细分市场结构的吸引力和公司的目标与资源，某些市场或业务虽然有较大吸引力，但不符合公司的长远目标，也会坚决放弃；公司将密切关注占领细分市场所需的资源，并且会迅速培养相关能力。

公司充分意识到采取"差异化营销"的策略会创造更大的总销售额。但差异化营销也会增加经营成本，包括产品变更成本、生产成本、促销成本等。公司将努力在产品专门化和市场专门化中取得平衡。

（一）产品

» **产品策略**："统一品牌，产品＋服务"策略。

» **核心产品**：CRM客户关系管理系统、相关咨询服务、培训服务。

» **外围产品**：进销存系统、人事管理系统、ERP系统。

» **版本**：普通版本、企业版本、集团版本。

» **行业（按重要程度）**：IT高科技企业、商业企业、证券企业、传统企业、医药企业。

（二）价格

» **定价策略**：以普通版本的产品的低价普及带动企业、集团版本的销售。

» **普通版本**：4 500～10 000元。

» **企业版本**：5万元。

» **集团版本**：10万～50万元。

» **咨询、培训费**：4 500元/6小时或按课题收费。

（三）渠道

» **渠道策略**：初期进行密集型分销，公司要尽可能地通过大量符合信用标准的中间商参与产品的销售，特点是市场覆盖面广，分销越密集，销售的潜力越大；中期通过差异互补建立广泛的合作联盟；后期通过建立共同的价值观实现协同发展。

» **渠道类型**：咨询公司、软件公司、系统集成公司等。

» **渠道政策**：利用高比例利润折扣拓展渠道，打开市场。

（四）促销

公司在执行促销计划时，拟选用下表中所示的促销工具。

广告	销售促进	公共关系	人员推销	直销
印刷	竞赛、游戏	报纸	推销展示	网络营销
宣传小册子	样品	演讲	销售会议	电话营销
工商名录	交易会与展销会	研讨会	销售介绍	
视听材料	示范表演	图书	交易会与展销会	
	折让	关系		
		游说		
		杂志		

案例分析 该商业计划书首先介绍了总体的营销计划，然后从产品、价格、渠道和促销4个方面说明了营销策略。整体来看内容较少，但关于产品、价格、渠道的基本策略表述得较为清楚。对于促销部分的介绍却有些欠妥，只是简单罗列了促销时可能用到的工具和方法，并没有详细说明会使用哪些促销手段，对应使用哪些工具。投资人无法通过目前的内容了解公司将要采取的促销措施。另外还需要注意，商业计划书中的营销策略不仅指分销的渠道策略，还包括产品、价格和促销策略。哪方面有明显的优势，就可以重点阐述该方面的情况，从而展现公司的竞争力，增加投资人投资的信心。

4.4 疑难解答

问：运营和营销有什么区别和联系？

答：如果从对内和对外的角度来看，运营属于对内的行为，即运作与经营，侧重管理，而营销属于对外的行为，即经营与销售，侧重将产品（或服务）提供给用户；如果从包含与被包含的角度来看，运营行为包含营销行为，营销行为是运营行为的一个环节；如果从不同阶段的角度来看，运营行为一般发生在营销行为之前。

问：产品组合策略除了涉及广度和深度外，还涉及什么内容？

答：产品组合策略涉及广度、深度、长度和密度。本章前面提过，产品组合的广度是指所拥有的产品线数量；产品组合的深度是指每条产品线上的产品项目，如花色、规格等；产品组合的长度则是指所拥有的产品品种的平均数，即用全部品种数除以全部产品线数所得的结果；产品组合的密度则是指各产品线的产品在分销、购买等方面的相关程度。

问：分销渠道中，宽渠道和窄渠道各有什么优缺点？

答：分销渠道越宽，产品进入流通领域的速度就越快，但厂商与中间商和用户之间的关系也更不稳定；相反，分销渠道越窄，厂商与中间商相互协作沟通的程度就越强，信息反馈就越快，但厂商对中间商的依赖也更强，产品在市场上的覆盖率也相对更低。

第 5 章

以人为本——
团队介绍与展示

　　某些创业公司可能会出现一个人创业并寻求投资的情况，但投资人将资金完全交给一个人使用的这种做法并不常见。对于投资人而言，找到值得投资的团队从某种意义上来说比找到优秀的创意更加重要。因此，如何向投资人介绍和展示自己的团队，就是影响能否得到投资的关键，也是商业计划书需要重点考虑的部分之一。

　　本章将重点介绍核心人物和团队部分在商业计划书中的写作方法，具体包括创始人介绍、核心管理团队介绍，以及整个团队的展示与管理等方面的内容。

某文化传媒有限公司在介绍团队核心人物时，重点介绍的是总经理和艺术总监，具体内容如下。

张先生，总经理。

拥有13年的结构设计及管理经验。

全球杰出青年社区会员。

××大学工业设计专业硕士，拥有机械设计和工业设计专业背景，对企业战略、行业趋势、品牌策略、设计风格及趋势有良好的判断能力和掌控能力，还具有丰富的实战经验。

李女士，艺术总监。

拥有10年的艺术设计领域工作经验。

美国××大学MBA。

拥有10年的艺术设计领域工作经验，多年来致力于文创设计。2009年与××创意产业中心共同考察并引进了××设计创意孵化项目。负责过××艺术馆、××海派名家文化产品系列项目。2015年负责高级定制礼品项目，与××图书馆、××博物馆联合开发一系列中国经典馆藏文创衍生品，获得较好的社会反响。

投资人权衡再三，最终在介绍管理团队这个环节下定了决心，认为该团队没有体现出优势和特色，因而放弃了投资。

案例分析

许多公司在进行团队介绍，特别是核心人物介绍时，往往只是将所有核心人物的履历、成绩等堆砌出来，实际上这种做法是非常不可取的。拿上面的案例来说，一个主要从事文化传播的公司，总经理却毫无这方面的经验和履历。虽然这并不代表公司以后不会成功，但至少在投资人看来，这个团队是无法令人信服的。因此，在团队介绍中，最重要的是想办法将团队与投资项目挂钩，比如负责人有这方面丰富的经历，负责过与项目类似的其他工作等，这样才能吸引投资人的注意。

5.1 核心人物介绍

核心人物主要包括公司的创始人、核心管理者等，他们在团队的作用，相当于掌舵者在巨轮上的作用，可以为整个团队把握方向、选择路线、规避风险。许多投资人决定投资与否，往往看的就是团队的核心人物。

5.1.1 创始人介绍

公司的创始人是指组建并成立公司的创办人。一个公司可能有一位创始人，也可能有多位创始人，在商业计划书中可以对这些创始人的情况都进行简要介绍。

1. 职业履历

就商业计划书而言，职业履历主要侧重介绍个人在教育经历和工作经历方面的信息。因此，在向投资人展示创始人的职业履历时，可以主要介绍个人信息、教育水平和工作经历3个方面的内容。

» **个人信息**：主要介绍创始人的姓名、年龄、在公司的职位及负责的业务范围。

» **教育水平**：主要介绍所受的高等教育的项目或课程，重点说明与项目相关的教育内容，同时应展示获得的学位证书和其他荣誉证书等内容。

» **工作经历**：主要介绍与项目相关的工作经历，并突出在这些工作中所担任的角色。

专家指导

职业履历中不应忽略创始人的性别介绍，如果有照片则无须通过文字说明；如果没有照片，则可以采用"王××先生""张××女士"的表述来表现性别。

案例 红华集团创始人介绍

刘××先生，红华集团董事长，硕士研究生，高级经济师。

2005年毕业于××科技大学，获学士学位。

2009年毕业于××大学，获硕士学位，考取高级经济师职称。

2010年任职于××金融公司，专职负责信贷业务。

2013年于××金融公司担任财务总监一职，全面管理公司财务系统建设、运行。

2015年于××金融公司离职，成立红华集团。

2. 生涯成就

生涯成就主要是指创始人到目前为止，其职业生涯中所取得的成就。商业计划书中对创始人的生涯成就的关注点应该在职业与相关项目两个方面，即学业等其他方面的成就不做介绍，与投资项目不相关的成就也不做介绍。

◎ 案例　　某医疗保健公司创始人在成立公司前的生涯成就介绍

任职于××公司时，取得了以下成就。

（1）创建了3个高效能销售团队，在家庭健康、临终关怀和远程保健系列项目中引入定制策略。

（2）为了形成更大的影响和更短的销售周期，重建了产品演示过程。

（3）有效地识别和区分高价值业务机会和低价值业务机会，更合理地对公司资源进行了整理和分配。

（4）通过与A公司、B公司达成交易，公司每年能获得3 000万元人民币的经常性收入，其中与B公司达成的是多年的独家协议。

（5）建立了一整套全面的标准化流程和工具，将产品分配月底结算程序的周期从8天缩短至2天。

（6）充分利用对医疗保健和安全行业的深入了解，参与并成功完成了最高水平的收购业务。

3. 精彩故事

故事是衡量商业计划书质量的一个标准。好的商业计划书，其实就是在讲故事，通过这些亲身经历的故事，打动投资人。因此在介绍创始人的时候，不妨考虑讲述一些极具代表性的精彩故事，补充说明创始人的人格魅力、做事态度等。

案例 **"饿了么"创始人张旭豪的创业故事**

"饿了么"创始人张旭豪关于"饿了么"的最初设想，据说来自一次头脑风暴。当时包括张旭豪在内的多位同学聚在一起，畅谈如何改变世界直至深夜，感觉越来越饿的时候，就想到了外卖订单的点子。难能可贵的是，张旭豪与同学们不仅有想象力，更有执行力，第二天就把未来几年的核心业务规划清楚了，天一亮大家就开始到学校附近寻找餐厅，一家一家地谈合作，短短数天时间外卖生意就逐步开展了起来。

4. 人脉资源

创始人如果在所在领域内有一定的人脉资源，也可以展示给投资人。比如可以将企业获得的天使投资的天使投资人信息体现在商业计划书中，也可以介绍帮助过自己或有一定合作关系的圈内名人。

5. 模板：创始人介绍

创始人一般都是公司的"掌门人"，因此介绍他们的时候应该将最精彩的内容呈现出来，以得到投资人的认可，进而得到投资。创始人介绍的写作可以参考以下模板。

模板 **创始人介绍**

> [姓名]先生（女士），公司创始人，[目前在公司的职位]。
>
> [时间]，毕业于[高校名称]，取得[学历学位]。
>
> [时间]，毕业于[高校名称]，取得[学历学位]。
>
> [时间]，任职于[公司名称]，担任[职位]，主要负责[公司业务]。
>
> [时间]，任职于[公司名称]，担任[职位]，主要负责[公司业务]。
>
> [姓名]在[时间]，[介绍取得的重大成就]。[时间]，[取得的成就]。
>
> [选择是否通过若干故事来进一步体现创始人的性格]。
>
> [姓名]先生（女士），公司联合创始人，[目前在公司的职位]。
>
> [时间]，毕业于[高校名称]，取得[学历学位]。
>
> [时间]，毕业于[高校名称]，取得[学历学位]。
>
> [时间]，任职于[公司名称]，担任[职位]，主要负责[公司业务]。
>
> [时间]，任职于[公司名称]，担任[职位]，主要负责[公司业务]。
>
> [姓名]在[时间]，[介绍取得的重大成就]。[时间]，[取得的成就]。

5.1.2 核心管理团队介绍

核心管理团队是指由公司若干管理人员组成的，能够执行决策和管理操作的团队。核心管理团队一般由创始人和其他高级管理人员组成，这里重点说明在商业计划书中应该如何介绍除创始人以外的高级管理人员。

1. 管理人员职业履历

管理人员职业履历需要在商业计划书中进行介绍，但相比于创始人，管理人员的内容要更加精练，总结性说明该管理人员的姓名、性别、年龄、职务以及重要的学历和经历即可。

◉ 案例　　　　　　　　**某咨询集团的核心管理团队介绍**

王××，男，45岁，首席执行官（CEO）。

毕业于上海交通大学，通信工程学士，工业工程硕士，通过特许金融分析师认证（CFA Program）二级考试。曾任职于微软全球技术中心和上海微创软件有限公司，分别担任高级客户经理和高级运营经理。

邝××，女，38岁，执行总裁。

毕业于上海交通大学管理学院和复旦大学经济学院，拥有经济学学士和硕士学位。曾任职于中国工商银行信贷部门，参与过多个融资项目。拥有律师职业资格，长期从事与金融相关的法律工作。

赵××，男，36岁，首席技术官（CTO）。

毕业于上海交通大学，拥有通信工程学士学位。曾在微软全球技术中心担任技术主管。

孙××，男，35岁，首席风险官（CRO）。

毕业于上海交通大学，拥有工学学士学位。曾任职于中国民生银行总行中小企业部，亲历了民生银行小企业信贷业务从无到有、从小到大的发展过程，并在此期间担任过管理相关的多个重要职位。

2. 管理人员各司其职

许多公司都有很多管理人员，特别是大型公司，管理人员的数量就更多了。商业计划书由于篇幅有限，写作时不可能将所有管理人员的信息都展示出来。这里应该把握一个原则，即投资人通过商业计划书中介绍的若干管理人员，就能窥见整个公司的业务划分情况。也就是说，需要介绍的管理人员，应该是在公司负责某一方面事务的最高决策人员和管理人员。

3. 管理人员优势展示

如果某些管理人员的优势特别明显，则可以在介绍其职业履历时将这种优势体现出来，提高管理人员在投资人心目中的地位。比如某位管理人员之前任职于某个知名大企业的高管、某位管理人员参与过国家级别的项目管理等，这些都能提高整个团队的竞争力。

4. 模板：核心管理团队介绍

核心管理团队介绍相当于创始人介绍的"精简版"，但需要注意的是，商业计划书中介绍的管理团队成员，应该要能代表整个公司的业务划分和工作体系。通过管理人员介绍的内容，投资人也能了解公司大概的工作模式。这部分的写作参考模板如下。

模板　核心管理团队介绍

[姓名]，[性别]，[年龄]，[职位]。

毕业于[高校名称]，[学历学位]，[取得了哪些与项目相关的证书]，[相关工作经历]。

[姓名]，[性别]，[年龄]，[职位]。

毕业于[高校名称]，[学历学位]，[取得了哪些与项目相关的证书]，[相关工作经历]。

[姓名]，[性别]，[年龄]，[职位]。

毕业于[高校名称]，[学历学位]，[取得了哪些与项目相关的证书]，[相关工作经历]。

[姓名]，[性别]，[年龄]，[职位]。

毕业于[高校名称]，[学历学位]，[取得了哪些与项目相关的证书]，[相关工作经历]。

5.2　团队展示与管理

除了创始人和高级管理人员外，公司的其他成员也是团队的重要组成部分。在商业计划书中可以通过整体介绍的方式进行说明，主要可以从团队展示和团队管理两个方面加以阐述。

5.2.1 团队展示

团队展示的重点是将整个公司的团队结构和团队属性展示给投资人，使其在最短时间内了解公司整个团队的情况。

1. 组织结构

公司的组织结构是团队展示的最好工具，它往往是以组织结构图的形式来表现的。组织结构图可以将公司的整个架构清晰地表示出来。但需要注意的是，如果在公司介绍部分已经对组织结构进行了说明，这里就不用重复叙述了。图5-1所示为某公司的组织结构图。

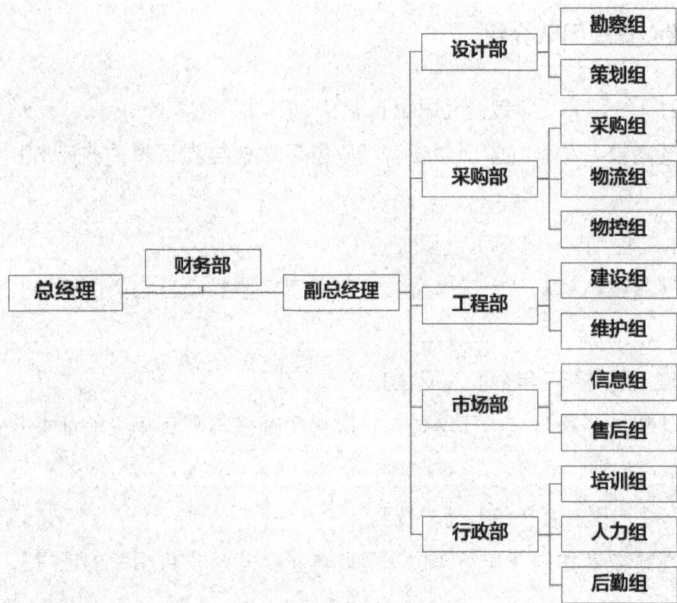

图5-1 公司组织结构图

2. 属性展示

属性展示是指在商业计划书中说明公司团队，特别是下属团队具有哪些优秀的属性。比如常见的说法有公司整个团队是一个高效的、互助的团队等，这实际上就是对团队属性的一种展示。在商业计划书中总结性地介绍团队属性，既不会占用过多篇幅，又能让投资人进一步了解团队的情况。下面列举一些常见的团队属性以供参考。

» **忠诚**：这类属性可以体现团队的凝聚力。具有这类属性的团队成员主要表现为：能够站在领导者的立场思考问题，能够主动与上级分享想法，能够时刻维护公司的利益，能够主动思考如何为公司创造更多的收益。

» **敬业**：这类属性可以体现团队的战斗力。具有这类属性的团队成员主要表现为：愿意为工作做出个人牺牲，能够积极完成工作，能够提供超出报酬的服务，重视工作中的每一个细节。

» **负责**：这类属性可以体现团队的责任感。具有这类属性的团队成员主要表现为：言必行，行必果；注重每一件小事；对造成的错误不找借口，不会推脱问题；不会因疏忽铸成大错。

» **高效**：这类属性可以体现团队的工作效率。具有这类属性的团队成员主要表现为：会主动量化、细化每天的工作，不会拖延任何事情，不会犯"完美主义"的问题，成为效率的大敌。

» **结果导向**：这类属性可以体现团队的务实精神。具有这类属性的团队成员主要表现为：一开始就会想好怎样把事情做成，办法永远比问题多，聪明地工作而不仅仅是努力地工作，没有条件就创造条件，把任务完成到好得超出预期。

» **合作沟通**：这类属性可以体现团队的亲和力。具有这类属性的团队成员主要表现为：对问题当面开口并当场解决，既报喜也报忧，服从整体安排，遵守纪律，不做团队的"短板"，主动为团队考虑。

» **积极进取**：这类属性可以体现团队的上进心。具有这类属性的团队成员主要表现为：会以"空杯"心态学习和汲取更多的技能，会挤出时间给自己"充电"，能够挑战自我，未雨绸缪。

» **感恩**：这类属性可以体现团队的社会责任感。具有这类属性的团队成员主要表现为：能够因为有施展才能的平台而感谢领导，能够因为完成任务而感谢在工作中配合的同事，能够因为创造了更好的业绩而感谢客户。

3. 模板：团队展示

团队展示并不是必需的内容，特别是在已经展示了公司的组织结构的情况下。除非团队有非常优秀的属性，而且做出了某些成绩，这样才建议在商业计划书中对团队情况进行适当的展示，其参考模板如下。

模板 团队展示

公司由[职务]统一领导，设立[职位和部门名称]，具体组织结构如下图所示。

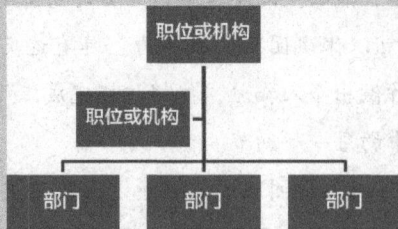

整个团队具有[属性]等优秀品质，[通过真实案例说明基于这些品质做出的成绩]。

5.2.2 团队管理

介绍团队管理情况的目的是让投资人进一步了解团队的运作方式并以此来判断这个团队是否值得投资。某种意义上，团队管理介绍是一把双刃剑，如果这些内容符合投资人预期，自然能够极大地增强其投资决心；如果无法满足投资人预期，过多的介绍团队管理的情况反而画蛇添足，会降低获得投资的概率。因此只有在篇幅足够或深信团队管理非常具有特色和优势的情况下，才可以进行简单介绍。

1. 管理模式

管理模式是指公司领导采用的管理方法，常见的如以责任转移为中心的分权管理、以明确工作目标为中心的目标管理等。在商业计划书中介绍管理模式时，可以首先说明采用哪种模式进行团队管理，然后说明在这种模式下公司取得了什么成绩、有什么竞争优势等。

案例 某创意公司对其管理模式的介绍

公司采用"放养管理"的模式对团队进行管理，员工上下班不用打卡，也没有KPI，上不上班自己决定，只要能把工作完成就行。

相比于之前采用的绩效考核模式，"放养管理"最大限度地激发了团队的创意热情，公司业绩增长明显，市场占有率从以前的23%上升到35%，年营业收入与上一年相比，增加了425万元。

2. 工作模式

工作模式主要从员工角度出发，说明员工工作的常规方式。在商业计划书中关于工作模式的描述也并非必要的内容，可以根据实际情况决定是否进行介绍。

5.3　案例分析

团队介绍虽然是投资人非常看重的内容，但其篇幅可长可短，最重要的还是要完全体现出团队的优势。下面介绍两个团队介绍的案例，这两个案例无论是篇幅还是写作方式都不相同，通过分析这两个案例，读者可以进一步掌握团队介绍在商业计划书中的写作方法。

5.3.1　团队与顾问介绍

某汽车环保设备有限公司在商业计划书中进行团队介绍时，着重介绍了核心团队、技术指导以及顾问与合作团队，具体内容如下。

（一）核心团队

郭××，男，公司创始人，总经理，负责公司整体运营。1988年出生，硕士研究生，××大学商学院MBA市场营销方向，××大学EMBA。2010—2017年任职于××股份研究院，任创新产品带头人。2018年7月开始创业至今，在贸易、物流、供应链、机械制造等领域积累了丰富的运营经验。

章××，女，副总经理，负责公司财务、投融资工作。1989年出生，硕士研究生，××大学MBA新创业务方向，拥有高级会计师职称。曾在××科技公司和××制造公司任财务总监，负责公司财务管理、税务策划及投融资活动。

周××，男，总工程师，公司主要专利发明人，负责公司项目和产品的技术及研发。出生于1972年，1995年开始从事物流相关工作，在汽车性能、构造、维修及零部件制造等方面有丰富的技术经验。

蒋××，男，研发骨干，负责产品创新。1985年出生，硕士研究生，毕业于××科技大学材料学专业。公司引进的第一批技术人才，目前在公司创新事业部负责产品创新及开发相关工作。

（二）技术指导

王××，教授，博士，博士生导师。第十批××省学术和技术带头人后备人选。担任××大学汽车与交通学院动力机械及工程系系主任，××汽车关键零部件协同创新中心主任助理，××大学博士后创新实践基地主任助理。

（三）顾问及其合作团队

（1）××大学汽车与交通学院，张××教授（××大学博士）及其研发团队。

（2）××净化设备有限公司，林××教授及其研发团队。

（3）中国汽车工程研究院，黄××主任及其团队。

（4）中国重汽汽车技术部。

（5）××大学商学院，鲁××教授及其营销管理研究团队。

案例分析　该公司是一个重视研发生产的汽车环保设备公司，因此在团队介绍时，将重点放在团队研发优势上，舍去了单独介绍创始人、展示公司组织结构图等内容，增加了技术指导、顾问及其合作团队等内容，目的是进一步体现团队的研发优势。但是这样处理有两个问题：一是对于一个公司而言，仅仅具备强大的研发能力是远远不够的，市场营销、财务控制、整体运营等方面的能力没有体现出来，会让投资人怀疑公司的团队能力；二是虽然有技术指导和技术顾问，但并未体现他们是如何与公司合作的，比如他们是否占有公司股份，是否属于长期合作等，都需要交代清楚，否则会让投资人误认为这些技术指导和顾问仅仅是挂靠在公司里而已。

5.3.2　团队介绍与管理

某石油生物科技有限公司在商业计划书中介绍团队情况时，用了大量的篇幅对团队的组织结构、成员分工、岗位职责、激励机制等进行了详细说明，具体内容如下。

（一）组织结构

随着公司的不断发展，组织结构将配合公司的战略体系进行相应调整，由初期的简单分工到按照实际需求形成各个职能部门。为了提高公司的决策传递效率和组织反应速度，现阶段我公司采取如下图所示的扁平式组织结构。

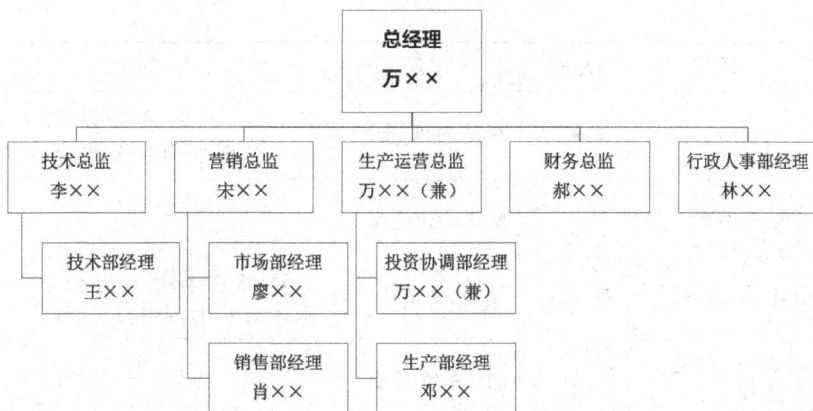

```
                        ┌─────────────┐
                        │   总经理     │
                        │   万××      │
                        └──────┬──────┘
    ┌──────────┬──────────┬────┴──────┬──────────┬──────────────┐
┌────────┐ ┌────────┐ ┌──────────┐ ┌────────┐ ┌────────────┐
│技术总监 │ │营销总监 │ │生产运营总监│ │财务总监 │ │行政人事部经理│
│李××   │ │宋××   │ │万××（兼）│ │郝××   │ │林××       │
└───┬────┘ └───┬────┘ └────┬─────┘ └────────┘ └────────────┘
┌────────┐ ┌────────┐ ┌────────────┐
│技术部经理│ │市场部经理│ │投资协调部经理│
│王××   │ │廖××   │ │万××（兼）  │
└────────┘ └───┬────┘ └────┬───────┘
          ┌────────┐ ┌────────┐
          │销售部经理│ │生产部经理│
          │肖××   │ │邓××   │
          └────────┘ └────────┘
```

（二）成员分工

公司团队由技术与研发、管理与营销两部分人员组成，并且聘请了具有相关专业背景及丰富经验的专家担任顾问。

» **技术与研发：**××大学环境学院的技术发明人、博士研究生。

» **销售及生产、运营管理：**××大学经济管理学院MBA研究生、硕士研究生，拥有石油行业营销、管理背景及资本运营经验。

» **专家顾问团队：**聘请了环境工程专业的教授、油田技术总工程师、经管学院教授担任顾问。

部门	职务	人员	学历	简介
管理	总经理	万××	MBA研究生	在国外××公司及××公司分别工作3年和2年
	行政人事部经理	林××	硕士研究生	参与有关石油生物破乳剂课题的开发研究
技术	技术总监	李××	博士研究生	参与了国家级、地区级科研项目10项，发表论文10余篇，拥有专利1项
	技术部经理	王××	博士研究生	研究方向为石油生物降解，在石油污染生物治理方面具有一定的经验
营销	营销总监	宋××	MBA研究生	曾在××燃气、××机械、××能源公司等多家上市公司担任高管
	市场部经理	廖××	硕士研究生	曾参与多项创业计划，团队曾成功申请××市大学生科技创业基金

部门	职务	人员	学历	简介
营销	销售部经理	肖××	硕士研究生	曾在××化妆品跨国企业、××健康咨询公司等公司工作
生产运营	生产运营总监	万××（兼）	MBA研究生	
	生产部经理	邓××	硕士研究生	主要研究方向为生物破乳剂及工业废水处理技术
	投资协调部经理	万××（兼）	MBA研究生	
财务	财务总监	郝××	硕士研究生	通过特许公认会计师公会所有考试并成为其准会员

（三）岗位职责

团队分工与岗位职责如下。

» **总经理：**对公司董事会负责。组织制订和实施公司战略计划，组织完成董事会批准的财务及各项工作指标，负责公司人事、营销、财务等方面的工作。

» **技术总监：**分管生物制品研发工作。负责制订和实施公司年度生产计划，负责新品开发，负责培养公司技术人员梯队。

» **营销总监：**分管公司市场部和销售部。负责制订和实施公司营销计划，负责油田市场推广，负责选择和确定经销商，负责落实公司销售指标和回款指标。

» **生产运营总监：**分管公司生产部和投资协调部。负责生产监督及质量管理，负责公司融资事务及投资协调管理。

» **财务总监：**分管公司财务部工作。负责公司日常财务工作，负责协助生产运营总监做好融资工作。

» **行政人事部经理：**负责公司日常的行政事务工作，负责制订和执行公司人力资源计划。

（四）激励机制

公司建立激励机制的原则是：在公平、竞争的原则下，互相尊重，充分保障每个员工的基本利益并提高其热情，在积极实现公司目标的同时注重员工长远的发展和自我价值的实现。

1. 薪酬激励制度

每一个岗位的员工工资都切实反映出其工作差别，制定适合该岗位的工资制度，从而能有效地激励员工，为公司目标而共同努力奋斗。

人员	薪酬构成	备注
高管人员	基本工资（50%） 浮动工资（50%）	其中基本工资部分按月发放，浮动工资经年末业绩考核后按照考核的相关标准予以评定后再分发
销售人员	基本保障工资 提成工资 （弹性工资）	先制定最基本的工资即最低保障工资，用以保证员工的基本利益。弹性工资按照个人的销售额或其为公司创造的毛利润等按一定的比例提取
技术人员	基本工资 年终奖金 绩效工资	在保障基本工资的前提下，一般年终会根据公司经营状况等发放一定数额的奖金。同时，设立绩效奖金激励机制，鼓励技术创新，绩效奖金从研发费用中预拨
其他	基本工资 年终奖金	在保障基本工资的前提下，一般年终会根据公司经营状况等发放一定数额的奖金

2. 福利制度

公司除了从薪酬上对员工进行激励外，同样应注重员工长远的发展和自我价值的实现，使员工在工作中有成就感，不断提升员工对公司的满意度。福利制度既要反映公平性，又要承认差异性。福利制度不仅仅是一种保障机制，也是另一种意义上的激励机制。具体策略如下。

» **员工持股计划**：公司将在适当的时机成立一个专门的"员工持股信托基金"，基金由公司出面担保，贷款认购企业的股票。公司每年按一定的比例提取工资总额的一部分，将其投入"员工持股信托基金"，用以偿还贷款。当贷款还清后，该基金应根据员工相应的工资水平或劳动贡献的大小，把股票分配到每个员工的"员工持股计划账户"上。每个员工的分配额度根据其在公司内部的业绩考核情况及其在公司的服务时间等因素由董事会决定。通过"员工持股计划"，公司将员工的收益预期与公司的股权投资相联系，从而将员工的个人利益同企业的效益、管理和员工的努力等因素结合起来。

» **职业生涯管理**：公司倡导员工在"诚信"发展战略目标的引导下挑战自我、超越自我，不仅为完成工作而努力，更要为达到自己的职业目标、实现自我价值而奋斗。公司与新入职的员工共商职业发展规划，辅以相应的培训，并在适当的时候给予其施展才华的舞台，激励员工的积极性，以提升员工的综合素质。职业生涯管理充分考虑了每个员工的不同情况，将员工的个人目标和公司目标结合起来，在寻求公司目标效益实现的同时，为员工实现自己的个人目标创造条件。

案例分析 该公司在介绍团队情况时，不仅介绍了团队人员构成，还介绍了团队管理方案，因此其团队介绍内容由组织结构、成员分工、岗位职责和激励机制组成。其中，组织结构展示了整个团队的核心成员构成，并说明了采取这种组织结构方式的原因，有理有据；成员分工部分则详细介绍了各位核心成员的基本情况，但是介绍的成员数量较多，只保留总经理和几位总监的信息即可；岗位职责和激励机制则更多地展示了公司的管理制度，可以向投资人展示公司健全的管理体制，但内容有些过多，应适当精简。

5.4   疑难解答

问：介绍创始人时，用大量笔墨渲染创始人的梦想和情怀可以吗？

答：创始人的梦想和情怀代表的是公司的梦想和情怀，是可以而且应该体现在商业计划书中的。如果在介绍公司的时候，已经说明了公司的定位和愿景，那么在介绍创始人的梦想和情怀时，内容上就不能完全重复。应侧重从个人的角度出发，说明创始人为了梦想和情怀做过和会做哪些事情，如果能够通过讲故事的方式来描述，则会进一步提升内容的感染力。

问：团队中部分核心人员有兼职的情况，需要在商业计划书中说明吗？

答：创始人或高级管理人员身兼多个公司和组织的要职，一方面说明了这些人员拥有大量的人脉资源和商业关系，但另一方面也说明了他们无法将全部精力放在该公司。因此如果是初创公司，全职人员更能打动投资人。

第 **6** 章

远图长虑——
财务与融资计划

本章导读

　　向投资人展示公司的财务状况，说明未来的计划，提出融资的需求，是商业计划书中最为关键的部分之一。财务状况良好，说明公司运作顺利，项目和产品通过了市场的检验，能增强投资人最终投资的决心。更重要的是，公司通过对未来进行财务规划，能够清楚地知道融资的额度和用途，这就说明公司对自身的发展有清晰的战略规划，也能提醒投资人该公司是值得投资的对象。

　　本章将介绍商业计划书中财务与融资计划内容的写作方法，主要包括财务规划以及投资与回报两大模块。写好这部分内容，最终就更有可能获得期望的投资。

引导案例

某创业团队对未来3年进行财务预测，介绍2020年主营业务收入为2 500万元，利润为1 430万元；2021年主营业务收入为3.5亿元，利润为7 000万元；2022年主营业务收入为11.34亿元，利润为2.268亿元。向投资人提出的本轮融资需求为2 000万～3 000万元，出让20%～30%的股份。投资人投资后的退出方式为：每轮投资股东可以在次轮融资时转让所持总股份的50%，分两次转让股份退出，每次退出间隔不少于1年。对于转让退出的股份，首先，公司有优先购买权；其次，股东有优先购买权；再次，第三方有购买权。

看到这部分内容后，投资人向该团队询问了若干问题，主要是：有无数据支持对未来3年进行的收入和利润预测，比如前几年的收入和利润情况？团队到底需要多少资金来进行研发、生产和销售？这些资金具体会用在哪些方面？一次性出让20%~30%的股份是否会让公司创始人或核心人物丧失对公司的控制权，从而无法领导公司按预计的目标发展？如果公司无法进行下轮融资，投资人的资金如何退出？

最终，由于创业团队无法完美回答这些问题，没有得到任何投资人的投资，其融资计划以失败告终。

案例分析

财务与融资计划是整个商业计划书的重中之重，没有令人信服的财务规划和融资计划，如何能让别人投资你的公司和产品？投资人投资的最终目的就是获得投资回报，如果投资人能够从这个公司或产品上看到回报，其投资决心自然就会增强。

因此，团队在考虑财务规划和融资计划的内容时，一定要思考两个方面的内容：一方面是如何让自己的数据可信，在此基础上再想办法让数据看上去更加"漂亮"（可视化加工）；另一方面就是如何让投资人感到"相对安全"，如资金投进去是可靠的，投资能收到回报。解决了这两大方面的问题，基本上就能得到投资人的信任。

6.1　财务规划

财务规划不仅需要展示未来的财务数据，而且需要介绍公司目前的财务数据。为了让数据更可信，前期需要对大量数据进行统计和分析，让最终出现在商业计划书中的财务数据"有法可循、有据可依"，让人无法怀疑其真实性。

6.1.1　准确说明财务状况

介绍公司目前的财务状况，一方面可以让投资人了解公司的运营状态，另一方面也能对财务预测起到支持作用，因此应该在商业计划书中呈现这部分内容。

1. 展示财务报表数据

财务报表是最能说明公司财务状况的工具，主要包括资产负债表、利润表和现金流量表。

（1）资产负债表

资产负债表可以反映公司在某一时期的财务状况，具体可以反映出资产、负债和所有者权益等内容。对资产负债表进行分析，可以对公司的财务状况、偿债能力等有更深入的了解。

资产负债表一般包含多个项目，主要有各种流动资产、固定资产、流动负债、非流动负债和所有者权益等。展示资产负债表时，无须将所有项目都罗列出来，投资人也没有兴趣，只需要将主要的项目数据呈现在商业计划书中，让投资人能通过这些数据快速了解公司目前的资产、负债等情况。

（2）利润表

利润表可以反映公司在一定时期内的经营成果，具体可以反映收入、费用、利润等内容。对利润表进行分析，可以让投资人对公司企业的获利能力及盈利增长趋势等有进一步了解。

利润表同样包含多个项目，在商业计划书中一般将收入总额、成本费用总额和利润总额等数据呈现出来即可。

（3）现金流量表

现金流量表可以反映公司在一定时期内的现金变动情况，进而说明公司对现金的使用和管控能力，具体可以反映公司在经营活动、投资活动和筹资活动等方面的现金流量情况。商业计划书中可以将现金流量表中的各方面小计项目和总计项目呈现出来，或者只介绍现金流量表各项数据的最终统计结果。

专家指导

由于商业计划书的篇幅有限，可以将财务报表以附件的方式添加到商业计划书文末。如果投资人有兴趣深入了解公司财务方面的数据，就可以自行查阅。

案例　　　某公司在商业计划书中对财务状况的介绍

（一）生产经营情况

公司2019年营业收入为580万元，预计在2020年会实现830万元的营业收入。

（二）利润实现情况

公司2019年实现盈利120万元，达到预期目标。

（三）资产情况

2019年年末，公司流动资产占总资产的65%，固定资产占总资产的18%，公司资产的比重比较健康，资产结构一直稳健正常。

（四）负债情况

截至2019年年末，公司短期负债占总负债的35%，长期负债占总负债的65%，均在合理范围内，负债情况相对稳定。

2. 财务报表分析

财务报表的数据有时无法真正反映出公司的优势，因此在商业计划书中可以进一步对财务报表的数据进行分析计算，展现公司的各种能力，如偿债能力、营运能力、盈利能力等。这种直观的数据有财务报表数据作为基础，可以让投资人更加信服，也更利于他们了解公司的实力。下面介绍一些常用分析指标的含义和计算方法。

（1）短期偿债能力指标

» **流动比率**：衡量流动资产在短期债务到期前，公司可以立即变现用于偿还负债的能力，计算公式为：流动资产/流动负债。

》 **速动比率**：衡量流动资产中可以立即变现用于偿还流动负债的能力，计算公式为：（流动资产－存货）/流动负债，其中流动资产与存货的差额称为速动资产。

》 **现金比率**：衡量在不依靠存货销售及应收账款的情况下，公司偿还当前债务的能力，计算公式为：（货币资金＋有价证券）/流动负债。

》 **现金流量比率**：从现金流入和流出的动态角度衡量公司的实际偿债能力，计算公式为：经营活动现金流量/流动负债，其中经营活动现金流量即经营活动所产生的现金及现金等价物的流入量与流出量的差额。

（2）长期偿债能力指标

》 **负债比率**：衡量公司偿付债务本金和支付债务利息的能力，计算公式为：负债总额/资产总额。

》 **股东权益比率**：反映公司资产中有多少是所有者投入的，计算公式为：股东权益总额/资产总额。

》 **现金债务总额比**：衡量公司承担债务的能力，是评估公司中长期偿债能力的重要指标，计算公式为：经营活动现金净流量/期末负债总额。

》 **资产负债率**：衡量公司利用债权人提供的资金进行经营活动的能力，计算公式为：负债总额/资产总额。

》 **有形资产债务率**：是资产负债率的延伸，能够更加客观地评价公司的偿债能力，计算公式为：负债总额/有形资产总额；其中，有形资产总额＝股东权益净额－无形资产净值－商誉。

专家指导

　　资产负债率与股东权益比率之和等于1。这两个比率从不同的侧面反映企业的长期财务状况。一般来说，股东权益比率越大，资产负债率就越小，企业财务风险就越小，偿还长期债务的能力就越强。

（3）营运能力指标

》 **总资产周转率**：衡量资产投资规模与销售水平之间的配比情况，数值越高，说明公司销售能力越强，资产投资的效益越好。计算公式为：销售收入净额/平均资产总额。其中，销售收入净额是减去销售折扣及折让等项目后的净额；平均资产总额是指公司资产总额年初数与年末数的平均值。

》 **流动资产周转率**：衡量资产的利用情况，计算公式为：主营业务收入净额/平均流动资产总额。其中，主营业务收入净额＝营业利润－营业成本；平均流动资产总额＝（流动资产年初数＋流动资产年末数）/2。

》 **存货周转率**：衡量存货的周转速度，反映存货的流动性及存货资金占用量是否合理，计算公式为：营业成本/平均存货余额。

》 **应收账款周转率**：衡量公司应收账款周转速度及管理效率，计算公式为：赊销净收入/平均应收账款余额。其中，赊销净收入＝销售收入－销售退回－现销收入。

（4）盈利能力指标

》 **销售净利率**：衡量公司在一定时期获取销售收入的能力，计算公式为：净利润/销售收入。

》 **毛利率**：反映商品经过生产转换以后的增值情况，计算公式为：（主营业务收入－主营业务成本）/主营业务收入。

》 **净资产收益率**：反映股东权益的收益水平，衡量公司运用自有资本的效率，计算公式为：净利润/净资产。

》 **营业利润率**：反映公司的营业效率，计算公式为：营业利润/全部业务收入。

》 **主营业务利润率**：反映公司主营业务的获利能力，是评价公司经营效益的主要指标，计算公式为：（主营业务收入－主营业务成本－主营业务税金及附加）/主营业务收入。

◉ 案例　　　　**某公司在商业计划书中对财务状况的分析**

（一）盈利能力　　　　　　　　　　　　　　　　　　单位：%

指标	2016年	2017年	2018年	2018年同行业平均
毛利率	20.02	21.07	26.38	23.73
销售净利率	2.22	3.16	4.21	
净资产收益率	5.60	7.36	7.69	
营业利润率	3.68	5.52	7.32	

2018年公司毛利率高于同行业水平，说明盈利能力较好。净资产收益率连续增长，说明权益资本获取利润的能力在不断增强，发展势头良好。

（二）短期偿债能力

指标	2016年	2017年	2018年	2018年同行业平均
流动比率	0.62	0.43	0.17	0.71
速动比率	0.45	0.39	0.15	0.60
现金比率	0.38	0.34	0.11	
现金流量比率	2.74	2.84	7.68	

公司的流动比率、速动比率、现金比率呈逐年下降趋势，短期偿债能力相对下降，主要是新开设门店所致。现金流量比率在2018年快速提高，是由于应收账款和短期借款大幅度增加，流动负债增加的幅度大于流动资产。

（三）长期偿债能力 　　　　　　　　　　　　　　　　　单位：%

指标	2016年	2017年	2018年	2018年同行业平均
负债比率	43.76	45.81	55.87	51.96
股东权益比率	44.43	49.84	36.88	48.04
现金债务总额比	23.06	26.48	14.67	
有形资产负债率	49.54	52.48	64.31	

公司长期偿债能力一般，2018年负债比率高于同行业水平，说明公司的负债利用较为充分，有利于实现公司价值和股东权益最大化。公司负债比率有所增长，主要是新门店的投入导致的流动负债增加所致。

（四）营运能力 　　　　　　　　　　　　　　　　　　单位：%

指标	2016年	2017年	2018年	2018年同行业平均
总资产周转率	0.83	1.09	1.15	1.17
流动资产周转率	6.77	5.08	4.96	
存货周转率	43.18	49.86	54.79	24.58
应收账款周转率	13.42	14.38	19.21	

2018年公司总资产周转率低于同行业水平，说明资产使用效率不高，资产管理不善。2018年流动资产周转率与上一年相比有所下降，是由于减少、合并部门导致营业收入减少。2018年存货周转率高于同行业水平且3年来持续增长，说明公司存货销售渠道较好，不存在严重的存货积压。（公司应收账款周转率提高，说明加强了对应收账款的管理力度。）

3. 模板：公司财务状况

商业计划书中，分析公司的财务状况不需要提供太多数据，但需要通过对大量数据进行汇总和分析，才能最终得到直接反映公司财务现状的核心数据。就写作而言，可以首先说明公司财务的总体情况，然后适当提供一些关键指标数据并加以分析，以此说明公司在偿债、营运和盈利方面的能力。

模板　公司财务状况

公司目前的资产总额为[资产负债表数据]，其中流动资产为[资产负债表数据]。

公司目前的负债总额为[资产负债表数据]，其中短期负债为[资产负债表数据]，长期负债数据为[资产负债表数据]。

公司最近一个年度的营业收入为[利润表数据]，运营利润为[利润表数据]，净利润为[利润表数据]。

公司经营活动的现金流量净额为[现金流量表数据]，投资活动的现金流量净额为[现金流量表数据]，筹资活动的现金流量净额为[现金流量表数据]。

公司偿债、营运和盈利指标的相关数据如下表所示。

类别	指标	[最近第三年]	[最近第二年]	[最近一年]
偿债能力指标	流动比率			
	速动比率			
	现金比率			
	负债比率			
	股东权益比率			
	资产负债率			
营运能力指标	总资产周转率			
	流动资产周转率			
	存货周转率			
	应收账款周转率			
盈利能力指标	销售净利率			
	毛利率			
	净资产收益率			
	营业利润率			
	主营业务利润率			

[根据上表数据对公司在偿债、营运和盈利方面的能力做简要介绍]。

6.1.2　合理进行财务预测

财务预测指通过专业的预测方法，将公司未来具有良好发展空间的一面展示给投资人，以增加获得投资的概率。财务预测的方法较多，如回归分析法、趋势分析法等，商业计划书中一般只需要展示分析结果，预测的对象主要包括收入、成本费用和利润等。

1. 收入预测

收入预测是财务预测的基础，是指根据公司过去的销售情况、市场未来的需求情况等多方面因素，对产品销售收入进行预计和测算，以便为公司后续制定运营和营销计划提供有价值的参考。

预测收入时，首先应该借助历年的销售数据，在市场需求没有太大变动的情况下，根据计算出来的趋势预测未来的销售收入。

另外，产品定价、营销推广数据也可以进行销售预测。比如，A产品定价为50元，由于为其进行了广告推广，根据历年推广效果来看，推广后产品的销量会增加至原本的5倍，因此A产品的预计销售收入就是250（50×5）元。

◉ **案例**　　　**某传媒公司近3年收入与未来2年收入分析**

公司2016—2018年总体年营业收入情况如下图所示。

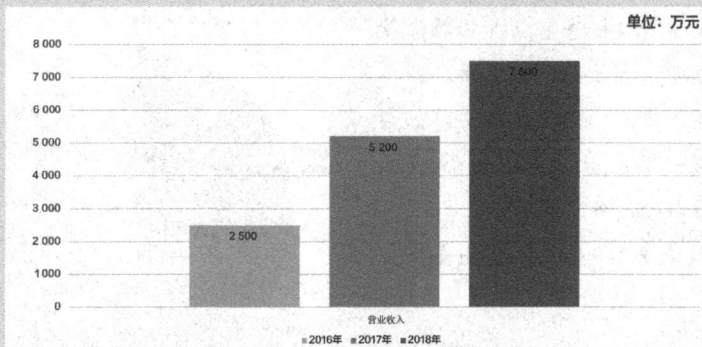

预计2019—2020年主营业务年营业收入情况如下图所示。

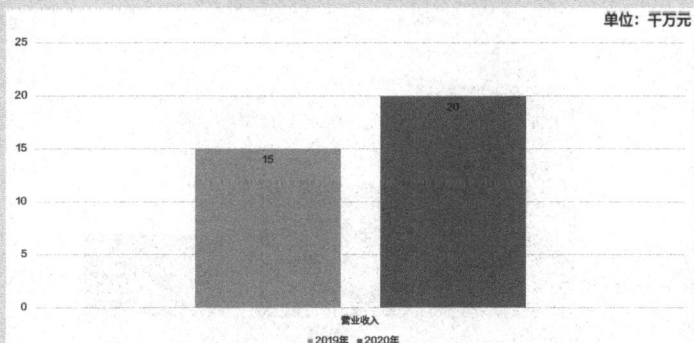

2. 成本费用预测

成本费用预测是指根据有关资料和数据，结合公司未来的发展前景和趋势，采用专门的预测方法对未来一定时期内的成本费用水平和目标成本费用进行预计和测算。成本费用预测涉及对大量数据进行分析，比如产品的直接成本、销售成本、人工成本、管理成本、固定资产折旧等。在商业计划书上，同样只需将结果直接呈现给投资人即可。

专家指导

成本费用预测的方法有很多种，如定量预测、定性预测、趋势预测、因果预测等。无论用哪种方法，都需要结合一定的历史数据和数学模型，如回归分析、简单平均等进行测算。公司在进行成本费用预测时，根据自身情况选择快捷且相对准确的一种或多种方法即可。

案例　某物流公司未来3年成本分析

公司未来3年将重点加强物流管理，更合理、有效地利用资源，减少不必要的浪费，力争将运输成本的占比控制在55%左右。具体未来3年各项成本所占比例如右图所示。

预计未来3年的成本费用如下图所示。

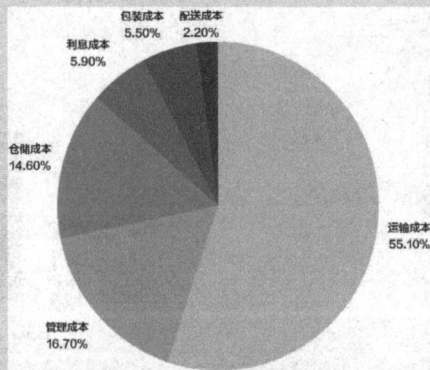

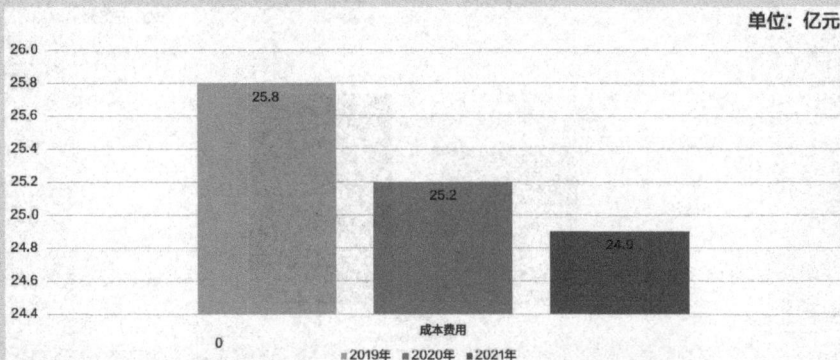

3．利润预测

利润预测是指公司在收入预测和成本费用预测的基础上，通过对影响利润的因素进行分析，进而对未来可能获得的利润进行预计和测算。根据利润与销售收入利润率、资金利润率等指标的关系，一般可以根据"预计销售收入×销售收入利润率"或"预计平均资金占用额×资金利润率"等公式来预测利润。

4．模板：财务预测

无论使用了多么专业的计算方法，还是使用了多少数据进行前期汇总和分析，都不能保证财务预测一定准确。因此从这个角度来说，财务预测只是对公司未来业务的一种展望，呈现出来的往往是好的数据和结果。对投资人而言，他只需要通过数据看到公司未来发展的趋势，再结合公司现状，就可以判断是否可以投资。财务预测部分的写法可参考以下模板。

模板　公司财务预测

公司近[数量]年的收入、成本费用和利润如下图所示。

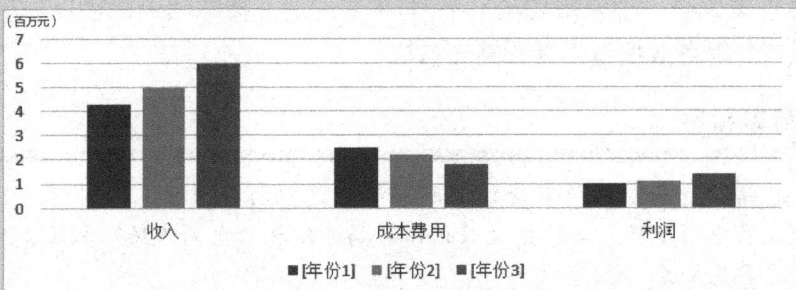

根据历史数据、市场需求及公司营销策略等因素，预计未来[数量]年，公司的收入、成本费用和利润数据将继续呈现出良好的发展趋势，具体如下图所示。

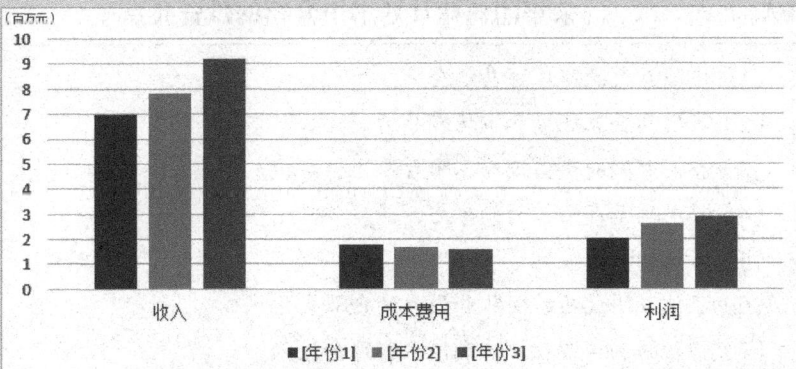

6.2 投资与回报

在商业计划书中正式提出融资需求时，需要重点提及几方面的内容，分别是资金需求、数额与用途、股权融资、资金退出方式等。有时为了进一步吸引投资，还可以总结项目的一些投资亮点。

6.2.1 投资亮点与资金需求

产品或项目具有明显的投资亮点时，可以首先总结性地说明具体的亮点，再提出资金需求。

1. 投资亮点

投资亮点是对项目或产品优势的高度总结，其中应该重点归纳总结的方面有：市场机会是否巨大，公司是否在行业中有领导力，产品或服务是否具备核心价值，是否具备创新的或极具优势的商业模式，是否拥有核心资源优势（如政策优势、独家战略合作伙伴等），是否拥有强大的团队与企业文化，运营与财务数据是否具有高光点等。

专家指导

> 总结投资亮点的语言应该极具感染力，以打动投资人为目标。比如"巨大的电商市场"与"巨大且仍保持高速发展的电商市场"相比，后者明显更具感染力。

案例　　　　某集团商业计划书中介绍的投资亮点

（1）中国巨大的商业贸易机会。

（2）我们的企业规模和市场领导力。

（3）我们繁荣的交易市场、平台和上台系统。

（4）移动端无可比拟的领导力。

（5）清晰的增长策略。

（6）已被证明成功的团队和强大的企业文化。

（7）强劲的利润增长、盈利能力和现金流。

2. 资金需求与用途

商业计划书中应明确提出需要的资金数额，同时需要说明资金的用途。常见的写法就是首先说明需要的资金总额，然后详细列出各个项目中需要用到多少资金。这部分内容一方面可以再次落实公司发展的相关业务和事项，另一方面可以让投资人知晓投资的资金会被如何处理。

👁 **案例**　　　　　**某公司商业计划书中对资金需求与用途的说明**

公司本轮需融资500万元，主要用于以下方面。

（1）企业平台建设：50万元。

（2）固定资产投入：50万元。

（3）研发经费：50万元。

（4）仓库及备货：150万元。

（5）营销推广：100万元。

（6）实体店建设：100万元。

3. 股权融资

公司的融资方式主要包括股东注资、向银行借款、发行债券和股权融资这几种。但对于初创公司或刚开始发展的公司而言，股东持续注资有很大难度，银行借款和发行债券也不易操作，因此它们基本上都会通过采取股权融资的方式来获得公司发展的资金。

股权融资是指公司股东愿意让出部分公司所有权，通过增资的方式引进新的股东，同时使总股本增加的融资方式。也就是说，股权融资后，会带来新的发展资金和股东，原股东在公司的占股比例将被适当稀释。

商业计划书中，需要说明融资后公司会出让多少股份，并最好将融资前后的股份占比展示出来。

👁 **案例**　　　　　**某公司商业计划书中对股权融资的说明**

公司本轮拟融资1 000万元人民币，释放20%股份，融资前后的股权结构如下。

本轮融资前的股权结构：A股东70%；B股东25%；C股东5%。

本轮融资后的股权结构：A股东56%；B股东20%；C股东4%；新股东20%。

专家指导

被稀释后的股份占比应根据让出的股份比例来计算。比如上例中，释放20%的股份给新股东，则新股东自然占有20%的股份。剩余80%的股份则由原股东按股份占比稀释，即A股东占股70%×80%＝56%；B股东占股25%×80%＝20%；C股东占股5%×80%＝4%。

4. 模板：公司投资亮点与投资需求

商业计划书中关于投资需求的写法较为固定，内容一般包括资金数额、资金用途、融资方式等。关于投资亮点的部分可以根据实际情况选择是否撰写。参考模板如下。

模板 公司投资亮点与投资需求

公司具备以下投资亮点（这一部分可选择是否需要）。

（1）[在市场机会上是否有亮点]。

（2）[在行业领导力上是否有亮点]。

（3）[产品或服务是否有亮点]。

（4）[商业模式是否有亮点]。

（5）[核心资源是否有亮点]。

（6）[团队是否有亮点]。

（7）[财务方面是否有亮点]。

由于[说明融资原因]的需要，现需要融资[数额]元[货币单位]，让出公司[比例]的股份。资金具体用途如下。

[罗列资金需要用在哪些事项上，各事项需要多少数额]。

本轮融资后，公司股权结构对比如下图所示。

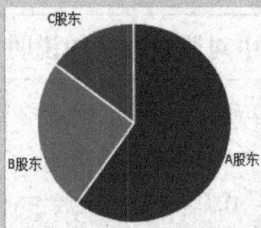

融资前

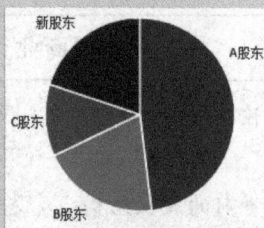

融资后

6.2.2　资金退出方式

投资人知道了需要投入的资金数额及其用途以及投资回报后，接下来更关心的就是投资回报如何实现，也就是资金退出的方式。常见的退出方式主要有上市退出、转让退出、并购退出、回购退出、清算退出等。

1. 上市退出

上市退出主要是指创业公司首次公开募股（Initial Public Offering，IPO）后通过挂牌上市的方式退出投入资本的方式。首次公开募股则是指创业公司在证券市场上第一次向社会公众发行公司股票。在这样的情况下，投资人可以通过被投资公司股份的上市，将拥有的私人权益转化成公共股权，在市场认同后获得投资收益，实现资本增值。

权威资料显示，有1/3的投资人选择通过股票公开上市的方式退出资金，最高投资回报率达700％。因此这种退出方式被认为是最佳的退出方式。

2. 转让退出

转让退出是指通过股权转让的方式使投入的资金退出的方式。股权转让则是指投资人依法将自己的股份让渡给他人，使他人成为公司的股东。数据显示，转让退出的方式带来的投资收益大约为3.5倍。

👁 案例　　　　**某公司商业计划书中说明的融资需求与资金退出方式**

（一）融资需求

公司第一轮预计融资3 500万元，释放15％股权。

（二）融资用途

20％用于××国际中医药研究院技术研发，30％用于生产制造，10％用于团队投资，10％用于各省市分公司运营，5％用于营销渠道拓展，5％用于开展国际贸易，5％用于广告宣传，15％用于健康产业园基础建设。

（三）预期回报

预期平均年收益率为12％～20％。

（四）退出方式

（1）公司回购，承诺年回报率不低于10％。

（2）公司在第二、第三轮及之后的融资时，可以溢价转让。

（3）公司最终将进入资本市场套现退出。

3. 并购退出

并购退出是指通过其他公司兼并或收购被投资公司从而使投资人的投入资本退出的方式。由于股票上市及股票升值需要一定的时间，或被投资公司难以达到首次公开募股的标准，因此很多投资人会采用并购退出的方式退出。虽然并购的收益不及首次公开募股，但是投入的资金能够很快从所投资的公司中退出，以便进行下一轮投资，因此并购退出的方式越来越受到投资人的重视。

4. 回购退出

回购退出是指被投资公司购回投资人手中的股份，使投资人的资金退出的方式。实际上回购退出也属于并购的一种，只是收购资金的是被投资公司的内部人员。回购退出的最大优势就是公司得以完整保存，管理层可以掌握更多的主动权和决策权，因此这种方式对被投资公司更为有利。

👁 **案例**　　　　**某公司商业计划书中说明的回购承诺**

公司计划于2020年12月31日前在全国中小企业股份转让系统挂牌上市。特此做出以下3点承诺。

（1）2019年年度净利润不低于12 000万元。

（2）2020年年度净利润不低于18 000万元。

（3）2020年12月31日前在全国中小企业股份转让系统挂牌上市。

若公司未完成上述承诺，投资人可以选择继续持有，或要求大股东以本次投资款加上8%年化利息回购投资人在本次投资中取得的我公司的全部股权（投资时间不足1年的按照实际日期计算）。

👔 **专家指导**

为了减少投资人的投资风险，增加公司获得投资的概率，有时可以在融资需求的内容中做出一定的承诺，主要是说明在未完全按照预定的目标或计划发展时，应给予投资人什么补偿。

5. 清算退出

清算退出是针对投资失败而言的一种退出方式。清算退出主要包括破产清算和解散清算两种方式。

» **破产清算**：公司因不能清偿到期债务被依法宣告破产的，由法院依照有关法律规定组织清算组对公司进行清算。

» **解散清算**：启动清算程序来解散被投资公司，这种方式不但清算成本高，需要的时间也比较长。

6. 模板：资金退出方式

公司在商业计划书中一般会尽可能多地提供资金退出的方式，主要是为了降低投资人的投资风险。在介绍资金退出方式时，最简单的做法就是直接说明有哪几种退出方式，有时可以简要说明需要达到哪些条件才能退出，比如投资人需要持有公司股份多长时间等。最后就是通过给出一定的承诺来获得融资机会。参考模板如下。

模板 **资金退出方式**

公司提供以下资金退出方式。

（1）上市退出，[说明退出条件]。

（2）股权转让，[说明退出条件]。

（3）股权回购，[说明退出条件]。

[其他退出方式]

公司郑重做出以下承诺。

[说明未完成目标或计划时，给予投资人什么补偿]。

🔍 6.3 案例分析

财务与融资计划是商业计划书中必不可少的内容，特别是融资需求，是整个商业计划书的最终写作目的，更不应当忽略。下面通过两个案例帮助读者进一步了解和分析这部分内容的写作方法。

6.3.1 财务计划与融资需求

某医疗高科技公司在商业计划书中说明财务计划和融资需求时，重点介绍了投资亮点、财务计划、融资计划、融资方式和承诺等内容，具体如下。

（一）投资亮点

（1）国内首家聚焦医用悬浮技术的医疗高科技企业，创新医疗技术具备较先进技术水平。

（2）国内领先的高端烧烫伤治疗设备供应商，填补了康复技术的市场空白。

（3）公司产品在国内市场上的占有率达80%。

（4）新产品已拓展到民用市场，率先占领了该领域，利润空间巨大。

（5）公司两大核心产品在技术和市场占有率方面占据绝对主导地位。

（二）财务计划

（1）2019年9月中旬完成A轮融资，用于建设科研生产线，同时引入战略投资人及基金。

（2）2019年10月，完成公司股份制改革，公司改制成为股份有限公司。

（3）2020年9月，完成新三板上市挂牌工作。公司产品覆盖全国50%以上的省、市区域，公司年销售额达到2亿元人民币以上。

（4）2021—2022年，公司新产品研究有所突破，产品覆盖全国90%以上的省、市、县区域，公司资产突破20亿元人民币。

（5）2023年，打造全国民用医疗第一品牌，布局海外相关市场，公司资产突破百亿元，并转主板市场上市。

（三）融资计划

公司此次计划融资3 000万元人民币，项目建设完成之后可迅速回笼资金，资金压力期限只有生产周期，融资资金可循环使用，具体使用计划如下。

（1）1 000万元用于产品技术研发，增强自主产品设计。

（2）1 000万元用于扩大生产线，增加产品数量，提高产能。

（3）1 000万元用于企业自有商务楼装修以及基础设施配置。

（四）融资方式

本次募资规模总计1 000万股，每股3元，共增资3 000万元，10万股起购。

（五）承诺

（1）公司承诺，若未能按计划在全国中小企业股份转让系统成功挂牌，则退还投资人全部本金，并按投资金额补偿12%的年化收益。

（2）公司若成功挂牌，依旧奖励投资人6%的年化收益。

（3）2019年净利润不低于1 500万元且2020年净利润不低于2 000万元，若未完成，则按照12%年化收益给予补偿。

案例分析　该公司由于具备核心技术和产品，因此介绍了一些投资亮点，包括技术领先、填补市场空白、市场占有率高、拓展新领域、核心产品等，这些都能很好地吸引投资人。关于财务计划的介绍，重点并未放在财务数据上，而是强调了公司的财务发展规划，包括公司改制、不断增加销售额，以及从新三板上市转为主板上市等，这些规划清晰明了，有较强的可操作性，极具信服力。最后关于融资需求的介绍，说明了需要的资金数量和用途，也说明了融资的方式，并对投资人做出了一定的承诺，降低了投资人的投资风险。但关于资金退出的方式，案例并未做适当介绍，按照公司的发展规划，可以提出上市退出、股权转让和股权回购等退出方式，进一步降低投资人的风险，最终提高获得投资的概率。

6.3.2　财务与融资分析

某公司在商业计划书中进行财务与融资分析时，展示了公司的部分财务指标，并对收入和利润做了预测，然后对融资方案、资金用途等内容做了介绍，具体如下。

（一）财务分析

公司近几年的主要盈利能力指标和偿债能力指标如下表所示。

1．盈利能力　　　　　　　　　　　　　　　　　　　　　　　单位：%

指标	2017年	2018年	2019年
毛利率	10.5	11.8	12.2
销售净利率	1.52	1.73	1.90
营业利润率	2.05	2.59	3.44

2．偿债能力

指标	2017年	2018年	2019年
流动比率	0.21	0.35	0.50
速动比率	0.11	0.15	0.20
现金比率	0.11	0.21	0.25
现金流量比率	1.45	1.82	3.05
负债比率	49.50%	55.32%	59.11%
股东权益比率	39.46%	42.31%	41.55%

（二）财务预测

通过对近几年收入和利润的数据进行分析，公司预测了未来几年的收入和利润的发展情况，如下图所示。

单位：万元

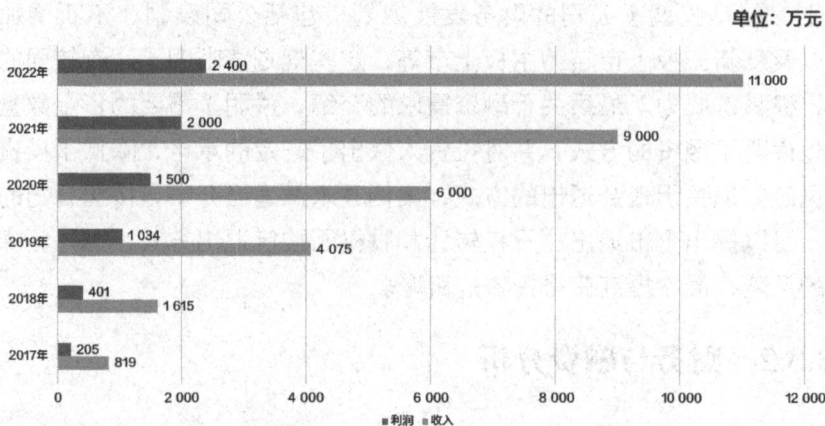

（三）融资计划

1. 融资方案

增发500万股，每股3.8元。

2. 主要用途

（1）增加流动资金，巩固营销优势。

（2）扩大生产规模，增强生产与产品质量保障能力。

（3）引进核心技术人员及团队，增加研发投入。

（4）引进国内外先进技术、专利及产品。

（5）加强自我专利的申报。

（6）购买××股份有限责任公司100%股权。

3. 资金运作与退出计划

2020年6月30日前完成融资，融资金额为1 900万元；2020年9月30日前登陆中国新三板市场，后期发展不限于沪深主板、中小板、创业板；2021年1月1日起，投资人可在二级市场退出。

4. 投资人保障

若2020年9月30日前未完成对××股份有限责任公司的股权收购，大股东承诺以3.8元的价格全额回购，并支付12%的年化利息。

收购完成后，自2021年1月1日起，若出现连续3个交易日成交价格低于4.5元的情况，大股东承诺以4.5元的价格全额回购。

案例分析 该公司商业计划书对财务与融资计划的介绍较为全面，不仅分析了公司的财务现状，也对未来进行了预测。融资计划中，也涉及了融资金额、融资方式、退出方式和承诺等方面的内容。有两个地方稍显不足：一处是分析财务现状时，仅罗列了数据，可以归纳出现这种情况的原因，让投资人进一步了解公司的财务情况；另一处是融资资金的用途部分，具体各个事项预计花费多少资金应该有详细的计划，否则会让投资人感觉资金去向不明，公司不利于获得投资。

6.4 疑难解答

问： 风险投资时，天使轮、A轮、B轮是什么意思？

答： 这是公司获得投资的一般过程，首先获得天使轮投资，这类投资的投资人主要是个人或组织，投资风险较大，投资金额不高，一般为10万～100万元，投资人重点关注的是创业者的技术，适合大学生创业者；然后获得A轮、B轮、C轮投资，其投资人一般是风投基金，这些轮次的投资风险不算太高，投资金额大多为100万～1亿元，适合较为成熟的创业公司。除此以外，还有IPO轮投资，这类投资的投资人是规模较大且较为稳定的投资公司，此轮投资的风险最小，投资金额大多为1 000万～10亿元，适合即将上市的创业公司。

问： 财务预测一般以几年为期？

答： 商业计划书中常见的财务预测都是短期预测，因此预测时间一般为3～5年。一般投资人也更看重短期内是否能收到回报，以便收回资金进行下轮投资。

第 7 章

洞若观火——
风险管理与控制

公司寻求投资的目的是创业发展，而创业发展的过程不可避免地会涉及风险问题。公司能否降低甚至规避风险，不仅对自身发展至关重要，而且也会影响投资人的投资决心。如果在商业计划书中不谈风险，这不但不能提高自己的竞争力，反而会让投资人认为公司没有制定好风险管控的措施，进而降低对其投资的信心。因此，风险管理的相关内容还是应该在商业计划书中有所体现。

本章将介绍这部分内容的写作方法，主要包括如何正确认识风险，以及如何管理和控制风险等。

李某与开发出远程控制护栏灯的朋友合作，两人注册了一家公司，拟进行产品的推广。刚刚生产出样机后就有客户找上门来，双方签订了一个金额很大的工程订单。由于工期较紧，公司直接开始大批量生产，投入工程安装。后来由于产品的抗干扰性能不过关，导致客户退货，造成了巨大的经济损失。

张某在省城开了一家手机批发店，业务辐射全省各个城市，共有40多家外地经销商从他那里进货。店铺开业伊始生意兴隆，各经销商回款也比较及时。可是随着经营手机的批发商渐渐增多，开始出现经销商回款不及时且不断流失的现象，张某的经营出现极大困难。

李某的经营失败，是由于他没有进行充分的产品可靠性试验，尤其是缺乏模拟现场工况的试验，忽略了技术风险。凡是在创业中利用新发明、应用新技术或投资高科技新产品的时候，产品的可靠性、技术的成熟度是必须进行重点考核的可行性指标。在产品投入市场之前必须进行产品质量的相关测试，做出产品质量检测报告。有时还应该提前把产品提供给部分客户试用，以得到客户使用报告，将客户使用产品的情况全面、客观地反映出来，这样才能够决定是否可以将产品投入市场，从而有效规避进入市场后的经济风险和信用风险。

张某经营困难，是由于其没有预料到竞争者会不断增加，从而导致下游市场渠道的不稳定。出现这种情况后，应主动分析竞争对手的销售策略，找到各自的优势和劣势，并以此重新制定营销策略；同时应采取与下游销售渠道产生共利的办法来稳固销售渠道，如与下游渠道经销商互相参股，为下游渠道经销商提供培训、营销指导等各种增值服务。

创业与发展的过程伴随着各种各样的风险，如果能够提前了解并有效预防各种风险，就能使公司茁壮成长。在商业计划书中说明风险的管控措施，更能获得投资人的信任、最终获得需要的资金。

🔍 7.1　正确看待风险

"办法总比问题多。"公司在创业和经营的过程中也应该正确看待出现的或可能出现的各种风险，想出各种办法来解决它、规避它，把风险从"拦路虎"变为"登天梯"。下面我们就来认识风险，并学会如何在商业计划书中描述风险。

▋ 7.1.1　认识风险

风险是指在某一特定环境下，在某一特定时间段内，某种损失发生的可能性。公司风险则是指某个或多个对公司目标的实现可能造成负面影响的事项发生的可能性。

1. 风险的特征

就经营公司而言，风险一般具有以下4个主要特征。

» **客观性**：风险是客观存在的，人们只能在一定范围内改变风险形成和发展的条件，降低风险事故发生的概率，减少损失，而不能彻底消除风险。

» **损失性**：风险发生后必然会造成某种损失，损失是风险的必然结果。人们只能在认识和了解风险的基础上严防风险的发生和减少风险所造成的损失。

» **不确定性**：某一具体风险的发生是不确定的，比如公司破产是客观存在的风险，但是就具体哪个公司在什么时候出现破产清算而言，则是不确定的，也是不可预知的。

» **可测性**：单一风险的发生虽然具有不确定性，但就总体风险而言，风险事故的发生是可测的。可以运用概率法和大数法则对总体风险事故的发生进行统计分析，研究风险的规律性，为降低和规避风险提供有力的参考。

👓 **专家指导**

> 大数法则也叫大数定律，指个别事件的发生是不规则的，但若集合众多的事件来观察分析就可以发现，实际的结果与预计的偏差会很小。

2. 风险的构成要素

根据风险发生的整个过程来看，构成风险的要素主要有风险因素、风险事故和风险损失。

- » **风险因素**：风险因素是风险事故发生的潜在原因，是造成风险损失的内在或间接原因。风险因素不断组合的过程就是风险形成的过程。
- » **风险事故**：风险事故是造成风险损失的原因，风险只有通过风险事故的发生才会导致损失。出现风险事故，就表示风险确实发生了。
- » **风险损失**：风险损失是指非故意的、非预期的、非计划的经济价值的减少。换句话说，风险发生并导致价值的丧失，就是风险损失。

3. 风险的类型

根据不同的划分标准，风险有多种不同的类别。

（1）按风险产生的原因分类

按风险产生的原因，可将风险划分为自然风险和人为风险。

- » **自然风险**：指自然因素的变化给公司生产经营活动造成损失的可能性，如地震、洪水、泥石流等自然灾害带来的风险。
- » **人为风险**：指人们的主观行为给公司生产经营活动造成损失的可能性，如盗窃、玩忽职守、蓄意破坏等带来的风险。

（2）按风险的性质分类

按风险的性质，可将风险划分为静态风险和动态风险。

- » **静态风险**：又称纯粹风险，指只有损失可能而没有获利机会的纯损失风险，如火灾、地震、汽车碰撞等。
- » **动态风险**：又称投机风险，指既有损失可能又有获利机会的风险，如新项目建设、新产品开发等既可能带来收益，也可能带来损失的风险。

（3）按风险的对象分类

按风险的对象，可将风险划分为财产风险、人身风险和责任风险。

- » **财产风险**：指财产遭受损毁、灭失和贬值的可能性。
- » **人身风险**：指人员变动或员工工作能力的丧失造成公司收入损失的可能性。
- » **责任风险**：指侵权、信誉等问题导致公司收入遭受损失的可能性。

7.1.2 如何介绍风险

风险的种类繁多，划分标准也各不相同。但就商业计划书中介绍风险的内容来看，由于公司的目的是创业和发展，因此可能产生的风险都属于动态风险，也就是投机风险。在这之中，应该主要介绍的风险包括政策风险、技术风险、市场风险、管理风险和财务风险。

1. 政策风险

在介绍政策风险时，应侧重对由社会环境、政策法规等的变化带来的风险进行介绍。因政策原因造成的极端风险就是群众对产品的抵制、政府出台限制性政策等。公司项目或产品有没有可能出现政策风险，有多大概率出现这种风险，都需要在商业计划书中进行说明。

比如经营工程车发动机生产的公司，当研发的发动机产品投入市场时，如果政府出台新的环境保护政策，那么这种产品对环境造成的影响是否合规就需要公司提前进行考虑；否则可能发生政策风险，其带来的损失是非常巨大的。

2. 技术风险

对于创业和创新公司，技术风险是必须要考虑的风险。介绍技术风险时，往往针对的是某个具体的项目或产品。比如将某一新技术应用于产品的研发，最终将其转化为产品或服务，在这个过程中该技术是否可行、可能面临哪些风险、最终的产品与预期之间是否存在偏差等问题都应该在商业计划书中说明清楚。

👁 **案例**　　　　　**某食品公司因为技术风险引起的问题**

该公司接到客户电话反映其近阶段生产的一款烤肉产品偏软。由于一直解决不了问题，公司非常着急，只能高价聘请专家到厂，与公司技术人员反复沟通，最终将可能的原因集中到以下3个方面：产品的原料肉是否合格、产品的干燥程度是否正常、产品的配方是否合理。

最终由于无法找准问题所在，又面临市场与客户的不断质疑。公司最终只能斥巨资重新购买配方，引进先进流水线，这样才勉强完成了合同要求的产量。

3. 市场风险

市场风险几乎是所有公司都需要考虑的风险之一。比如产品或服务是否能很好地满足市场需求、市场是否能够接受产品、产品在市场中的扩散速度是否合理、产品竞争能力是否强大等，都是影响市场风险的因素。

在商业计划书中，不仅应针对产品或服务来分析市场风险，还需要根据自身的营销策略进行分析，介绍公司的产品和公司的市场规划可能会面临哪些市场风险。

4. 管理风险

介绍管理风险时，可以着重从运营规划、公司团队和管理组织这3个方面进行说明。

» **运营规划：** 说明公司当前和未来将要执行的运营策略是否面临风险，如战略方针是否偏离路线、策略是否与市场需求不符、未来的运营策略是否过缓或过激等。

» **公司团队：** 说明团队人员可能造成的风险，如是否符合大多数员工利益、人员流动性是否太强、员工身体健康是否很难保证等。

» **管理组织：** 说明公司的领导者自身是否会导致风险，如自身素质高低、组织凝聚力是否牢固、组织结构是否合理等。

5. 财务风险

财务风险也是商业计划书中需要介绍的一类风险，介绍时要说明公司在创业期间和发展期间能否获得足够的资金，资金投入后还有没有其他财务隐患，后续资金能否得到解决，公司自身财务有没有面临风险的可能等。

👁 **案例** **乐视集团资金链断裂引发的危机**

2016年11月6日，乐视创始人贾跃亭发布全员内部信，称目前资金比较紧张，主要是手机供应链出了问题，并反思节奏过快导致公司资金不足，宣布要停止"烧钱"扩张。据不完全统计，乐视手机波及的供应商及代理商有数10家，欠款规模达数10亿元。此前，乐视手机为抢占市场份额，以低于市场的价格销售，并实行买会员送硬件的畸形销售策略，这是其资金链危机爆发的主要原因。乐视手机每卖出一台就亏200元，短短两年直接成本净亏损至少达40亿元，使得销售现金流完全无法弥补其成本，如此一来对上游供应链出现欠款也就在所难免。

最终，乐视手机的供应链厂商由于收不到钱，"断货止血"，乐视的债务危机彻底爆发。从2016年第四季度起，各个机构开始大批撤离乐视网。相关统计数据显示，持有乐视网的基金在2016年第四季度末相较2016年第三季度末减少了24只。

6. 模板：公司面临的风险

公司应正视风险，并尽可能全面地考虑各种会出现的风险。在商业计划书中也不要回避这一部分内容，而应该如实将公司可能面临的风险介绍给投资人。写作时的参考模板如下。

模板　公司面临的风险

本项目（或产品、服务）正式投产（或投入市场）后，可能面临以下风险。

（一）技术风险

[罗列技术上可能出现的各种风险]。

（二）市场风险

[罗列市场上可能出现的各种风险]。

（三）财务风险

[罗列财务上可能出现的各种风险]。

（四）[其他风险]

[罗列其他可能出现的风险]。

7.2 风险管控

风险管控是指采取各种措施和方法，降低或规避风险，或减少风险事件发生时或发生后造成的损失。这里将重点针对政策风险、技术风险、市场风险、管理风险和财务风险这5种常见风险的管控方法进行说明。

7.2.1 政策风险

政策风险管控能否成功主要取决于公司对国家宏观政策的理解和把握，取决于管理层对市场发展趋势的正确判断。根据政策风险发生的不同原因，对政策风险的管控可以分为反向性政策风险的管控与突变性政策风险的管控。

1. 反向性政策风险的管控

反向性政策风险是指国家政策的导向与市场发展方向不一致而产生的政

策风险。对于这类风险，公司要避免涉足与政策导向相反的业务或项目。比如国家政策强调环境保护，公司却生产污染环境或破坏资源的产品，这样自然不能得到市场认可，公司也无法持续健康发展。

2. 突变性政策风险的管控

突变性政策风险是指政策突然变化给市场发展造成的风险。一般来说，突变性政策出现的同时，国家会有相应的补贴政策出台，但能否最大限度地降低风险，还是取决于公司自身是否有能力迅速从当前产业或项目中脱身，快速转变并投入其他领域。比如已经涉足了某个产业，国家出台新的政策导致产业无法发展下去时，公司在进入该产业前就应该制订周密的计划，预判政策和市场是否会有重大变化，做好各种预案，一旦发生风险，就应启动应急机制，将风险降到最低。

7.2.2 技术风险

对于技术风险的管控，一般可以从转移、分散和控制3个方面来考虑。

1. 技术风险的转移

技术风险的转移是指公司将创新技术的部分风险或全部风险转移给其他公司或组织。比如通过为技术购买科技保险或项目保险将风险转移给保险公司，或通过技术转让、委托开发、联合开发等方式，将技术的部分风险或全部风险转移给其他公司。需要注意的是，技术风险的转移一般同时伴随着收益的转移。公司是否转移风险以及采用哪种方式转移风险，需要进行仔细权衡和决策。一般情况下，当技术风险、市场风险不大而财务风险较大时，可采用参保的方式转移技术风险；当技术风险或市场风险较大时，可以采用技术转让、委托开发、联合开发等方式转移技术风险。

2. 技术风险的分散

技术风险的分散是指公司通过选择合适的技术创新项目组合，进行组合开发创新，降低整体风险。在技术创新项目组合中，不同的技术创新项目的独立性越强，就越有利于技术组合整体风险的降低。比如同时开发A产品、B产品和C产品，当A产品在开发过程中出现技术问题时，则可以加大另外两种产品的开发力度，减少由于A产品无法继续开发而带来的损失。

3. 技术风险的控制

技术风险的控制是指公司在对技术风险因素进行充分辨识和分析的前提

下，对技术创新风险进行预测和预控，降低风险发生的可能性或风险发生后的损失程度。比如研发某项新型技术时，充分做好各种预备计划，在实际研发时，一旦出现问题，则可以实施预备计划保证研发工作不会中断。

7.2.3　市场风险

进行市场风险的管控，首先要加强对市场环境的调查研究，利用市场细分的策略，防范目标市场变化的风险；同时，公司应实行多元化经营政策，分散单一目标市场的风险。下面重点从价格、销量、信用、经销商的角度来说明市场风险的管控方法。

1．价格风险

在当前的资源和市场两大约束条件下，公司对价格的自主权几乎丧失殆尽，因此价格风险是市场风险中非常容易出现的风险之一。公司应该在价格风险管理上花费更多的精力，比如建立上下游产业战略联盟。

👁 **案例**　　　某化工企业在商业计划书中有关应对价格风险的说明

公司建立了严密的市场价格监测网，通过全方位监测数据变化来准确判断价格走势。近几年来，公司在行业中以中型企业的地位领先众多大型企业，做到了"先人一步、领涨领跌"的效果。在价格上涨时通过领涨使公司利润最大化，在价格下跌时通过领跌最先争取到了新客户。未来公司将进一步优化市场价格监测网，始终密切关注市场价格的变化，继续保持行业领先的水平。

2．销量风险

销量风险主要来自需求、供应链的结构变化或竞争环境的变化。比如电商行业的兴起就对传统实体行业的销量造成了很大影响。对于公司来说，控制销量风险的主要途径一般有两个：一个是强化公司在市场中的地位，在分析市场占有率时，可以分析某个具有绝对优势的产品的市场占有率，这个指标可以较好地反映公司的市场稳定性；另一个是积极开拓新市场，使新产品、新市场的比重不断增加。

3．信用风险

就市场风险而言，信用风险主要是指货款拖欠的风险，从这个角度来看，信用风险几乎是不可避免的。因此，在撰写商业计划书时，关键就要介绍如何通过管控措施来降低该类风险。首先，公司应该实行规范的客户信用管理制度，完全掌握客户的信用情况；其次，公司应该强化营销系统的信用风险管理，对赊销业务实行规范化管理，从源头上控制信用风险的产生；最后，公司应该在财务管理系统中建立应收账款的预算与报告制度，建立以账龄管理为核心的应收账款回收业务流程管理体系。

◎ 案例　　　　**某公司在商业计划书中介绍的减少欠款的内容**

截至去年，公司累计被拖欠的账款高达2 323万元。今年公司上下实行全程信用管理模式。到目前为止，逾期应收账款减少到840万元，累计收回欠款近1 500万元。

4. 经销商风险

经销商风险主要是指公司选择分销商分销产品时出现决策失误而难以实现分销目标的风险。要预防这类风险，首先需要挑选合适的经销商，这就要求公司对经销商的情况有系统的认识和了解，对那些有不良交易记录、应付账款较多、付款能力较差、资本构成不合理、经营风险较大、经营状况不好的经销商，保持坚决不予合作的态度；其次，公司应该与经销商建立长期、稳定、互信、互利的合作机制。对于新经销商，则要把握"从小到大"的合作原则，先从小业务量开始与之合作，尽可能降低经销商资金的占用率。

7.2.4　管理风险

公司应根据自身特点，从以下4个方面对管理风险进行管控。

1. 对管理者的管控

领导者应加强自身的品德修养，增强团队凝聚力，提升管理效率和效果。领导者应加强与技术创新人员的沟通，从而更为科学地对项目进行组织。不断提升管理层所有人员的素质和能力，尤其要注重协调沟通能力的提高，着力培养其管理创新意识和创新能力。

2. 对组织结构的管控

积极利用多种渠道与社会组织，加强公司内外的信息沟通和交流，注重对知识和经验的有效识别和积累，加强公司知识管理，建立知识储备库。扩大公司开放，利用各种社会力量，与高校、科研院所建立密切关系，加强组织对创新方向的把握。

3. 对企业文化的管控

致力于形成良好的企业文化，尤其应该注意塑造创新精神和团队精神，真正把创新作为公司生存和发展的根本，为一切创新活动创造良好的环境。

👁 案例　　　　　**某公司在商业计划书中对企业文化建设的说明**

伴随着公司的发展，企业文化也在不断地发展，从五花八门的形式积累和改进，到形成色彩缤纷的文化内涵。公司今年已经开始大规模地建设企业文化，年初成立了企业文化部，着手进行企业文化战略研究和职工行为规范化研究，这标志着公司的企业文化建设上了一个新的台阶。

4. 对管理过程的管控

遵循技术创新管理的科学性，降低管理人员的随意性。管理过程中要以计划为依据，充分挖掘公司的各种资源，将现有资源的效用发挥到最大。控制环节应重点关注经济效益，关注采取某项行动后的效率和效果。

▌ 7.2.5　财务风险

财务风险存在于财务管理工作的各个环节，不同的财务风险产生的原因不尽相同。要对财务风险进行管控，则应做好以下工作。

1. 分析财务管理环境

公司应通过认真分析财务管理的宏观环境及其变化，提高对财务管理环境的适应能力和应变能力。比如设置高效的财务管理机构，配备高素质的财务管理人员，健全财务管理规章制度，强化财务管理的各项基础工作，使公司的财务管理系统有效运行，以防范因财务管理系统不适应环境变化而产生的财务风险。

2. 提高财务管理人员的风险意识

公司应不断提高财务管理人员的风险意识，利用会计政策和会计策略来应对现阶段和未来可能发生的企业财务风险。财务风险存在于财务管理工作的各个环节，任何环节的工作失误都会给公司带来财务风险，财务管理人员必须将风险防范贯穿财务管理工作的始终。

3. 正确处理出现的财务风险

公司应坚持谨慎原则，建立风险基金，在损失发生以前以预提方式或其他形式建立专门用于防范风险损失的基金。在损失发生后，或从已经建立风险基金的项目中列支，或分批将损失计入经营成本，尽量减少财务风险对公司正常经营活动的干扰。另外，公司还应建立资金使用效益监督制度，指定有关部门定期对资产管理比率进行考核，加强流动资金的投放和管理，提高流动资产的周转率，进而提高公司的变现能力、提高公司的短期偿债能力。最后，还应尽量盘活存量资产，加快闲置设备的处理，利用收回的资金偿还债务。

4. 提高财务决策水平

财务决策的正确与否直接关系到财务管理工作的成败，经验决策和主观决策会使决策失误的可能性大大增加。为防范财务风险，公司必须采用科学的决策方法。在决策过程中，应充分考虑影响决策的各种因素，尽量采用定量计算及分析方法，并运用科学的决策模型进行决策。例如，对固定资产投资，应计算各种投资方案的投资回收期、投资报酬率、净现值及内含报酬率等指标，并对计算结果进行综合评价，在考虑其他因素的基础上，选择最佳的投资方案。

5. 理顺财务关系

为防范财务风险，公司应该理顺内部的各种财务关系，明确各部门在财务管理中的地位、作用及职责，并赋予各部门相应的权力，真正做到权责分明、各负其责。在利益分配方面，应兼顾公司各方利益，调动各部门参与公司财务管理的积极性，从而真正做到责、权、利相统一，使企业内部的财务关系更加清晰明了。

6. 模板：公司对风险的管控措施

在商业计划书中，关于风险管理与控制的内容，一般首先会介绍可能出现哪些风险，然后再逐一说明应对措施。7.1.2节单独给出了介绍风险的参考模板，这里只介绍风险管控部分的写作方法，其参考模板如下。

模板 公司对风险的管控措施

（一）政策风险

针对可能面临的政策风险，公司采取了以下措施加以管控。

措施1：[说明具体的措施内容]。

措施2：[说明具体的措施内容]。

措施3：[说明具体的措施内容]。

（二）技术风险

针对可能面临的技术风险，公司采取了以下措施加以管控。

措施1：[说明具体的措施内容]。

措施2：[说明具体的措施内容]。

措施3：[说明具体的措施内容]。

（三）市场风险

针对可能面临的市场风险，公司采取了以下措施加以管控。

措施1：[说明具体的措施内容]。

措施2：[说明具体的措施内容]。

措施3：[说明具体的措施内容]。

（四）管理风险

针对可能面临的管理风险，公司采取了以下措施加以管控。

措施1：[说明具体的措施内容]。

措施2：[说明具体的措施内容]。

措施3：[说明具体的措施内容]。

（五）财务风险

针对可能面临的财务风险，公司采取了以下措施加以管控。

措施1：[说明具体的措施内容]。

措施2：[说明具体的措施内容]。

措施3：[说明具体的措施内容]。

（六）其他风险

针对可能面临的[风险名称]风险，公司采取了以下措施加以管控。

措施1：[说明具体的措施内容]。

措施2：[说明具体的措施内容]。

措施3：[说明具体的措施内容]。

7.3　案例分析

不同公司面临的风险各不相同，风险的轻重缓急程度也不同。但无论是哪类公司，在商业计划书中为了增加获得投资的概率，都应该将风险管理的内容呈现给投资人。下面通过一个案例帮助读者进一步熟悉该版块内容的写作方法。

一、管理风险

本项目融资成功后，公司内部管理中存在诸如成本控制、人员变动、资金运营等方面的不确定性，这将给公司的运营带来风险。公司拟采用以下对策应对管理风险。

（1）制定、完善各项管理制度，保障股东和投资者的合法权益。

（2）加强对管理人员组织结构、管理方法等方面的培训，提高其整体素质和经营管理水平。

（3）推行目标成本管理方法，加强成本控制。

（4）倡导组织创新、思想创新，以适应不断变化的外部环境。

二、财务风险

公司的财务风险主要体现为资金短缺风险，资金不能满足公司快速发展的需要。这可能导致项目实施后公司财务情况出现不利的变化，针对这种风险，公司拟采用以下对策进行应对。

（1）实行资金借贷和审批制度，调整资本结构。

（2）使投资项目尽快产生效益，提高资产盈利能力，降低投资风险。

（3）加强对业务收入、业务支出、日常现金等的管理。

（4）加大资本运营的力度，构筑和拓宽融资渠道。

（5）建立相应的风险预测机制。

三、投资风险

公司无法完全确保按计划获得发展资金，也不能保证计划得到有关主管部门的及时批准。公司拟采用以下对策应对投资风险。

（1）合理地进行利润分配和债务偿还，保证投资者的合法权益，增强投资者的信心。

（2）公司以自身在当地的品牌效应并结合一定的公共关系，积极拓宽融资渠道。

四、外汇风险

公司对外出口产品，将会面临一定程度的外汇风险。公司拟采用以下对策应对外汇风险。

（1）灵活运用国际贸易结算方式。当人民币有升值预期时，应尽量多使用即期信用证结算。跟单托收应尽量多使用即期结算，以便尽早收汇。尽量接在2~3个月内交货的短期外贸订单。对于长期订单，签单时采取"拆单"的方式来处理，按拆分的时间段来确定产品价格，以滚动方式执行大合同以规避汇率波动风险。

（2）在签订出口合同时，可在合同中设立相关条款来规避汇率风险；或约定汇率变动引起的损失按比例分摊，使双方共担利益风险；或在签订金额较大的贸易订单时，协议当人民币升值或贬值时，相应调整出口价格。

（3）选择有利的计价货币。以前出口一般以美元为结算货币，汇率制度改革后大家已不再像以前那样只盯着美元，而是形成了更富弹性的汇率机制。今后出口时应尽量选择汇率趋于上升的货币来计价，以达到规避风险的目的。

（4）通过与贸易伙伴协商，直接选择人民币作为计价货币，以此锁定汇率成本。

（5）选择人民币远期结售汇与外币掉期业务来规避风险，这样公司就不用担心出现较大的汇率波动造成太大的损失。

（6）出口商发货后，在采用商业承兑交单或赊销方式收取货款的情况下，由出口代理商对出口商出口货物后形成的应收账款提供账务管理与代收、坏账担保和融资等综合性服务。在出口商将应收账款债权转让给出口代理商后即可获得资金融通，出口商提前获得的应收外汇账款，根据现行国家外汇管理规定可办理结汇手续，以达到规避汇率风险的目的。

五、市场风险

公司项目产品是绿色食品，消费者的接受度较高，主要面临的问题是产品质量和产品价格问题。这就要求公司努力加强科研实力，压缩成本，生产出效益更高、价格低廉的产品。公司拟采用以下对策应对市场风险。

（1）由管理层掌握全局、整体协调，避免区域偏差，同时加强市场研究，加强对市场规律的认识。

（2）确定引用合理的销售价格，使产品价格既能保证企业收益，又能吸引用户，从而加快销售速度。

（3）加强销售策略的执行度，加强营销队伍的培训管理，做好广告宣传工作，提高企业品牌的知名度，加快销售速度，早日回笼资金，规避市场风险。

六、其他不可抗拒的风险

其他不可抗拒的风险主要指台风、火灾、水灾、地震等自然灾害，不受任何人为因素影响的风险。公司将通过购买保险等方式规避这类风险，力求把风险降至最低，以避免这些自然灾害对公司在生产、运营等方面造成损害。

案例分析　上述案例中的公司是生产绿色食品的外贸公司，因此其商业计划书中重点对管理风险、财务风险、投资风险、外汇风险和市场风险进行了说明。介绍时首先说明了公司具体面对的风险是什么，然后针对该风险提出了应对的对策。从写法上来看，这是最为典型的商业计划书风险管理的写法。从内容上看，虽然涉及的风险问题较为全面，但内容缺少一定的可信度，投资人无法确定这些措施能否有效规避风险。因此建议在内容中加入一些真实的数据来反映具体的效果。比如对于应对市场风险时介绍的制定合理的销售价格的策略，可以进一步说明这个价格在什么范围，目前的市场价格是什么情况，销量如何。通过对比，可以预测价格调整后的市场反应。这样才能使投资人更加信服这些风险管控措施。

7.4　疑难解答

问：风险回避是什么意思，公司可以采用这种策略规避风险吗？

答：风险回避是指由于无法或不愿承受风险而做出的中止、放弃某种决策方案的风险处理方式。风险回避简单易行，能从根源上避开风险，但是在回避风险的同时也放弃了获得收益的机会。对于公司而言，创业或发展是公司存在的原因，这个过程必然伴随着风险，如果全部采取风险回避策略，则创业和发展都无从谈起。一般情况下，只有在无力规避、转移或承担风险，以及可以利用其他方案实现相同的目标时，才考虑使用风险回避策略。

问：什么是风险企业呢？

答：风险企业是指在风险极大的高新技术产业领域进行开发、生产和经营的企业。这类企业以高新技术项目和产品为开发、生产对象，使其快速实现产品化、商品化，能很快将其投放进市场并占领市场，从而获得一般企业所不能获得的高额利润。风险企业与高风险、高回报相伴，正因为具备这种特性，它们也成了风投公司热衷的投资对象。

第 8 章

密不可分——摘要与附录的写法

本章导读

摘要与附录在商业计划书中起着不同的作用。其中，摘要位于正文之前，附录位于正文之后，它们都是商业计划书几乎不可缺少的组成部分。

摘要与附录的写作并不难，但只有正确理解它们的作用，才能真正发挥出它们在商业计划书中的作用。

本章将对这两个组成部分的写法进行介绍，通过学习本章的内容，读者可以全面掌握在商业计划书中撰写摘要与附录的方法。

引导案例

　　某创业团队研发了一种新型高分子材料，该材料可以广泛用于航空、化工、摄影等领域的设备和器材的制作。为了尽快获得投资人的投资，创业团队撰写了一份商业计划书，并通过不断的修改与调整，终于完善了商业计划书的正文内容。由于与几位知名投资人会面的时间马上就要到了，创业团队只能草草地撰写了摘要，他们觉得摘要无足轻重，应该把重心放在正文上，就此详细地与投资人进行探讨。

　　到了会面的那天，创业团队将商业计划书拿给投资人阅览，正当创业团队的负责人准备"大干一场"的时候，却发现多位投资人的脸色都不好看，草草翻看了几页就把厚厚的一份商业计划书合上了，更糟糕的是大家都没有提问题的意思。最后一位投资人仅仅简单地做了总结性的讲话，对创业团队的负责人说大家并不太了解这个项目的具体情况，看不出来投资的空间和能否得到投资回报，于是都没有投资兴趣。

　　当日，创业团队只得悻悻而归。大家最后总结发现，投资人都是先看商业计划书中的摘要，如果对摘要中的内容不感兴趣，就不会深入阅读商业计划书正文的内容了。而团队恰恰忽视了摘要，导致摘要内容毫无吸引力，最终才会出现这样的局面。意识到这个问题后，大家开始重视起摘要这个组成部分，认真对这部分内容进行了编写和修改，希望通过最新的商业计划书来打动其他投资人，获得创业所需的资金。

案例分析

　　上例中的团队由于忽视了摘要在商业计划书中起到的作用，而失去了快速获得融资的机会。一开始，他们认为商业计划书的关键在于正文内容，摘要只是简单的归纳性内容，并没有对其引起足够的重视。

　　实际上，摘要可以看作"浓缩版"商业计划书，所谓"窥豹一斑"，用来形容摘要就非常合适。如果投资人只阅读了摘要的内容，就能产生极大的投资兴趣，那么他们自然会主动深入了解商业计划书的正文内容；相反，如果他们对摘要都毫无兴趣，那么自然对整个商业计划书也不会抱太多的期望。

8.1 摘要的写法

商业计划书中，摘要并不是简单的内容性总结，恰恰相反，它是对整个商业计划书进行浓缩与提炼后形成的精华。想让项目或产品打动投资人，就要使首先出现的摘要给投资人留下良好的印象，否则很难得到投资人的重视和青睐。

8.1.1 摘要的规划

既然摘要浓缩了商业计划书的精华，反映了商业计划书的全貌，那么对摘要的内容进行规划就是优先需要考虑的事情。

首先，摘要应该在完成商业计划书的所有正文内容之后再开始撰写。只有这样才可能真正提炼出整个商业计划书的精华。对于内容而言，摘要不能是正文内容的简单重复，应该通过总结、编辑等方式重新撰写摘要内容。正文中没有提到的部分，摘要中就不要出现。比如商业计划书中没有对生产管理方面的内容进行说明，那么摘要中就不能出现对生产管理方面的内容的总结。

由于不同的投资人有不同的喜好，看重的商业计划书的内容也可能不完全相同，因此在撰写摘要时也应该尽量"投其所好"。比如，有的投资人对创新产品、创新技术等更有兴趣，那么摘要中可以重点描述产品或技术的创新情况；有的投资人更重视财务数据，那么就可以将各种亮眼的财务数据在摘要中展示出来。

专家指导

摘要是首先会被投资人认真阅读的内容，一定不能出现错字、漏字等问题，而且要确保语句的准确与流畅，逻辑的正确。如果在这些方面出现差错，投资人会为公司打上不负责任的标签。既然对商业计划书都持不负责任的态度，就更不用说对产品、对项目、对公司负责了。

8.1.2 摘要的内容

摘要的内容，一方面是对正文精华内容的提炼，另一方面要起到引起投资人兴趣的作用。因此在写作上一定要把握好这部分内容的篇幅，既不能描述得过多，又不能体现不出项目或公司的优势或特点。可以从以下几个方面来撰写摘要。

1. 公司情况

在摘要部分说明公司情况时，首先需要介绍公司名称、公司性质、成立时间、负责人、经营业务等基本情况。有时为了体现公司的经营策略和信心，可以适当介绍公司对于未来的规划。以下案例便是在介绍了公司的基本情况后，对公司目标做了简要的介绍，这样可以让投资人对公司的战略规划有较好的印象。

◎ 案例　　　　　　　　**某公司在摘要中介绍的公司目标**

公司注重短期目标与长远战略的结合，初创阶段公司将聚焦于产品的研发、生产和销售，力争在短期内迅速占领市场、拓宽销售渠道。中长期目标将向纵向和横向拓宽公司的经营领域，逐步拓宽产品领域，使产品更多元化，继续研发和生产同一品牌的系列产品和其他文教用品，建立以核心产品为主的多元化经营企业，并适时开拓海外市场。

2. 产品情况

产品情况的介绍要以让投资人能够马上了解产品为原则，毕竟这个产品的开发是本次寻求投资的原因，因此提前让投资人清楚地认识将要投资的对象是很有必要的。如果产品具有明显的特色和优势，可以在这里进行介绍，引起投资人的兴趣。

◎ 案例　　　　　　　　**某公司在摘要中介绍的产品情况**

本项目为"平台＋客户端"结构，是一个能真正推动用户现实发展的互动交友交易应用平台。平台以网络教育为主体，其核心功能包括网络交友，个人交际圈、行程、项目和学习计划的管理，远程教学，产品资源网络交易，用户发展测评及地图应用。平台整合了传统的和主流的应用形式，将严肃性与游戏性、虚拟性与实用性、感性与理性融为一体。

平台的目标客户覆盖了具有发展需求的各年龄层人群，盈利模式主要有销售佣金、广告服务、虚拟装备和道具销售、装备道具品牌形象定制、商业版年费等。平台以推动个体的现实发展为目标，超越了当前已有的互联网应用形式，并形成了独特的用户应用发展模式，期望成为个性化学习的样板应用和学校教育的积极有益的补充。

3. 市场情况

市场情况的好坏，将在很大程度上影响投资人的投资信心。因此在摘要部分介绍市场情况时，要从市场容量巨大和市场呈现良好发展趋势这两个方面着手，同时可以提供具体的市场容量数据和增长率数据，让投资人有更为理性的认识。

◉ 案例　　　　　某劳务公司在摘要中介绍的市场需求情况

（1）专业技术人员需求市场。×国企业最缺的3种人才是生产作业操作工、销售人员和技术人员。

（2）职业培训市场。中等发达国家的高级技工数量占技工总数的比例为20%～40%，×国远未达到该比例，缺口达上千万人。

（3）家政服务市场。×国目前的中产阶层已经达到×××万人，家政、保姆、家教需求市场潜力巨大。

（4）出国劳务市场。目前×国每年外派××多万劳务人员，每年外汇收入约××亿美元。

---

4. 行业与竞争情况

介绍行业时，要向投资人展示本公司是行业的领导者或能成为行业领导者，另一方面要体现行业未来处于发展甚至高速发展的环境。介绍竞争情况时，重点不宜放在行业的竞争强度有多大上，而应该着力体现自己极具竞争力，并将竞争优势展现出来。

◉ 案例　　　　　某公司在摘要中介绍的行业与竞争情况

（1）服务于快速消费品行业，市场容量巨大。

（2）管理团队稳定忠诚，具有创新能力和较强的市场整合能力，公司首创"一表式管理法"，大大提高了工作效率、降低了经营成本、有效控制了经营风险。

（3）拥有自主知识产权和较强的研发能力，产品能够不断推陈出新，满足防伪市场发展的需要。

（4）未来5年行业将高速发展。

---

5. 营销情况

介绍营销情况时应该将取得的销售成绩展示出来，对于初创公司等暂时没有业绩的公司，则应该突出营销计划的特点和优势，并可以适当预测未来的销售业绩，从而加深投资人的印象。

👁 **案例**　　　　　　**某公司在摘要中介绍的营销计划**

> 公司自身的重点会放在研发和营销运作上。面向目标群体，持续以有效的广告传达产品核心功能。产品上市第一年将采取筛选定价策略，迅速占领一部分中、高端市场，同时收回投资；随后通过更新换代进一步扩大产品的市场份额，成为同类产品生产的佼佼者。

6. 团队情况

团队情况一般只需要重点介绍整个团队的情况，如组织结构、团队的特点和优势等。如果核心管理人员有较高的知名度或其他方面的优势，也可以简要提及。

👁 **案例**　　　　　　**某公司在摘要中介绍的团队情况**

> 创建初期公司设置市场营销部、研发部、财务部和生产管理部。随着产品线的拓展和业务的增长，公司将增设人力资源部与信息部，并根据产品线细化生产管理部。管理团队由企业管理、市场营销、财务管理和技术方面的专业人员组成，管理人员主要来自创业团队。

7. 财务情况

财务情况需要涉及财务分析和融资需求两个方面，财务状况的分析重点应该放在销售预测、利润预测上，利用数据增强投资人的信心。介绍融资需求时，说明需要的资金数额、释放多少股份，退出方式则可以根据具体情况选择介绍。若退出方式较有优势，则可以在这里体现出来。

👁 **案例**　　　　　　**某公司在摘要中介绍的财务情况**

> 公司注册资本为1 600万元人民币，股本结构为：张××入股800万元人民币（50%），李××入股400万元人民币（25%），孙××入股400万元人民币（25%）。本轮需融资300万元人民币，释放20%的股份。

通过投资净现值法和内含报酬率法的动态投资分析方法以及盈亏平衡分析法这种静态分析方法，对投资方案进行了财务可行性分析。公司从第一年就开始盈利，预计第一年的利润为116.48万元人民币。

8. 风险情况

介绍风险情况时应重点体现解决风险的措施，写法与正文中介绍风险管控时的思路相同，首先说明可能面临哪些风险，然后介绍管控这些风险的应对措施。

案例　　　　　　　某公司在摘要中介绍的风险情况

本项目的风险主要有：不确定风险、行业风险、市场风险及财务风险。

对策为：根据国家经济发展状况进行合理的产品定位，不断开拓创新，及时调整和完善发展目标和经营发展战略，规避不确定风险；利用独创的应用整合逻辑和行业的专业性形成有效的壁垒来规避行业风险；加强公关工作，加大宣传力度，扩大社会影响，降低市场开发的投入来规避市场风险；构筑和拓宽畅通的融资渠道，为公司的发展不断输入资金，同时完善公司自身的"造血"机制，加强对资金运行情况的监控，最大限度地提高资金使用效率以规避财务风险。

9. 模板：摘要

摘要是商业计划书必不可少的组成部分，其内容结构较为固定，具体参考模板如下。

模板　　商业计划书摘要

（一）公司情况

[公司名称、性质、成立时间、注册资本、业务范围、负责人]。

[公司愿景、定位、目标]。

（二）产品情况

[产品名称、解决了什么用户痛点]。

[产品的作用、特色]。

[产品的竞争优势]。

（三）市场情况

[市场需求情况、市场发展情况]。

（四）行业与竞争情况

[行业现状与发展预测]。

[公司在行业中的领导力]。

[公司竞争优势]。

（五）营销情况

[营销成绩]。

[营销计划]。

（六）团队情况

[团队构成情况]。

[团队优势]。

（七）财务情况

[财务现状、收入预测、利润预测]。

[融资额度、出让股份、资金退出方式]。

（八）风险情况

[面临的风险]。

[应对风险的措施]。

8.2　附录的写法

商业计划书中的附录是指附在正文后面的与正文相关的参考资料。附录的作用是更进一步地解释、说明和汇总正文内容。

8.2.1　可以写入附录的内容

并不是所有数据都适合在附录中出现。就商业计划书而言，通常可以写入附录的数据有：正文中内容、数据的详细来源或附带信息；正文中某一问题的研究方法或技术途径；某些由于篇幅过大或取材于复制品而不便编入正文的材料；某些重要的原始数据、数学推导、计算程序、注释、框图、统计表、打印机输出样片、结构图等。

专家指导

　　每一个附录都应有对应的标题，标题格式为"附录＋大写英文字母＋空格＋具体名称"，如"附录A 核心管理人员详细履历"。其中，英文字母按先后顺序使用。

8.2.2　附录的具体内容

　　附录的内容并非越多越好，只有附录内容对正文中的某些内容起到了必要的支撑、说明或帮助作用时，才需要提供。否则，附录内容过多反而可能会削弱正文。就商业计划书而言，附录主要包括以下内容。

1. 信誉证明

　　信誉证明主要是指能够证明公司资质、信誉等方面的文件，如营业执照、检测报告、银行和客户证明等，这些材料可以让投资人看到公司有能力提供优质的产品与服务。

2. 专利与获奖证明

　　如果公司获得的重要的专利证书与获奖证书的数量较多，则可以在正文中以文字列表的形式做简单介绍，在附录中将证书的图片归纳在一起进行展示。

专家指导

　　如果团队所使用的产品或专利技术是他人的研究成果，则需要把带有签名的专利或成果授权书在附录中展示出来。

3. 技术信息

　　如果需要将技术或生产工艺等相关信息告知投资人，为了不影响正文篇幅，就可以在附录中将技术信息和生产制造信息等数据展示出来，如详细的技术指标、产品图纸、生产工艺、制作流程等。同时也可以将与市场技术相关的重要基础设施、生产设备等资料展示出来，进一步体现公司的实力及产品的生产质量，如图8-1所示。

附录 K-2　拟投入本工程的主要试验、检测仪器配备表

序号	设备、仪器名称	型号	单位	数量
1	中型烘箱	CS1011	个	2
2	液塑限联合测定仪	GYS-3	台	1
3	标准恒温恒湿养护箱	Yh-40B	台	1
4	K30 承载板		套	1
5	压力试验机	NYL-2000D	台	1
6	万能试验机	WE-600KN	台	1
7	负压筛析仪	FSY150-4	台	1
8	水泥雷氏沸煮箱	FZY-31	台	1
9	混凝土电动抗折机	KZY-500-2	台	1
10	混凝土振动台	$1m^2$	台	1
11	标准养护箱	YH20B	个	1
12	全站仪	尼康 530 型	套	2
13	水准仪	DZS_3-3	台	6

图8-1　产品涉及的生产设备与仪器

4. 市场调查结果

如果前期进行了大量的市场调研工作，则可以将市场调研结果放在正文中阐述，而将具体的调研数据和分析过程等信息放在附录中。

5. 政策文件

如果正文中提到了政策优势，则应该将相关的政策文件放在附录中，增强正文内容的说服力。

6. 数据的测算和解释

如果商业计划书中存在大量的数据分析与预测结果，为了增强它们的真实性，则可以将具体的数据模型和逻辑推导过程放在附录中。

7. 合同资料

公司与客户签订的大宗销售合同应该在附录中展示出来，它可以告诉投资人，一旦资金到位，公司就可以马上获取收益。为了进一步增强合同资料

的真实性，还可以将采购合同、厂房租赁合同、代理合同等相关文件都展示出来，供投资人查阅与判断，如图8-2所示。

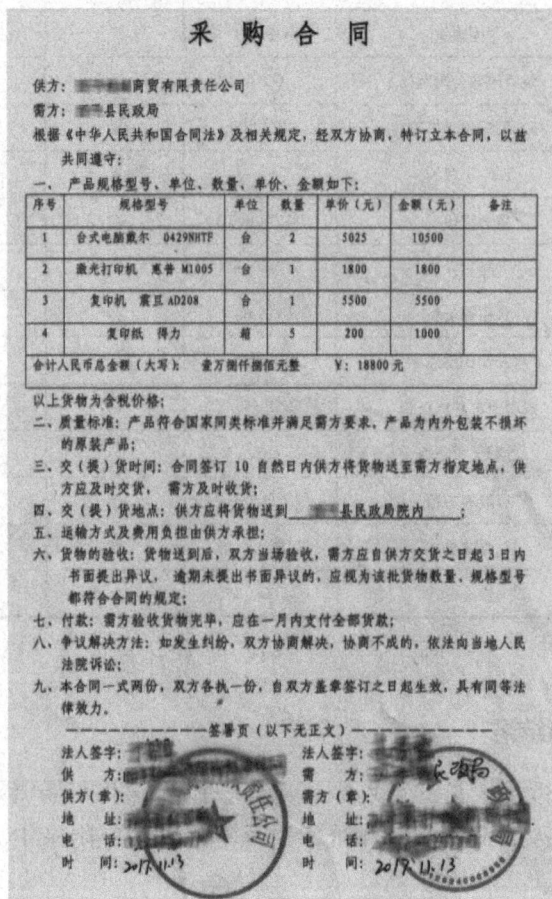

图8-2　产品采购合同扫描件

8. 管理者履历

如果公司的创始人及核心领导人的经历非常有传奇性，或者对投资人来说特别有吸引力，那么可以把这些主要人物的详细履历附在附录部分。

9. 财务报表

财务报表中包含非常多的内容和数据，如果将其放在商业计划书的正文部分不仅会增加其篇幅，也无法发挥重要的作用。因此财务报表的具体数据一般都会放在附录中，满足投资人进一步查看的需要。

8.3　案例分析

　　附录只是提供与正文相关的详细数据和图片，在写法上并没有特别之处，因此本节案例分析将主要通过一个案例来帮助读者进一步熟悉摘要部分的写法，其具体内容如下。

（一）公司介绍

　　（1）公司名称：九禹电子有限公司。

　　（2）公司性质：有限责任公司。

　　（3）公司总体概述：九禹电子有限公司拥有行业领先的智能手机远近程控制技术，该技术能带给人们更加轻松、有序、高效的现代生活方式，在繁忙的现代生活节奏中改善人们的生活质量。

（二）产品介绍

　　智能手机遥控系统，可安装在任意电器内，完成遥控操作只需通过智能手机。

（三）市场概况

　　未来的智能手机不仅是通信的工具，也是可遥控远端家电的遥控器。目前关于本公司产品的理论已经出现，并出现了智能家居系统这种类似的产品，这充分说明技术上是可行的。

　　市场上部分公司也正在研发该类产品，但它们的技术还不成熟。智能化高级公寓的运营涉及手机遥控，更说明该产品的前景良好。虽然个别智能化高级公寓已经推出，但其因为整体造价过高而导致推广不畅，只能面向极少数人群。更重要的是，单个可遥控电子产品的市场还是一片空白，公司正是抓住了科技与经济的发展转型空白期，争取抢先进入市场从而占据更多的市场份额。

（四）营销策略

　　公司营销策略主要有独立零售以及与家电厂商合作进行组合销售这两种方式。智能手机遥控系统产品前期将实行高价策略，同时采用广告策略，打造公司品牌、树立企业形象；中期采用满意价格策略，宣传方面继续投入，保持并进一步提升公司的整体形象。同时公司将细分客户，设计、生产针对性产品以满足不同层次客户的需求。

　　另外，公司将增加产品的种类，逐步扩展到各个产业和领域中去。当用户量趋于稳定增长时，公司将执行成熟期战略，采取低价渗透策略，继续提升品牌形象，拓展新的服务项目，为用户提供更全面的增值服务。

（五）生产管理计划

按照公司的目标，设置技术上可行、经济上合算、物质技术条件和环境条件允许的生产系统；通过生产计划工作，制定生产系统优化运行的方案；通过生产控制工作，及时、有效地调节生产过程中公司内外的各种关系，使生产系统的运行符合既定生产计划的要求，实现预期生产的产品质量、产量、生产成本的目标。尽力做到投入少、收益多，取得最佳经济效益。

由于公司成立初期无法建立高效的配送中心，将利用第三方物流完成公司配送业务，以集中力量处理其他经营事务。第四年公司内部物流系统逐渐建立和完善后，配送业务将由公司物流部全权处理，以更好地控制成本。

（六）财务预测说明

公司成立初期需要资金500万元人民币。其中风险投资200万元人民币，管理层投资200万元人民币，流动资金贷款100万元人民币。其中用于固定资产投资200万元人民币，流动资金300万元人民币。

股本规模和结构为：公司注册资本500万元人民币；其中，外来风险投资入股200万元人民币（40%），股东入股200万元人民币（40%），资金入股100万元人民币（20%）。

公司从第二年开始盈利，第三年开始利润大幅增长，内部收益率为50.1%。风险投资可通过分红和整体出让的形式收回投资。

（七）创业思路及公司展望

随着人们生活水平的提高和生活节奏的加快，用智能手机为生活提供便捷的服务完全可以发展成为一种生活趋势。本公司采用手机智控技术，帮助用户方便、简单地实现对家电、汽车和各种家用设施的远近程控制。

经市场调查发现，被访者对"手机智能芯片"的性能产生了极大兴趣。100%的被访者表达了购买意愿，其中87.1%的人"视价格而定"，而剩下的12.9%的人群表示"一定会购买"。

我们相信公司产品一旦投入市场，将迅速被公众接受，在未来完全可以改善公众生活，走进千家万户。

（八）创业团队

（1）团队名称：九禹文化。

（2）团队精神：为梦想永不放弃。

（3）团队优势：团队成员优势互补，具有很强的向心力、凝聚力、战斗力；团队领导人拥有指导、发动团体的能力；管理层拥有发动部属的能力；员工拥有发动自我的能力；最终可以形成上、中、下协调平衡、整体互动的运作态势。

案例分析　该商业计划书的摘要从总体上看，涉及的内容相对较全面，包括公司、产品、市场、营销、生产、财务、团队等方面。其中写法较为典型的是公司介绍、营销策略、生产管理计划和财务预测说明这几个方面。欠妥的是产品与市场的介绍，其中产品介绍太过单薄，投资人无法对产品产生直观的印象。产品的具体作用、特色、优势，解决了消费者什么痛点，都应该适当进行介绍。而市场部分，将市场与行业放在一起进行介绍，显得内容有些杂乱；另外就市场的需求情况、发展前景而言，并没有提供能够吸引投资人的信息和数据；对行业和竞争情况的介绍也比较简单，无法体现自身的优势。总体而言，这篇商业计划书的摘要虽然在内容上并没有明显的缺失，但从吸引力上看是有所欠缺的，需要作进一步调整。

🔍 8.4　疑难解答

问：摘要有具体的篇幅要求吗？

答：摘要并没有具体的篇幅规定。一般来说，摘要的篇幅控制在2页左右比较合适。超过这个页数，会影响投资人的阅读体验；页数过少，有可能会省略掉很多极具亮点的内容。

问：有的商业计划书还会出现前言，它和摘要有什么不同吗？

答：首先，前言并不是商业计划书必需的组成部分。前言的作用主要是从大方向和大环境的角度，介绍撰写这篇商业计划书的原因、意义、作用和目的。而商业计划书的摘要是整个商业计划书的提纲，起到的是提前将整个商业计划书的精华展现在投资人面前的作用。

问：撰写完摘要后，有必要进行总结吗？

答：有些商业计划书会在摘要的末尾加上一定的总结性内容，其作用主要在于对摘要描述的内容进行归纳总结，目的在于进一步引起投资人的兴趣，使其对公司、项目和产品有更好的印象，进而能够继续阅读后面的内容。这部分内容也不是必需的，如果有一些特别有优势和亮点的地方值得归纳总结，则可以撰写出来，否则就没有必要。

问：附录和附件是同一个意思吗？

答：严格来说，二者是两个不同的概念。附录是附在正文后面的、与正文有关的信息，是正文内容的补充部分；附件则是随文件一起发送的、另外的其他文件。但是就商业计划书而言，可以将附件的内容整合到附录中。比如合同文件、资质文件等，就可以通过扫描、拍摄等方式转化成图片数据，然后整理到附录中。

第 9 章

他山之石——
综合案例分析

本章导读

　　由于公司、行业、项目、产品等因素的不同，商业计划书的内容也不是千篇一律的。模板可以保证商业计划书具备基本的框架，实际撰写时则应充分考虑自身需求、投资人喜好等其他条件，对商业计划书的内容进行有针对性的调整，将需要重点展示的内容准确且全面地呈现出来。

　　本章将通过对几个不同行业的商业计划书案例的详细分析，帮助读者进一步掌握商业计划书的写作方法。

9.1 在线T恤定制平台商业计划书

本商业计划书选自2017年暨南大学港澳台侨学生创新创业大赛，为避免篇幅过长，这里对内容做了适当删减和调整，以帮助读者学习和理解。

9.1.1 案例内容与点评

本案例涉及的项目属于"互联网＋"科技文化创意类项目，内容主要有项目概述、行业分析、用户分析、竞争分析、营销计划、运营计划、财务分析和风险分析八大方面。除目录与附录外，该计划书的详细内容如下。

摘要

iMake在线T恤定制平台是为了满足大、中、小学生以及公司人员的T恤定制需求而建立的，是基于超文本标记语言（Hyper Text Markup Language，简称"HTML"）网页及手机软件（Application，简称"App"）的移动端T恤在线定制平台。（说明产品是一种在线平台，提供的功能是T恤在线定制）

一、市场分析和定位

据初步调研，我们发现服装定制行业拥有非常广阔的市场，并且服装定制的困难主要在于软件的使用、设计基础的缺乏等（找准了市场痛点），而这些困难在iMake上均能得到很好的解决。此外，大多学生都参加了学生组织，不少公司也有文化衫，因此iMake的目标用户定位为学生及公司职员。

二、产品介绍

iMake是一个移动端在线T恤定制平台。用户能在T恤上进行自由设计，并能在设计完成后马上下单。iMake还配置了专业画手，在绘画过程中遇到困难时可以使用画手服务。（简单明了地说明了产品情况）

三、商业模式

iMake专注于平台经营，发展自身优势，并与衣服厂商进行合作。iMake的收入来源主要有T恤定制、画手服务费及广告收入。（罗列了各种收入的来源）

四、营销策略

前期，我们借助微信朋友圈推广HTML版iMake，并联合线下校园大使，进行线上线下结合推广；中期将逐步推广App，增强用户体验和用户黏性；后期，我们将与更多衣服厂商合作，扩大业务覆盖范围，还可能增设线下体验店。（向投资人展示出了长远规划）

五、财务分析

没有实体店面使得iMake的投入成本非常低，因此iMake的可操作性和性价比都非常高。通过财务分析，我们认为iMake未来的经营利润和投资回报十分乐观。

六、团队介绍

iMake团队男女比例协调，团队成员来自经管和理工专业，并曾一起工作长达两年时间，拥有非常高的默契度。我们希望通过iMake让T恤定制触手可及。

点评 摘要重点介绍了市场、产品、商业模式、营销策略，并简单对财务情况与团队情况做了介绍。通过简洁有力的内容向投资人展示了一个极具前景的产品项目，能够让投资人产生继续阅读的兴趣。

第一章 项目概述

1.1 公司简介

指尖班服科技有限公司是拟注册（说明公司尚未注册成立，属于初创公司）的一家集服装在线设计和制作为一体的高科技公司。公司将专注于服装定制领域，利用自主研发（说明公司有可靠的技术保障）的在线T恤定制平台，在移动端平台为广大用户提供T恤在线定制服务（这里清楚说明了公司的业务范围）。

目前，不断创新的服装定制需求使得服装定制领域仍有非常大的发展空间，加上移动互联网的迅速发展，互联网移动端的应用越来越广泛（这里说明了为什么选择移动端平台这个领域）。我们正是看重这一新的发展趋势和市场机会，将公司的目标市场定位于中国T恤在线定制市场。凭借公司的核心资源，秉承"科技创新，以人为本"的理念，不断开拓创新，为用户提供更满意的定制平台。基于此，公司提出了自己的使命、愿景、目标和价值观。

◆使命：让T恤定制触手可及。

◆愿景：开发中国最专业的T恤在线定制平台。

◆目标：成为中国第一家T恤定制上市公司。

◆价值观：利用科技为用户带来更多惊喜。

1.2 产品概述

1.2.1 项目概述

iMake班服在线定制平台（以下简称"iMake"），中文名"指尖班服"，是为了满足学生、公司人员、个人的服装定制需求（这里指出了主要的用户群体），针对该类群体对T恤定制的需要而建立的移动端T恤在线定制平台。

1.2.2 功能描述

iMake的前台功能模块主要有设计模块、下单模块和附带功能。（下面详细介绍了产品的各种功能）

1. 设计模块

设计页面分为T恤的正面设计和背面设计，二者的功能一样，下面是设计页面的功能描述。

（1）底色选择

用户可为T恤选择不同的底色，可选方案以接受度较高、适用范围较广的纯色为主；再加以少量的迷彩、撞色拼接和渐变色选择，以满足不同用户的个性需求。（这里开始体现产品的特点，即用户定制）

（2）添加自定义文字

用户点击"添加文字"的按钮，即可添加自定义文字到T恤上，并可调节文字的字体、大小、颜色和旋转角度。

（3）导入图片

用户点击"导入图片"按钮，即可选择手机内的图片，选择图片后可直接将其导入T恤，也可进行裁剪、抠图、亮度调节、对比度调节、饱和度调节及滤镜添加等操作。

（4）添加网络素材

若用户手机内的图片不能满足用户需求，或用户想寻找更多素材，可点击"网络素材搜索"按钮，然后输入关键字并确认，即会出现符合要求的素材。选择素材后可直接将其导入T恤，也可使用裁剪、抠图、亮度调节、对比度调节、饱和度调节及滤镜添加等功能。

（5）插入图形元素

iMake提供了部分图形元素，如线条、花纹、形状等，用户可以自由选择并添加，插入时可调节元素的大小、比例、颜色。

（6）使用模板

若用户为缺乏设计灵感而苦恼，可点击"使用模板"按钮，将有不同类型的模板供用户参考和使用。选择对应的模板即可直接进行编辑和修改。

（7）画手服务

该服务为有偿服务，主要针对有较高难度绘画需求但绘画技术不高的用户。用户点击"画手服务"按钮后，用文字描述自己的绘画需求并向"画手"支付服务费，"画手"即根据绘画需求完成绘画并发送给用户预览。若用户满意，可直接将画片添加到T恤上；若用户不满意，可让画手进行修改，用户描述需要修改的地方，"画手"修改后再发送给用户，修改次数上限为两次，若超出两次则需再次支付画手服务费。（说明了有偿服务的规则，进一步说明了这一盈利模式的收入来源）

2. 下单模块

用户完成设计后，可直接在平台下单，十分方便。下面是下单页面的功能描述。（整个下单流程简单方便）

（1）定制信息填写

用户根据需求填写T恤定制的面料、印刷方式、尺码和对应数量，同时平台会给出不同面料和印刷方式的介绍和区别，并给出尺码表。

（2）用户信息填写

用户填写姓名、联系方式、收件地址。

（3）备注选填

若用户有其他需求或信息填写，可在此填写。

（4）优惠码选填

若用户有优惠码，可在此填写。（优惠码需要进一步做解释）

（5）完成下单和支付

用户确认信息无误后，需在线支付，支付完成即表示下单成功；在限定地区范围内，对于量大的订单，支持货到付款。

（6）订单进度查询

用户点击"进度查询"按钮即可查询制作和物流进度。

（7）校园大使

若用户下单前需要查看样衣或需要校园大使的其他帮助，可在此查询校园大使的联系方式。

3. 附带功能

（1）登录注册

打开iMake时，平台会让用户登录或注册。

（2）在线客服

用户在产品的使用过程中有任何疑惑，均可咨询在线客服，咨询免费。

（3）晒图评价区

未下单用户可在晒图评价区查看其他用户的晒图和评价；对于已下单并确认收货的用户，平台会指引用户进行晒图和评价，并通过用户激励措施激励用户主动晒图和评价。

1.2.3 定制流程（总结了平台的操作流程）

1. 用户用手机打开网页或App

2. 用户进行T恤设计

3. 学生可到校园大使处看样衣面料

4. 用户填写信息并下单

5. 厂家制作和印刷T恤

6. 物流配送

1.2.4 商业模式

整个项目在产品上分为两个部分：线上平台和后台。线上平台负责和用户进行直接交互，促使用户完成T恤设计并支付订单；后台负责订单和厂家的对接，落实订单情况。除此之外，项目还将在各大高校招聘校园大使，主要负责校内的运营和推广。

iMake将为T恤定制带来新途径，同时消除了以往T恤定制的技术门槛和设备门槛，即无须具备设计基础和操作Photoshop的能力（很好地解决了用户痛点），用户用手机即可操作，并且从设计到下单为一条龙式服务，十分便捷。

公司主要收入来源是衣服定制、画手设计费和广告收入。

点评　本部分内容主要涉及公司与产品介绍，其中花了大量篇幅对产品功能进行了详细描述，对于这类与互联网相关的技术平台类产品，让投资人尽快了解产品的功能是非常有必要的。

第二章　行业分析

2.1　行业概述

2.1.1　行业发展状况

随着中国经济文化的发展，人们的穿着打扮愈加个性化。年轻人成为追随时代潮流的主力军，热衷于以各式各样的衣服作为个人的符号。在服装市场的竞争演变格局中，消费越来越理性、竞争越来越激烈，而季节化、大众化的特点使服装市场重新洗牌，良莠不齐的格局在逐步改善，由个性化、品牌化服饰正逐步走向快速的消费品服饰。而目前服装市场的瓶颈在于前端的研发设计，以及许多用户对于服装的价格、质量、设计难以找到一个恰当的心理平衡位置，因此DIY服装应运而生（给予充分的论据说明DIY服装存在的价值），它允许用户根据个人的喜好对自己的衣服进行个性化设计并找到合适的厂家做成成品。但是在个性化设计方面，大多数用户有想法但是无设计基础，因此往往会在个性化设计环节遇到困难，无法将自己的想法付诸实际（进一步说明了用户自行定制服装的需求情况）。同时还有一个不容忽视的问题在于，目前DIY服装的质量良莠不齐，尤其是在原始"胚衣"的选择上，挡住了相当一批想要尝试此类服装的消费群体。据调查，市场上大部分文化衫的用料粗糙，并非优质纯棉制造；油墨药水味浓重，洗一次，掉一次色。而且，廉价面料和劣质墨水对健康有何不良影响，尚无从知晓。厂家与用户之间的沟通存在问题，双方的信息不对等是DIY服装的质量无法得到保障的重要原因。

如今，DIY服装行业仍然处于发展初期，各类商家鱼龙混杂，市场准入门槛较低，用户无法准确获取商家的信息，因此该行业如今仍然较为不稳定，但是拥有巨大的市场空间。（点明DIY服装市场存在的问题，同时更存在巨大的市场空间）

2.1.2　行业发展趋势

消费升级的基础在于居民消费水平与意识的提升。DIY服装品类依托服装行业竞争的升级将会出现严重的两极化现象：一是基于DIY服装风格的中高端发展方向，二是基于DIY服装风格的个性化发展方向。但两极分化最终建立在以品牌印记、个性为主导的DIY服装品类上，用户的理性、挑剔、个性、层次化与公司产品的精致化、细分化将成为DIY服装市场未来的驱动力，这种驱动将促进消费需求升级与行业本质趋势的对接，对消费需求与行业本质的把握将是该品类营销取胜的关键。（根据用户的个性化发展和公司的品牌发展总结了DIY服装的未来发展趋势）

1. 快定制

如何让DIY服装行业更适应时代的快节奏？一种被称为"服装快定制"的模式应运而生：从寻找时尚面料到开发样衣，从用户看样下单到帮助用户选型号，从工业化生产到退货的快速流程。以快制胜，这样既可以保证品质，又能提高效率、降低成本。（用户能够享受快速服务、优化购物体验）

2. 大规模定制

一旦"服装快定制"的模式达到工业化量产水平，就成了团购定制，即"大规模定制"。大规模定制的生产模式具有低成本、高效率的特点，Levis牛仔裤便是"大规模定制"的一个很好的案例。Levis向顾客提供多达近千种不同款式、花色的牛仔裤，顾客只需多花10美元，就可根据腰围等个人尺寸在流水线上定制。正是这种量身定制的服务，保证顾客能获得称心如意的牛仔裤，公司的营业额上升了近3成，经营成本大幅降低。（以Levis为例说明了规模定制的好处，能够更好地说服投资人）

3. 与电子商务结合

随着互联网应用的快速发展，电子商务在国内发展十分迅猛。随着人们消费习惯的转变，网络服装定制服务也将受到用户的追捧。而且服装定制公司直接从工厂向用户发货，在供应链中省去了开设店铺这个环节，提高了公司的利润率。（说明结合电子商务可以提高竞争力）

4. 个性化

个人为自己进行服装设计，意味着从此你不必为了心仪已久的产品而到处搜罗，也不必在穿着昂贵名牌服装参加聚会的途中频频祈祷"不要和别人撞衫"，更不必在拿起一件衣服时遗憾地说"要是领口多一条蕾丝就好了"。"没有完美的身材，只有完美的尺寸"（继续说明用户痛点），当国人刚开始接受"DIY"概念和服务时，国外却已经有数百年历史之久，服装定制就像我们在国内购买成衣一样普遍；更大的区别是国外定制服装一般都是一个家庭的定制而不仅仅是个人，父亲与儿子通常都在同一家服装店定制衬衫。

服装DIY体现的不仅仅是个人的喜好和品位，更是一种社会文明的呈现。从现代人对服装的理解和追求角度来看，发展DIY服装行业是一种必然趋势。

此外，基于移动端是iMake的另一大特色。中国互联网网络信息中心报告显示，网民使用手机和电视上网的比例逐年提升。移动互联网购物领域成为时下最热门的行业之一，跟PC端相比，移动端借助了移动互联网的优势，用户能随时随地上网购物。（原文给出了详细的数据图表，极具说服力，这里考虑到篇幅原因做了省略处理）

2.1.3　市场需求描述

对于DIY服装行业，主要的目标用户为个人、学校社团、社会组织等，因此将市场分为个人用户与团体用户。

1. 个人用户

个人用户进行定制主要是为了设计出与众不同、符合个性的另类服装，避免在服装市场中海淘。个人用户在当下的市场中占据的比例并不大，但是随着个性化的愈加突出、表达自我的意愿愈加强烈，个人用户将会占据更大的市场份额，更多的个人将会加入DIY服装行业。

2. 团体用户

对于学校社团和社会组织等团体用户来说，DIY服装的主要目的是设计团体文化衫，展现团队精神和面貌。随着社会文化的发展，学校、单位、公司愈加注重整体的氛围文化营造，团队文化成了一个团体的脊梁，而文化衫正是体现团队文化的一个很好的方式。在如今的市场中，团体用户占据了大部分，而且需求量非常大（说明团体用户是DIY服装的消费主力军），但是他们面临的最主要的问题就是找不到合适的商家和做不出满意的设计。同时，如今的DIY服装行业中，还未出现知名商家或品牌，各商家占据着各自极小的市场，以此生存（通过说明DIY服装市场存在的问题，证明市场有较大发展空间）。因此DIY服装市场仍有很大的发展空间。

2.2　宏观分析

运用PEST分析法（PEST是政治、经济、社会和技术4个单词的首字母缩写，是常用的市场背景分析方法），从宏观环境即政治、经济、社会、技术4个方面对行业的战略背景进行分析。

2.2.1　政治环境分析

我国现行法律、法规及政策对服装行业的准入尚无具体针对性的规定。

结合服装行业的具体情况，在该行业经营过程中涉及的法律、法规及政策包括《中华人民共和国公司法》《商业特许经营管理条例》《知识产权法》《零售商促销行为管理办法》等。这些法律、法规、政策均鼓励服装公司发展品牌，鼓励建立连锁经营模式，鼓励农村市场消费的升级，维护公司的合法利益，有利于公司的发展。（从税收和各种政策支持来说明DIY服装行业有良好的政治环境）服装方面的具体法律、法规如下。

《中华人民共和国企业所得税法》第二十七条规定，公司"从事农、林、牧、渔业项目的所得"免征、减征公司所得税，为纺织产业建设优质棉纱、棉布和棉纺织品生产基地，棉花、麻和蚕丝等农产品初加工产业提供了政策支持。

《关于加快推进服装家纺自主品牌建设的指导意见》提出："支持自主品牌服装、家纺公司提高研发设计能力，建立公共研发设计平台，在信息、人才等方面向公司提供帮助，提高公司核心竞争力。……

"建立新型银企关系，引导金融机构创新商业运作模式，鼓励服装、家纺企业利用自主品牌作抵押，依法依规向金融机构融资，探索建立公司自主品牌信用担保制度；鼓励符合条件的自主品牌服装和家纺企业上市、发行债券，利用资本市场直接融资；鼓励企业以自主品牌为纽带进行并购重组。……

"加强跨区域服装、家纺自主品牌和自主知识产权保护的协调工作；加强涉外知识产权保护，逐步建立涉外知识产权纠纷预警应对机制；加强对合资合作过程中服装、家纺自主品牌的保护和管理，国外资本收购兼并我国重点品牌应经有关部门批准，防止自主品牌被恶意收购；加大对服装、家纺行业商标专用权行政保护力度，适时开展服装、家纺行业市场专项整治活动。"

2.2.2　经济环境分析（重点从社会的经济增长率和民众的可支配收入方面反映市场整体环境）

经济环境是宏观环境中的一个影响因素，是指公司生存和发展的社会经济状况，即国家的经济政策。一个国家的经济状况会影响具体产业和公司的表现，所以经济环境对公司的生产经营活动有着更直接、更显著的影响。

1. 经济增长率

2008年金融危机以来，我国的经济增长有所减缓。这场金融危机给我国的服装产业也带来一定的影响，因为在宏观经济低速发展或停滞、倒退的情况下，市场需求增长很小甚至不增加，公司的发展机会就减少了。尽管服装是日常生活必需品，但是在经济危机下，人们的可支配收入减少，这会导致人们缩减需求，减少对服装的购买。换句话说，人们对服装的价格更为敏感，会避免选择高价位的服装，这对高档次的服装业造成了一定影响。

尽管我国的经济在不同程度上受到金融危机的影响，但是政府采取了适度宽松的货币政策和积极的财政政策促进经济的发展，也取得了一些成效，经济增长率有所回升，这有利于服装行业的发展。

2. 可支配收入

可支配收入决定了社会和个人的购买能力，因此居民的可支配收入越多，一国的经济越发达，也表明该国的居民购买能力越强，这还牵扯到可支配收入的支出模式问题。当居民的可支配收入增加，表明居民的生活水平提高，对生活品质的追求也提高。随着我国经济的稳定增长，国民的收入也在提高，而个税起征点的上调更是使居民的可支配收入提高。人们追求更高品质、更个性化的服装，这为我国DIY服装行业的发展提供了机遇。

3. 利率和汇率

国家采取了积极的财政政策来拉动内需、促进消费，银行可贷款增加，鼓励公司发展。由于利率影响着用户对产品的需求量，当利率较低时，用户愿意通过借入资金来购买产品。服装属于生活必需品，因此利率的下调对居民购买服装产生的影响不大。然而，利率的下降表明公司的资本成本降低，有利于公司进行投资。在此种经济环境下，服装行业可适当地扩大规模，赢得规模效益，或者转向其他投资领域，增加公司的收益，为公司的发展拓宽道路。（通过直接说明利率的影响，反映出对公司未来的一些规划）

自金融危机以来，迫于各种压力，人民币不断升值，这使我国的出口遭到一定的打击，但是进口的能力增强，这对我国的公司造成了相当大的影响。由于服装是生活必需品，我国的服装物美价廉，有广阔的海外市场，在海外销量大，汇率对我国服装行业的影响并不是非常严重。但是由于人民币升值，服装行业的销售利润下降了，这在一定程度上影响了我国服装行业。研究显示，人民币每升值1%，纺织行业的销售利润率就下降2%～6%。（利用数据直观说明汇率对市场的影响）

2.2.3　社会环境分析

社会因素通常体现在文化方面，包括教育环境、文化环境、地理环境等因素的影响。

1. 教育环境

随着我国教育的普及，"80后"接受高等教育的人数越来越多，中国的年轻人在接受了系统的德、智、体、美教育后，在中西文化的碰撞之下，一般都会形成个人的审美观及品位。同时教育中愈加强调个性的展示，影响了中国年轻人对个性化的追求，使得当代年轻人更加注重个性。

2. 文化环境

全球化趋势及互联网技术的普及，使当代年轻人接收了更丰富的资讯。在个性化的社会中，当代年轻人更愿意通过外在的装饰直接地展示自己的个性，作为不同个体的象征。尽管如今的服装依然以大众化和品牌化为主，但是年轻人越来越希望拥有独一无二的服装及潮流的搭配。同时，当代组织、企业愈发注重团队文化的营造，愿意定制文化衫，让团队拥有鲜明的标志，展示出团队的精神和面貌。（个体的个性化和公司的团队文化都成就了DIY服装市场）

3. 地理环境

东部沿海地区是我国经济最为繁荣的区域之一，尤其江浙沪等地不仅地理位置优越，而且历来是中国纺织服装的重要基地。东部纺织服装批发市场总体现代化程度高、硬件设施先进、商业街规格高、配套设施齐全、贸易额名列前茅（这里说明了地理位置带来的优越性），至今东部地区的纺织服装经济依然保持着惊人的活力，一派"商机"昂然。

南部地区坐拥珠江三角洲，得益于地理环境、自然资源、资本能力及政策的优势，南部地区的纺织服装市场的经济地位正在逐步攀升。

2.2.4 技术环境分析

现如今，服装DIY行业面临的最主要的技术问题是设计水准不高及面料质量不佳。（主要从技术痛点的角度来说明市场具有发展空间）

1. 缺乏自主的设计风格

服装设计是国内服装公司普遍的软肋，许多公司缺乏个性化自主的设计风格。我国的服装设计水准还有待提升。同时国内公司一直以来都缺乏完善的设计师培养机制，而很多有才华的设计师更愿意自创品牌或成立设计工作室，这使得许多人才无法更好地在公司中创造价值。

2. 产业链的不健全

面料是服装产品的关键，但目前处于产业链上游的国内面料供应商较国外的面料供应商还有比较大的距离。我国面料的研发能力不足，高品质的面料大多依靠进口，这也直接制约着整个产业水平的提升。（说明面料生产技术落后是制约行业发展的关键因素之一）

然而随着"快时尚"的理念大行其道，大量新技术，无论是物联网技术、程序开发技术，还是人工智能技术等都正在影响着DIY服装行业。（以下内容说明高新技术给服装行业带来的好处）

1. 物联网技术

随着物联网技术的快速发展，电子商务已经渗透到当今中国人的日常生活中。电子商务的发展促进了贸易的发展，尤其是作为日常必需品的服装来说，网购的方便迅捷让服装的线上销量不断创新高，甚至威胁了线下店面的经营。

2. 程序开发技术

如今移动端的发达程度已经越来越超乎人类的想象，随着我国程序开发技术的提高，在移动端进行服装DIY平台的开发已经不再是一件不可能的事情。而且随着用户体验感的不断增强，平台的设计及体验将更加人性化、个性化。让从自主设计到成衣的过程不仅成为可能，而且能以极快的速度进行，更加满足人们在服装上的选择需求，同时平台的人性化服务也会让用户得到更满意的个人DIY服装。

3. 人工智能技术

随着大数据时代的来临，人工智能的发展必将影响用户的线上购物体验。将人工智能技术与自主设计平台相结合，我们将更容易把握用户的设计理念，使其设计的可实现程度更高；同时也方便用户进行各项个性化选择，加快流程，提高盈利能力。

2.3　微观分析

通过波特五力分析法，可以了解公司与同行之间的竞争格局，从而得出行业的基本竞争形态。当前私人定制项目增长迅速，业内各企业对市场份额的争夺激烈，竞争能力大抵相当。

2.3.1　同行业之间的竞争

对于DIY服装行业来说，现有的竞争者趋于多元化，包括专业类服装定制、高端服装定制、网上商家及个人商家等。

专业类和高端服装定制着眼于专业人士及高端人士的服装定制，对于我们以文化衫为主打的定位（这里说明了公司产品的总体定位方向）并不会造成较大的威胁。而且这两类服装定制行业的发展时间较长，形成了较系统的管理理念和运营模式，有许多可以让我们借鉴的地方，我们可以从中学习适用于文化衫定制的特点，如量身定制、高品质等。

针对网上商家，尤其是大型电商平台上的商家，其最大的优势在于拥有大平台的免费宣传，可以较快地占领市场；而且由于价格低，对于一些追求低价的用户有足够的吸引力，但是其在沟通及质量方面，往往达不到用户的要求。（分析了网上卖家的竞争优势和劣势）

针对个人商家，一般是以关系推荐为主，其用户群的形成往往是通过亲朋好友相互推荐。这类竞争者的销量有限，但在设计和沟通方面较为细心和耐心，易取得用户的信任，性价比较高，因此他们是一个对我们来说较大的竞争群体。（分析了个人商家的竞争优势和劣势）

2.3.2 新进入者的竞争

针对我们集自主设计和快速下单为一体的平台，该平台的开发和研究是我们的一项技术优势（说明公司拥有技术壁垒来应对新竞争者，这对投资人来说是一针强心剂）。同时，我们还将引进"画手"及客服等人性化服务，让用户在设计环节和制作环节得到便利。然而，由于DIY服装行业的准入门槛低，并且平台开发的模式极容易被其他竞争者复制，所以我们的经营也会受到一定的威胁。（客观分析了可能的威胁）

2.3.3 替代品的竞争

在如今的日常生活中，人们往往穿着的依然是品牌化和大众化的服装，从淘宝货、"网红"货到知名的快消品牌例如H&M、ZARA、Uniqlo等国外品牌服装，再到定位精尖的中高端品牌服装。由于拥有品牌效应、质量保证，因此许多品牌化和大众化服装依然受到大多数用户群体的依赖。但是其最大的问题就是设计和款式的千篇一律，特别是设计的图案尽管丰富多彩，但是真正得到用户认可的往往只有有限数量的设计款式，从而造成了"撞衫"现象，这也是让用户烦恼的问题。因此对于DIY服装，在质量有保证并做出品牌之后，自主设计将会成为吸引用户的一大亮点，这是与替代品进行竞争时的独特的优势。

2.3.4 供应商的议价能力

由于我国拥有众多面料供应商，而且其产品质量参差不齐，对于供应商市场，我们存在较大的主动权。我们主打的是质量佳的面料，因此在众多面料供应商中可以筛掉大部分商家；而且在珠三角新兴纺织业发展的情况下，进行了公司的升级特别是转变发展路线，即走绿色可持续发展道路的商家，将成为我们的目标供应商（有针对性地选择合作的供应商，能够为产品提供质量保证）。在价格方面，可以通过与供应商建立长期合作的关系，达成共识，互惠互利。

此外，在T恤定制项目中，涉及T恤的制作，而通常这部分服务都是由平台负责人以中间商的角色与生产厂商进行沟通，因此与材料提供者就价格进行的沟通就显得尤为重要。服装行业的价格波动受宏观经济政策及市场风向的影响比较大，这就要求DIY服装行业从业人员对于项目的动态成本要及时掌握、及时预警，避免陷入被动局面。在项目发展初期可以与一家固定厂商合作，以最大限度地降低成本、控制风险。

2.3.5　用户的议价能力

价格敏感度、议价能力是决定买家议价能力的基本因素。前者主要取决于产品在买方成本结构中的重要性。当产品占大部分成本时，买家就会倾向于选择成本更低的替代品。iMake定制平台由于目标用户群体在高校学生组织、公司团队及年轻人之中，服务内容及价格设定不会与目前的市场情况相差太多，因此用户的议价空间相对有限。用户消费水平处于社会中等层次，其对于价格的敏感程度相对不高，而是更加注重产品的质量以及是否满足自己的要求，比如衣物的设计是否新颖独特。但同时，随着行业竞争的加剧，"价格战"也许会成为DIY服装行业未来发展难以攻克的一道难题；并且也难以阻止部分用户"货比三家"，进而选择价格更低廉的私人定制公司，这会导致市场竞争愈发白热化。

用户最关心的是自身的切身利益以及付出和回报是否成正比。因此，我们在提高服务效率的同时，更应该提高服务质量，通过个性化咨询和协助设计的方式，提升用户的体验感。还要以最佳的面料，让用户得到满意的成品。针对用户逐渐形成的网购习惯，完全通过线上定制的方式，并借助品牌效应，可以让用户在网购中得到便利快捷，同时也得到质量的保证。还可以通过分享和优惠的方式，吸引新的用户、巩固已有的用户群体，让用户在DIY过程中，获得喜悦感和成就感，使自己梦想的设计成为现实。

点评 本部分对行业和市场进行了详细分析，充分证明了DIY服装行业未来有巨大的发展空间。文中首先通过对行业的发展状况和趋势进行分析，让投资人对这个行业有更深入的了解，然后分别利用"PEST分析法"和"波特五力分析法"从宏观和微观的角度对市场和行业进行了分析，整个内容语言组织能力较强，逻辑清晰，能够让人信服。稍显不足的是提供的案例或数据较少，无法进一步提高观点和结论的可信度。

第三章　用户分析

3.1　用户调研数据

为了有效确定T恤定制市场的容量，准确把握目标用户的需求特点、产品偏好、目标价格和行为特征等方面的情况，我们针对T恤定制开展了市场问卷调查。为了保证采样数据的代表性和客观性，我们将问卷调查分为网络问卷调查和当面问卷调查两种调查形式。

对于网络问卷调查，我们使用"问卷星"设计问卷，利用微信、QQ等平台发布问卷。而对于当面问卷调查，我们在公园、小区、商场进行当面随机调查，力求保证数据的客观性。

目前为止我们共收集到456份问卷。本次具有多样性和随机性的问卷调查为iMake的用户分析提供了真实可靠的数据来源。（强调数据来源丰富多样，调研数据真实可靠）

3.2　用户结构分析（通过性别和年龄属性分析用户构成）

3.2.1　性别构成

在拥有定制T恤的被调查者中，男女比例分别为48%和52%，性别分布较均衡，男性和女性在定制T恤上差异不大。因此，iMake在设定目标用户时不必考虑性别因素。

3.2.2　年龄构成

在拥有定制T恤的被调查者中，15～25岁的年轻人占最大比例，其比例为48%，该部分人群多为大学生和中学生；而25～35岁的占了34%，该部分被调查者的定制T恤应该以公司文化衫为主；15岁以下的占了18%，该部分被调查者应多为中学生，应该以校服居多。

3.3　用户需求分析

3.3.1　数量分析

根据调查数据，在拥有定制T恤的被调查者中，多数人有不止1件定制T恤，40％的被调查者共有2件定制T恤，27％的被调查者有3件或以上数量的定制T恤。可以看出，定制T恤的需求量应该还是比较大的，猜测原因为不少人有2个以上的组织或社团，因此会有较多的定制T恤。（说明超过半数的有定制T恤的用户拥有多件T恤，需求量较大）

3.3.2 用途分析

在拥有定制T恤的被调查者中，T恤为班服、学生部门社团服的分别占了30％左右，其次为公司文化衫。因此iMake的市场应该主要瞄准班服、学生部门社团服，其次应瞄准公司文化衫。（再次验证团队用户为主要消费群体）

3.3.3 目标价格

在有关T恤价格的调查中我们得出，大部分用户可接受的价格为40～60元。低于40元会使用户在质量方面产生顾虑，高于60元对于T恤商品本身来讲价格偏高，性价比较低，从而导致我们在价格方面同其他厂商相比没有竞争力。

3.4 用户行为分析

3.4.1 购买渠道

根据调查数据可知，接近一半的用户通过淘宝等平台定制T恤，其次为微商平台及熟人间相互介绍。较少人会通过实体店购买、自己印制或其他渠道，一则成本较高，二则不够便捷。由此可见互联网有望成为定制服装的一个主要平台。（验证移动端T恤在线定制平台的建立是合理且有潜力的）

3.4.2 看重因素

通过调查数据可知，质量仍是大多数人最为看重的因素，其次为价格、品牌、款式及图案设计。因此，要想将项目健康发展下去，首先应保证产品质量，在高性价比的情况下建立品牌，打好用户基础，增大品牌影响力以方便以后更好的发展。（明确发展策略）

3.4.3 心理趋势

在调查中我们发现，有很大一部分人是有意自主设计服装的，有1/3左右的用户则没有此意向。这说明iMake的自主设计平台是符合广大用户心理需求的，也是我们在行业内竞争的一大优势。（展现竞争优势）

3.4.4 定制门槛

大多数被调查人员认为自主设计服装的主要困难在于技术，即绘画和制图问题，23％的用户认为自己创意不足，14％的用户与厂商交流存在问题。所以在iMake平台的开发中，我们应注重平台的美术制图功能，使其通俗易懂，并配有专门的设计师来帮助用户达到最好的设计效果。（平台设计侧重用户创意的轻松实现）

3.4.5 可能性评价

调查结果显示，有1/3左右的被调查者持中立态度，有约40％的人有较大意愿接受新型的自主定制T恤渠道。因此，iMake仍有较大希望在市场上立足。

点评 本部分对定制T恤的用户做了调查分析，通过详细的数据分析用户的构成、需求和行为情况，分析结果为产品定价、发展策略、平台设计等提供了重要的参考价值，从而为公司的产品增加了竞争优势。

第四章 竞争分析

4.1 竞争环境分析

随着近几年来"互联网＋相关产业"的全新组合，一些行业面对线上定制这一新兴概念已经从原有的迟疑态度慢慢转变为积极态度，普遍开始以互联网为工具，进行优化转型并不断创新。

在线T恤定制不仅涉及T恤行业生产制造的技术革新，更多的是面对用户"B2C"的商业模式。用户通过平台自主设计定制使购物更加自由，但与此同时，传统的T恤定制渠道仍占有较大的市场份额。因此，对于线上平台来讲，如何宣传推广、积累资本显然是项目启动初期需要着重解决的问题。

4.2 主要竞争对手分析

4.2.1 直接竞争者

由于iMake是基于移动端的定制平台，目前定制平台仍基本存在于电脑端或线下定制，因此对iMake而言，目前仍未出现直接竞争者。（向投资人透露项目目前并无直接竞争者，可以抢先进入市场获取市场份额）

4.2.2 间接竞争者

当前的间接竞争者主要有：淘宝T恤定制、校园代理、实体店。

1. 淘宝T恤定制

淘宝有非常多的T恤定制店家供用户选择，这也是比较常见的T恤定制渠道。淘宝店家的定制也非常方便，但是一般标准由卖方决定，T恤质量也参差不齐，缺少自由度和创意。

2. 校园代理

校园代理主要通过同学、朋友等关系网推广，易获得用户信任，推销成功率也非常大。通过校园代理定制也相对方便，但是校园代理的宣传力度仍然不足，不少校园代理无法进行好的宣传，只是局限在直系同学、微信好友圈内宣传。

3. 实体店

实体店的竞争优势体现在可以亲身体验定制T恤，但是由于实体店覆盖范围非常小，对定制用户而言仍然非常不方便。（详细说明了3种间接竞争者的优势和劣势）

上述竞争者的存在时间都较长，不少用户更愿意继续选择这些传统模式。这对于自主定制项目而言，也是一个不小的威胁。

另外，替代品的出现，导致iMake定制必须要采取一定的措施，如最大化地突出本身自由方便的特色、提升项目质量等，不采取措施的消极做法只会使得自己的市场份额及利益被削减。而人们的个性化定制需求的不断增长，为定制服务提供了广阔的发展空间，因此在替代品方面的威胁还是相对可控的。（说明替代品可控）

4.2.3　未来竞争者

任何新的商业模式一旦成功，必将有大量复制者出现，未来市场上必将出现越来越多的竞争者，并且呈井喷式增长。

对于iMake来说，一旦成功，将出现越来越多的类似的移动端T恤在线定制平台，市场份额缩减，"蛋糕"会越来越小，这势必会对公司的经营业绩造成影响。

因此我们必须要抢占先机，先发制人，为日后的白热化竞争打下坚实的品牌基础。（对未来竞争采取树立品牌的策略）

4.3　项目SWOT分析（自身的竞争优势与劣势分析）

4.3.1　内部优势

iMake拥有优秀的大学生团队、前瞻性的创作理念，更贴近大学生活，了解大学生市场需求，必能探索出一条全新的发展之路。

1. 技术优势

iMake在线定制平台熟悉行业前沿的设计理念，并能够把这些具有前瞻性的设计思维运用到具体的项目中。团队成员过硬的专业技能也让iMake能够从容应对各种难题，在竞争日益激烈的行业发展中立于不败之地。（技术优势展现不够充分，可以从设计理念、取得过的成绩等方面加以适当补充）

2. 资源优势

iMake在线定制平台可以通过与一些较大的制衣商进行合作，拓展优质的用户资源。（资源优势未体现出来，可以列举一些正在治谈合作的商家及治谈的进程）

3. 项目商品的差异化优势

全新的定位和突破性产品设计能够更快地引起顾客的关注。项目不片面地追求"高大上"，其目标在于打造出一个能够让人真正认可的定制服务，用户可以完全根据自己的想法来设计T恤，轻松获得一件独一无二的T恤。

4.3.2 内部劣势

就目前的市场情况来看，淘宝店商及校园代理T恤定制仍占据了市场的主要份额。iMake处于起步阶段，行业属性及消费观念并不成熟，宣传推广方面需投入较大的成本以增大市场份额。由于iMake是一个互联网模式的新型平台，所以对技术人员也有一定的要求，在平台不断发展的同时也要注重对人才的挖掘与培养。

4.3.3 外部机会

由于当前社会各界都在追求个性化发展，定制行业发展势头良好，近几年持续表现出色，大大增强了开发商和用户的信心，iMake在线定制拥有非常广阔的前景。目前国内的制衣行业良莠不齐、鱼龙混杂，在优胜劣汰的市场生存法则中，相信iMake能够脱颖而出，成为业内的佼佼者。

4.3.4 外部威胁

未来两三年内，在线定制服装项目市场的竞争，将是全方位的综合素质的竞争，仅凭一两个卖点赢得用户的可能性不大。也许会有不少公司在用户日渐理性的过程中被市场所淘汰，未来的市场竞争将趋于白热化，谁胜谁败，取决于实力与创新意识组合的巧妙程度。用户越来越理性，项目竞争综合素质越来越高，竞争对手不断增多，无疑会成为iMake的最大威胁。（客观地分析了未来的竞争环境，并点明了最大的威胁来自竞争对手及其不断增加的数量）

4.4 竞争策略

结合上述的SWOT分析，我们提出了以下战略，以做到充分利用市场机会，发挥产品优势，避免自身劣势，提升威胁应对能力。

4.4.1 SO战略（即"优势＋机会"组合）

iMake在线定制应该充分发挥其本身的资源优势并抓住机会，与拥有较多资源的校园代理进行合作，为较大的群体推广定制服务，以快速提升公司的业绩及市场占有率，快速地抢占市场，从而使iMake在线定制的知名度进一步提升，逐渐培养起一个固定的私人定制消费群体。（最优发展战略）

4.4.2 WO战略（即"劣势＋机会"组合）

人才是公司的生命力，是公司在市场竞争中立于不败之地的关键与根本动力，iMake本身一直以来对人才就十分重视。平台处于起步阶段，缺乏专业人才，行业属性及消费观念并不成熟，在培养与稳定用户群体上必然会花费大量的时间。因此引进人才，不断地挖掘、培养精通市场营销的优秀人才，才是有效避免劣势、充分利用市场未来发展机会必须要长期坚持实施的重要措施。（抓住机会培养更多的人才，回避弱点）

4.4.3 ST战略（即"优势＋威胁"组合）

在多元化战略中，应该充分发挥公司的品牌优势，拉开与竞争者的产品价值距离，这方面应该要从产品的定位及消费群体的定位上进行确定；充分发挥本身的技术优势，设计更多体现自身特色的个性化、人性化产品，让竞争对手难以赶超；另外，还应该关注用户群体需求的不断改变与提升，充分发挥人才优势，不断更新平台功能，运用更多的资源优势以拓展并稳定用户群体。（充分利用优势来减少威胁）

4.4.4 WT战略（即"劣势＋威胁"组合）

在防御战略中，应该尽可能地避免自身的劣势与短板，做好人力资源规划工作，提升公司的人才质量，提升公司产品的质量与个性化程度，与竞争对手拉开差距，培养出更多喜欢iMake在线定制平台的用户群体。（采取收缩战略，培养人才，提升产品质量，为后期发展找到机会）

综上所述，iMake在线定制平台应选择增长型的SO战略，把握独特的技术和设计优势，大力宣传私人自助定制理念及公司的方针，为用户提供优质的设计服务，全方位协助用户定制。通过自身的优势不断扩大市场份额，增加受众人群，帮助用户认识私人定制理念，使自助定制服务深入人心。在同行竞争中，要懂得在合作中竞争，借鉴校园代理班服定制等经验，取其精华以取得更长远的发展。

点评　本部分对竞争情况做了全面分析，包括竞争环境、竞争对手、自身的竞争优势和劣势、竞争策略等。特别利用了SWOT分析法对自身的优势、机会、劣势、威胁进行了分析，并最终找到了适合公司发展的竞争战略。

第五章　营销计划

5.1　市场细分和定位

5.1.1　市场细分

在线T恤定制平台的主要细分市场可根据以下5个标准进行划分（只有先进行市场细分，才能更准确地找到目标市场）：根据身份的不同，可以将用户群体划分为学生、公司员工、其他组织等；根据定制T恤的具体用途不同，可以将用户群体划分为举办活动、广告宣传、提高凝聚力、日常穿着等；根据定制T恤的穿着频率不同，可以细分为一次性、低频、中频、高频；根据用户的收入情况不同，可以细分为高端消费群体、中端消费群体、低端消费群体；根据用户的年龄结构不同，可以细分为青年群体、中年群体、老年群体。

5.1.2　目标市场选择

本项目的潜在用户数量巨大，未来的市场容量十分可观。但是从以上市场细分的主要细分变量来看，本项目应该确立如下目标市场。

1. 学生组织

主要包括大学生组织和中学生组织，具体为学生会、社团等学生组织及其内部部门。如今各学校都在促进学生全面发展，活动举办得越来越多，学生组织也越来越多，大多数的学生都加入了学生组织，部分能力较强或热爱活动的学生还会参加两个或两个以上的学生组织。基本所有学生组织都有服装定制需求，而且由于招新换届，定制的服装每年都会更换，这意味着学生组织是一个非常庞大且源源不断的市场，也是我们最主要的目标市场。（学生市场需求量庞大，是合适的目标市场）

2. 公司员工

不少公司都有各自的公司文化，公司文化底蕴深厚、充满活力的公司往往会有自己的公司文化衫，如苹果公司统一的深蓝色员工服、小米公司的小米T恤等。公司文化衫对一个公司来说用处非常广，在展会、发布会、年会等活动都能统一服装；对于实体公司，员工在店内统一服装更是非常有必

要。（公司文化衫市场也是需求量庞大的又一重要目标市场）

3. 个人

部分用户热衷于通过定制T恤表达情感，如亲子衫、情侣衫等，就是最具代表性的定制T恤。

5.1.3　市场定位

1. 产品定位

iMake主要有设计和下单功能，产品追求操作的简便和流程的清晰，力求降低定制门槛，为用户提供更方便的服务。

2. 公司定位

一流的T恤定制平台。

3. 竞争定位

较竞争产品而言，iMake的定制过程简单且清晰，无须任何设计基础、无须后期操作，在移动端即可轻松完成整个定制流程。

4. 用户定位

iMake的目标用户群定位为学生组织、公司员工。（通过对产品、公司、竞争和用户进行定位，可以明确未来的发展规划和目标）

5.2　营销组合策略

5.2.1　产品策略

产品是公司的核心，也是首先需要解决的营销组合策略问题。如果产品无法满足用户需求，那么所有的其他策略都将白费。设计模块产品策略有如下几点。

1. 突出定制过程的方便（突出产品在使用上的优势）

iMake的一大亮点在于定制过程十分方便，在移动端网页和App中，即可进行定制。在App平台中，用户初次使用时会自动打开引导页面，引导用户使用不同功能进行设计。

2. 倡导T恤设计的简洁美（突出产品创意上的优势）

虽然平台提供了众多设计功能，但若是将全部设计功能都用上，最后的设计会太过花哨，少量的设计元素往往能给人更多的美感和遐想空间。苹果员工服和小米T恤等都是很好的例子。

在用户的设计过程中，平台将自动计算用户添加的元素数量，当元素过多时会给予用户提醒，建议其使用简洁的设计。

3. 保证T恤的质量（突出产品质量上的优势）

选择合作厂家时，和厂家做好沟通，保证T恤做到如下几点。

◆裁剪科学：T恤的裁剪需符合人体的生理曲线，大多数人能在iMake上找到合适的尺码，不会出现衣服过长、袖子过短等问题。

◆面料舒适：面料成分应严格标注在标签上，穿起来不会出现过于贴身、缺少弹性等问题。

◆不掉色：尤其是深色衣服，不能出现掉色严重的问题。

◆印刷质量：印刷部分同样需保证质量，不能出现脱落、开裂等问题。

5.2.2 价格策略

T恤的定价受到厂商的制造和印刷费、物流费用、印刷方式和印刷面积等诸多因素的影响，iMake定制的T恤价格区间如下。

T恤价格为40～60元/件，一旦价格确定，在区间内影响价格波动的因素就是印刷方式和印刷面积（价格会根据这两个因素波动，但总体价格会控制在40～60元/件）。其中，印刷方式由顾客选择，平台会给出不同印刷方式的介绍；印刷面积在设计完成后可由平台自动检测。

5.2.3 渠道策略

在移动互联网的冲击下，电商的崛起已经将目标用户的消费习惯培养成追求快速、直接、便捷的模式。iMake作为一个在线平台，将以"B2C"模式进行直接销售。线上销售渠道为用户提供了清晰明了的定制模式和相对透明的价格模式。

但如今无论是哪个消费市场，当品牌经营到一定规模后，可能都需要开展线上和线下结合的模式。因此，当iMake达到较大规模时，我们会考虑在高校聚集的地方开设第一家线下体验店，为用户提供更好的体验，同时也可以提升促销效果。（最终发展模式为线上、线下相结合的模式）

5.2.4 促销策略

1. 微信朋友圈促销

微信促销具有非常高的性价比。我们将在微信公众平台发布iMake的介绍推文，用户转发推文并配上固定文字，10分钟后截图并发送给公众平台后台，即可获得优惠码。优惠码使用规则：每一件衣服可使用一个优惠码，在下单时填写优惠码即可减3元。（这里为前文提到的优惠码做了解释）

微信朋友圈促销主要通过朋友圈里的熟人传播，大家大多互为同学或同事，非常容易赢得信任。此外，还能增加微信公众平台的粉丝量，用户能通过公众平台直接进入iMake，有利于提升用户黏性。

2. 校园大使促销

各高校的校园大使负责其校内的宣传，形式包括但不限于张贴海报、派发传单、班群和朋友圈宣传等。同时根据当时的销售情况，适当发布优惠码进行促销。

3. 广告促销

在资金充足的情况下，我们会使用百度推广来进行促销，选择"班服""文化衫"等关键词作为广告链接，用户搜索关键词时，会有我们的广告信息，用户点击链接时，若为电脑端，则提示扫码打开iMake；若为移动端，将直接打开iMake平台。

点评 本部分对营销计划做了详细介绍。首先通过市场细分确定了目标市场，针对目标市场进行定位明确了未来的发展与目标；然后重点从产品、价格、渠道和促销等角度向投资人介绍了营销策略。各种策略有理有据，能够体现出一定的优势和可行性。

第六章 运营计划

6.1 人员管理和配置

6.1.1 组织架构

由于iMake公司属于初创型公司，因此管理架构相对简单。各主管带领各自的部门，由具体工作任务再细分出不同岗位，各岗位人员各司其职，公司业务得以有条不紊地开展。公司组织架构如右图所示。

1. 总经理

◆制定公司的经营计划，确保完成公司的年度经营目标。

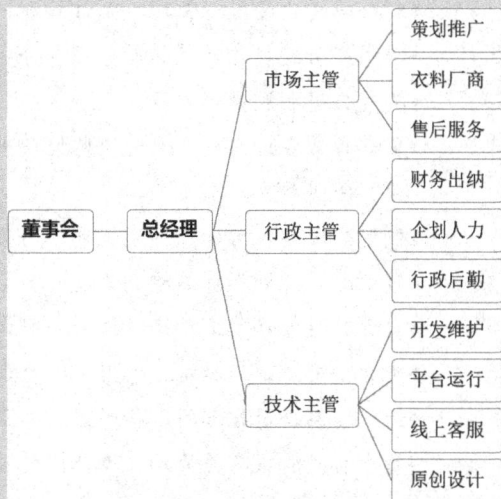

◆制定公司的年度财务预算、决算和投资方案。

◆制定公司的基本管理制度和发展战略计划。

◆代表公司出席各种公关活动。

2. 市场部

（1）策划推广

◆负责平台推广宣传，制定市场策略。

◆根据营销计划及公司实际情况，制订销售服务工作计划。

◆宣传新产品。

◆组织制定销售服务规章制度、工作流程及相关表格。

（2）衣料厂商

◆负责衣料制作厂商的管理。

◆与衣料制作厂进行沟通，包括公司的需要、衣服质量的改进、售后的评价及改进等。

◆负责出货数量的核实与出货质量的检验。

◆负责快递公司与衣料制作厂的交接。

（3）售后服务

◆与线上客服沟通，整理用户的建议或投诉。

◆与负责衣料厂商的工作人员沟通，处理用户的投诉。

3. 行政部

（1）财务出纳

◆对公司的资金进行管理，制订筹资、资金使用、资金管理计划。

◆提供公司的财务数据和财务报表分析。

◆提交公司利润分配方案。

◆负责日常会计工作、现金流监控及成本控制。

（2）企划人力

◆制定公司的人力资源发展规划，为公司发展提供适宜的人力资源。

◆负责薪资计划和员工福利政策的拟定与实施。

◆负责公司劳动用工年检工作和公司内部人事协调工作。

◆负责公司员工的招聘、录用、人员调配、离职工作。

◆组织编制公司各部门、各岗位的职责及各级人员的任职要求。

◆负责与政府及有关劳动人事部门的沟通与联系。

（3）行政后勤

◆制定各部门岗位职责、管理制度及有关标准。

◆贯彻执行政府及劳动人事主管部门的各项政策和劳动法规。

◆负责劳动纪律的管理工作和职权范围内的相关监督工作。

◆负责公司员工培训计划的编制、组织实施和管理。

◆负责员工的绩效考核。

◆做好用户的档案管理工作。

◆负责人事档案管理工作。

4. 技术部

（1）开发维护

◆将策划出来的活动在平台上做出来。

◆开发平台新功能。

◆维持系统正常运行。

（2）线上客服

◆向用户提供设计咨询、操作疑问等服务，解答用户提出的相关问题。

◆作为用户与公司原创设计"画手"的桥梁，耐心与用户沟通，细心记
  录并向"画手"传达用户需求。

◆用户回访，与负责售后服务的工作人员沟通。

（3）平台运行

◆整合主流社交媒体、主流电商平台。

◆平台页面美术设计，编辑平台页面内容。

（4）原创设计

◆按照用户的要求，进行创作、修改。

◆整理设计成品以便存档。

6.1.2　人员配置

人员配置如下表所示。

部门	职责	人数
总经理	决策及代表公司参加活动	1
市场部	策划推广	2
	衣料厂商	3
	售后服务	2

续表

部门	职责	人数
行政部	财务出纳	2
	企划人力	3
	行政后勤	3
技术部	开发维护	3
	平台运行	1
	线上客服	4
	原创设计	4

6.2 经营模式

iMake通过线上平台，让学生、公司人员、其他个人等不同社会角色轻松地参与文化服的设计，充分发挥了用户的积极性和创造性。除了通过平台功能自行画出图案，或给予额外的低额费用，由专业"画手"协助完成设计品外，用户还能通过平台上的下单功能直接下单定制已完成设计的T恤，极为便利。iMake将利用这种新型经营模式及良好的口碑效应，实现公司的可持续发展。（创新之处在于用户可参与进来共同完成T恤的设计制作）

6.3 平台发展规划

iMake的核心是"定制"。无论是用户的选择还是设计的过程，都注重以人为本，以人性化、独特性的设计凸显用户的理想风格，通过艺术性和实用性的高度统一，将满足用户的期待与实现商业价值完美地结合在一起。

6.3.1 前期

iMake为新设立的公司，因此前期的公司体制建立及软件开发为工作重点，综合各方面因素，前期实施进度如下。

公司注册→人员招聘→寻找制作衣服的厂商→平台上线及开发运行→市场拉升期→战略总结调整期。

（1）公司注册

设立公司及撰写商业计划书，拟定商业战略。

（2）人员招聘

在项目启动阶段，公司正式开始运作。招聘人员时特别注重"画手"的能力及技术部工作人员的能力。招聘后对工作人员进行公司制度培训，使其尽快熟悉公司和工作。

（3）寻找制作衣服的厂商

要求制衣厂商使用的面料质量好，款式较丰富。工厂位置合理，方便视察。工厂与公司的沟通无障碍，制衣效率高。

（4）平台上线及开发运行

注重平台页面的设计，要求各种功能开发到位。平台开发测试并上线运行，投入资源进行平台开发和大众市场培育，为平台业务进入爆发式增长做准备。同时，在上线运行期间，举办一系列宣传活动。

（5）市场拉升期

随着iMake线上定制平台的运营逐渐稳定，订单数量增长，公司业务将以运营顺畅以及定制周期、品质控制为重，不会盲目追求利润而牺牲商誉。期间，举办优惠活动，进一步扩大知名度。（可以看出团队人员并不好高骛远，而是脚踏实地，为提升质量和品牌知名度而努力）

（6）战略总结调整期

总结回顾iMake线上定制平台的执行情况，分析订单详情与反馈意见，根据平台运营情况及市场发展情况，制定下一阶段公司商业发展战略，以促进公司的进一步发展。

6.3.2　中期

中期实施进度如下。

改正前期工作的不足→中期动员→平台功能的升级→完善市场的推广→寻找新的制作衣服的厂商→战略总结调整期。

（1）改正前期工作的不足

根据前期战略总结调整期对前期工作的反思、分析和总结，改正目前工作中存在的不足。

（2）中期动员

通过员工绩效考核，给予员工奖赏或惩罚。策划并实施员工的户外实践，在放松心情的同时加深相互之间的感情，以轻松的心情迎接接下来的工作。

（3）平台功能的升级

要求技术部的工作人员升级平台功能，以适应逐渐增多的用户的需求。同时，着手思考新功能的开发。

（4）完善市场的推广

吸收前期的推广经验，制订更加完善可行的市场推广计划，特别是仍未进行过推广的区域市场和高消费水平的城市市场。

（5）寻找新的制作衣服的厂商

在已有的制作衣服的厂商的基础上，寻找其他区域内经公司质检合格的制衣厂。要求衣服质量好、款式较丰富，工厂位置合理、方便视察，工厂与公司的沟通无障碍、制衣效率高。（进一步通过选择优质的工厂来控制产品的质量和效率）

（6）战略总结调整期

总结中期工作的执行情况，分析系统功能升级后的订单详情与反馈意见，根据平台中期的运营情况及新的市场发展情况，制定下一阶段的公司商业发展战略，以促进公司的进一步发展。

6.3.3　后期

后期实施进度如下。

改正中期工作的不足→平台新功能的创新→新制衣厂进入下单功能中工厂的选择→进行回馈活动→植入广告→成熟期持续发展。

（1）改正中期工作的不足

根据中期战略总结调整期对之前工作的反思、分析和总结，改正目前工作中存在的不足。

（2）平台新功能的创新

开发平台的新功能（具体有什么功能可以简单进行介绍），吸引新的用户。

（3）新制衣厂进入下单功能中工厂的选择

中期已对其他区域的制衣厂进行招募与检查，在此基础上，在其他重点区域中各选择一间制衣厂作为新的制衣厂。同时，要求技术部人员在下单功能中新增工厂的选择选项。负责制衣厂管理的工作人员定期到各制衣厂进行质检。

（4）进行回馈活动

举办回馈抽奖活动或赠送福利活动，新老用户都能参与。

（5）植入广告

调查广告的来源是否正当，核实广告的真实性，接受一定数量的广告植入。

（6）成熟期持续发展

总结后期工作的执行情况，在iMake在线定制平台发展相对成熟的基础上，在保证原有工作正常完成的同时，追求创新、争取公司的可持续发展。

点评　本部分对运营计划做了详细介绍，其中涉及团队人员、经营模式和发展规划等内容。文中将组织结构和人员配置及数量都详细罗列了出来，说明公司已经将各事项都考虑得非常细致。发展规划也就前期、中期和后期等不同的阶段，详细说明了每个阶段的重要工作和目标任务。就发展规划而言，由于该初创公司的规模较小，制定这样的发展规划既有利于实施，也有利于及时调整，可行性和灵活性都较好。

第七章　财务分析

7.1　初步估算

7.1.1　费用估算

1. 场地租金

公司需要租用场地进行平台的开放和管理，场地需进行装修和改造，同时不排除每年的租金会有一定程度的增长。

2. 人员工资及费用

由于公司的属性，公司技术部需要较高水平的技术人员，所以技术部的人工费用水平相对较高，而其他部门的人工费用水平相对正常。为了提高员工的积极性，公司会根据员工绩效考核，定期对工作表现出色的员工进行现金或物资奖赏。

3. 固定资产折旧费用

固定资产系公司购入的机器设备，如计算机等，所有设备预计使用年限为5年，期末无残值，按直线折旧法计算折旧费用。

4. 管理费用

日常管理费用，包括办公费、差旅费及其他费用等，按销售收入的10%计提。

5. 财务费用

财务费用按照销售收入的10%计提。

6. 研发费用

研发费用按照销售收入的4%计提，研发费用包括市场调查、功能测试等各项活动的费用，不包括研发人员的工资。

7. 所得税率

根据国家要求和应纳税所得额缴纳所得税。

8. 市场推广费用

市场推广费包括技术支持、市场开拓、平台发布会、推广的差旅费、广告费等，合计按照销售收入的5％计提。

9. 售后服务费用

产品在销售后需要提供售后服务，若需承担责任，费用合计按照销售收入的3％计提。

10. 办公费用

公司所需的办公费用包含办公设备折旧、办公用品费用等，按照销售收入的1％计提。

7.1.2 营业收入估算

1. "画手"服务

每次申请"画手"服务需9.9元，一共可由"画手"修改两次。要求写清或画出简单的所需设计的图案；若用户未能做到，则不能退还"画手"服务费。

2. 批量定制衣服

与厂商签订协议，控制定制衣服的成本。每次用户批量下单定制衣服，所得收入部分由厂商所得，部分由公司所得。

3. 植入广告

植入经审核的广告，收取适当的广告费。

7.2 投融资计划

iMake是一家有限责任公司，计划注册资本为200万元，初创资金来自创始人投资和外部风险投资。具体股本结构与规模如下表所示。

股本来源	风险投资入股	自投资金入股	技术入股
金额	100万元	100万元	0
比例	40％	40％	20％

资金用于初创期和开拓期采购固定资产、市场开拓、产品推广和人工成本等。（清楚地说明了资金需求、股份占比、资金用途，但忽略了资金退出方式的介绍）

7.3 经营预测

7.3.1 未来5年收入预测

收入预测基于盈利模式展开，主要收入来源是"画手"设计费、服装定制和广告收入。

单位：元

项　　目	第一年	第二年	第三年	第四年	第五年
"画手"设计	834 335	4 465 473	7 712 433	8 817 256	15 086 903
服装定制	1 946 784	8 930 938	15 424 866	22 043 139	30 173 802
广告收入	0	1 488 488	2 570 812	13 225 883	30 173 802
收入总计	2 781 119	14 884 899	25 708 111	44 086 278	75 434 507

7.3.2　未来5年成本预测

项目的成本预测将影响iMake未来发展中的各项财务指标。对iMake未来5年的成本进行预算，目的在于让决策者能更有效地控制成本、更合理地使用资金。主要成本包括主营业务成本、管理费用、销售费用、财务费用等。为了保证成本数据的准确性和可信度，本项目在进行成本预测时在行业基本标准之上适当增加成本和费用，以期让公司现金流得到一个较好的保障，防控意外风险。

单位：元

项　　目	第一年	第二年	第三年	第四年	第五年
营业成本	625 616	717 616	916 216	1 140 016	1 230 416
营业成本合计	625 616	717 616	916 216	1 140 016	1 230 416
费用					
管理费用	691 527	2 980 166	3 656 469	4 327 035	5 341 018
销售费用	2 651 058	1 748 009	3 138 874	3 787 318	4 928 167
财务费用	12 267	22 727	33 789	44 851	55 914
费用合计	3 354 853	4 750 902	6 829 132	8 159 204	10 325 099
税金及附加	3 603	19 419	73 190	849 920	924 227
共计	3 984 072	5 487 937	7 818 538	10 149 140	12 479 742

点评　本部分对财务情况进行了分析，包括费用估算、收入估算、投融资计划和经营预测等内容。具体来看，费用估算和收入估算仅仅罗列了相关的费用项目和收入项目，并未提供准确的具体数据；投融资计划对资金的需求和用途以及股份占比等内容做了说明，但缺少风险资金退出方式的介绍；收入预测和成本预测的数据看上去比较有吸引力，但还需要进一步佐证。

第八章 风险分析

8.1 市场风险及其对策

8.1.1 市场风险

iMake定制平台被模仿度高，会有其他公司在看到iMake班服定制平台的成功后跟风模仿，因此需要有完善的知识产权保护，以降低市场风险。

在新的细分市场建立信誉度不是一件易事，只要有一个质量或服务的环节出现差错，都会给公司带来市场风险。同时公司也不可避免地受到宏观经济政策、不可抗力等因素的影响。

外部经济环境的形势不好，可能导致用户消费水平下降及消费能力降低，导致平台的销售情况不佳，无以为继。（说明进入门槛、信誉、政策环境、经济环境对市场有很大影响）

8.1.2 市场风险对策

公司在面对市场风险时，应当充分发挥自身的竞争优势，从开发平台新功能的环节到找制衣厂的环节，都要坚持质量第一的严谨作风。坚持以用户体验为中心的原则，定期维护、更新线上平台的功能。

定期做市场调查，收集用户需求，并且找到适合用户的衣料，积极响应消费市场的变化需求，保持品牌理念和发展理念的新鲜度。

坚持提供高品质的文化服，定期收集用户反馈并制成链接，可让新顾客查看，提高平台的信誉度。公司不仅要重视产品的服务，而且要在流程中的每一个环节都贯彻用户服务理念，提高平台的竞争力。

在努力开拓市场的同时，建立完善的市场信息反馈体系和有效的服务体系，及时了解用户的体验感受，使平台管理工作人员与平台用户的互动能够更贴合实际，提高用户对公司的忠诚度。（把好质量关应对市场风险，通过提升公司的品牌形象和信誉来培养忠诚用户以降低市场风险）

8.2 经营风险及其对策

8.2.1 经营风险

成立初期资金投入较大，如果业务没能按预期开展，导致销售量不足，将可能面临资金链断裂的风险。（资金链断裂是初创公司最常见的经营风险之一，会导致公司破产）

初期可能无法投放大量广告，只能通过相应的自媒体宣传来打响平台的知名度。因此需要积极拓展多种营销渠道，准备多种营销方案。

在创新型营销方式下，产品的质量及品牌的理念，还有第三方鉴定合作单位的不可控性都会给公司带来经营风险。

8.2.2　经营风险对策

不断增强核心竞争力，利用自己的优势资源，以现有的其他公司的优势作为参考，指导制定公司的发展方案及趋势走向，及时调整自己的产品策略，使之不断贴近市场的需求。

坚持以用户体验为中心的服务策略，做好每一个环节的工作，认真应对用户需求反馈，并及时解决用户提出的问题，不断优化服务水平。

利用平台为用户提供设计与制作"一条龙"服务的优势，实实在在地把握住用户的需求，提高营销活动的针对性。为保证销售量达标及持续增长，有必要经常调整营销活动策略。

公司主要营销渠道的建设是保证经营风险可控的关键点，优秀人才在这个过程中是重中之重，因此应从人力资源规划的角度让员工成为公司的合作者、决策参与者，让员工得到有效的激励和发展。（重点放在人才培养和使用上，通过加强团队能力来应对经营风险）

8.3　技术风险及其对策

8.3.1　技术风险

iMake非常依赖于HTML和App的移动端平台，一旦技术上出现了问题，轻则影响生产环节的畅通，重则影响订单的交期，导致违约。

技术风险主要存在于开发过程和运行过程，开发过程若出现问题，会影响项目的启动时间；运行过程若出现问题，则会影响项目的正常工作开展。

8.3.2　技术风险对策

对于开发过程中的技术风险，iMake在项目的准备期会将大部分精力放在技术开发上，力求开发得更完美、少出技术漏洞。在平台测试运行没有差错后，再投入运行。

对于运行过程中的技术风险，iMake将保留备用平台。若运行过程中出现小的技术问题，则立马解决；若问题较大或无法立马解决，则启动备用平台，力求减少损失。

点评　本部分对公司可能面临的风险做了说明，重点提及了市场风险、经营风险和技术风险，并给出了具体的应对策略。总体来讲还是较为客观地分析了各种风险情况，对策也比较具体和现实，能够在一定程度上证明公司抗风险的能力较强。

9.1.2 案例分析

上述案例涉及的项目属于互联网创新型项目。整体来看，商业计划书将需要交代的重要内容都做了较好的介绍与解释。下面重点提炼出创新型项目的商业计划书需要解释的问题，并分析上述案例是否较好地解答了这些问题，通过这种方式来分析此类型案例的写作方法，提高读者创新型项目商业计划书的写作能力。

1. 市场情况

问题： 创业项目所在的市场容量有多大？市场整体未来的发展趋势如何？市场还有哪些问题没有解决？用户的哪些需求还没得到满足？项目能否解决问题和满足需求？

案例解答情况： DIY服装行业仍然处于发展初期阶段，拥有巨大的市场空间。未来发展趋势偏向快定制、大规模定制，更依托于电子商务，个性化需求更加强烈。市场存在的问题主要表现为研发设计遇到瓶颈、服装质量良莠不齐、价格不太规范等。用户对DIY服装的个性化需求无法得到满足。项目创新性地将用户带入DIY定制的制造环节，让用户DIY服装，主动参与服装的设计。

2. 竞争情况

问题： 直接竞争对手有哪些？间接竞争对手有哪些？他们的经营情况如何？有哪些问题存在？自己的竞争力如何？有什么优势和劣势？

案例解答情况： 暂无直接竞争对手，间接竞争对手主要有淘宝T恤定制、校园代理、实体店。淘宝T恤定制是目前最主要的定制渠道，但其缺乏自由度和创意，质量参差不齐；校园代理易获得用户信任，推销成功率也非常高，但推广与宣传力度不足；实体店可以亲身体验定制效果，但覆盖范围非常小。公司在技术、资源、项目差异化上都具有竞争优势，同时也有消费者观念尚不成熟、未来竞争激烈的劣势。

3. 运营情况

问题： 项目的商业模式是怎样的？如何营利？项目已经做了什么？采取什么营销策略？未来有哪些计划？

案例解答情况： 整个项目在产品上分为两个部分：线上平台和后台。线上平台负责和用户进行直接交互，引导用户完成T恤设计并产生订单；后台负责订单和厂家的对接，落实订单情况。公司收入主要来自衣服定制、"画手"设计费和广告收入。营销采取产品、价格、渠道和促销等组合策略。未来以建立品牌和树立口碑为核心计划，以增加忠实的用户数量为目标。

4. 团队情况

问题： 团队都做过什么？团队成员的工作经历是怎样的？团队成员的实际经验如何？

案例解答情况： 无相关介绍。

5. 资金需求情况

问题： 项目需要多少资金？如何使用？已经筹集到多少资金？风险投资如何退出？

案例解答情况： 需要风险投资100万元，自投资金100万元。资金用于初创期和开拓期采购固定资产、市场开拓、产品推广和人工成本等。未提供风险投资退出方式的说明。

6. 其他情况

问题： 其他需要介绍的情况有哪些？

案例解答情况： 对产品功能做了详细介绍，对用户情况进行了调研分析，进行了财务预测和风险分析。

由此可见，上述案例除了在团队情况介绍和风险投资退出方面欠缺解释，其他方面都完成得较好。对于尚无创业经验和成绩的大学生团队而言，可以侧重介绍取得的学术成绩和实习期间的工作成绩，这样也能体现团队的实力。最后，总体来看，案例提供的数据较少，文字分析偏多，如果能加强数据的呈现，减少文字分析的内容，则将得到更好的效果。

9.2 油气回收商业计划书

本商业计划书选自2015年"创青春"大学生创业计划竞赛。同样，为避免篇幅过长，同时方便读者学习和理解，本书也对原内容做了适当删减和调整。

▌ 9.2.1 案例内容与点评

本案例涉及的项目属于实体创新型项目，内容重点涉及项目产品与技术、市场分析、营销管理、商业模式与战略管理、公司管理、生产与研发、投资与财务分析、风险管理及资本退出等八大方面。除目录与附录外，该商业计划书的详细内容如下。

摘要

一、公司简介

汽油车加油时从油管中挥发的含强致癌物质的油气，是烟雾和霾的成因之一，严重污染大气环境（产品存在的背景和意义）。团队核心成员求学期间专注车载油气回收装置的研发，已申请10项专利，发表14篇论文，获得"挑战杯"全国大学生课外科技学术作品竞赛一等奖，打破了国外的技术垄断，填补了国内的技术空白（产品已经取得的认可和成绩）。

现已成立镇江市京口区曦锐节能环保科技研发中心，致力于车载油气回收装置的工业化设计，目前车载油气回收装置生产条件已成熟。公司接受扬州华光橡塑新材料有限公司的战略投资，开展二次创业，组建了一家集研发、生产与销售于一体的高新技术企业——江苏曦锐汽车环保技术有限公司，实现ORVR（车载加油油气回收）装置产业化。（公司成立过程和现在的实力）

二、产品与技术

曦锐车载油气回收装置包括加油管、坡度阀、油气阀、碳罐等，产品依托ORVR油气控制和性能检测技术，实现了油箱油气控制技术、一体化生产技术、油气损失测量技术的技术突破，可有效地回收汽油车加油过程中挥发的油气，已得到国内多名专家和多家企业的认可。（产品和技术的具体情况）

曦锐车载油气回收装置通过对汽车油箱进行升级改造，完善加油管、通气管路、加装坡度阀、油气阀等，实现了加油过程中抑制油气溢出加油管，吸收挥发的油气至碳罐，最终其被发动机作为燃料使用的流程。（产品的工作原理）

与国内现有的加油站油气回收装置相比，公司产品具有回收效率高达98％，环保、性能稳定且不受汽油温度和乙醇含量等的影响，安装后无须维护和更换等优势。（产品与技术上的优势）

三、市场与营销

创立初期，公司从国产自主品牌乘用车入手，选取有意使用车载油气回收装置、注重环境保护、社会责任感强的自主品牌汽车企业作为目标客户。具体自主品牌包括奇瑞、吉利、比亚迪、长城、长安、东风（明确目标客户）；市场推进计划的目标为自主品牌高端乘用车、自主品牌中端乘用车、自主品牌低端乘用车；预计未来5年内的市场规模分别为109.2万套、251.7万套、274.3万套、399.9万套、435.9万套；目标市场销量从2015年的15.3万套，发展到2019年的122.1万套，第五年目标市场的占有率达28％，市场潜力巨大（未来发展可期）。

公司将采取品牌策略和营销组合策略开展营销。

◆产品方面：创立1～5年，研发、生产供自主品牌乘用车使用的ORVR装置；创立5年后，研发、生产供自主品牌商用车使用的ORVR装置。

◆价格方面：综合产品成本、销量预测、合理利润率、市场接受度等因素，最终将曦锐车载油气回收装置标准件定价为400元/套。

◆渠道方面：采用直接销售和间接销售相结合的策略，通过直接销售和网络营销，提高市场占有率，树立企业形象，提升品牌价值。

◆促销方面：将开展政府公关、政产学研结合、召开新闻发布会、会议营销、支持环保事业等特色营销。

通过营销组合策略的有效开展，大幅提升公司产品的知名度、美誉度，力争在5年内成为国内车载油气回收装置研发与生产的龙头企业；6～10年，产品拓展到自主品牌商用车ORVR装置；10年后进军国外市场，努力在国外市场上占有一定市场份额。（远期规划也有明确的目标）

四、投资与财务

公司目前资本及占股比例为：发明人出资200万元，占股5.71％；专利技术入股1 000万元，占股28.57％；创业团队投入自有资金100万元，占股2.86％；战略出资1 000万元，占股28.57％。需接受风险投资1 200万元，将剩余的34.29％比例的股份出让。

通过对收入、成本的合理预测，按10%的折现率计算，公司未来5年的净现值为3 610.55万元，内含报酬率32.12%，动态投资回收期为3.54年，静态投资回收期为3.16年。第三年开始股利分红，至第五年累计现金分红达4 055.72万元，平均投资资本回报率为49.41%，第五年末净资产达8 090.63万元。公司经营成长良好，营运、偿债能力强，具有较为可观的盈利能力，风险投资也将获得高额的回报。

综合考虑公司的经营状况和我国资本市场状况等因素，初步决定在第七年通过IPO方式实现风险资本的退出。

点评 摘要重点介绍了公司、产品、技术、市场、营销计划、投资和财务的内容。这些内容可以向投资人展现公司的实力、项目的优势、市场的潜力和高额的投资回报，能够马上吸引投资人。

第一章 产品与技术

1.1 项目背景

1.1.1 油气挥发量大、危害严重

我国汽车保有量高速增长，随之而来的是汽油消耗量的不断增加，社会对于努力减少汽车使用带来污染的需求日益迫切。测试结果表明，汽车每加1升汽油就会有大约1.5克的油气挥发，预测到2035年，汽车加油过程中挥发的汽油量将多达26万吨。（说明油气挥发量多，有回收利用的可能）

排放的油气中含有大量碳氢化合物、丁烷、苯环等致癌物质，长期吸入油气对人体的危害显而易见。油气也会污染环境，引发严重的臭氧污染和雾霾天气。（说明油气挥发的危害，有回收利用的必要）

1.1.2 汽车油气回收现状

1. 国内油气控制技术——加油站油气回收装置

国内的汽车油箱都配备了一个很小的碳罐，能够回收汽车由于昼夜温差引起的油气排放，但是对于汽车在加油过程中排放的油气却不能很好地回收控制。为解决这一问题，国家现阶段采用加油站油气回收装置来回收控制汽车加油过程中挥发产生的油气。它通过在加油枪上加装套筒、泵头、计时器、回油管、传感器及监控设备等，试图将加油时排放的油气回收到加油站的大型储油罐内。这是我国控制油气的战略性决策，短期内可以有效控制油

气挥发。（国内现有技术的回收情况）

然而加油站油气控制装置的实际运行效果并不理想，实际回收效率较低，仅能回收加油时排放的60%～70%的油气，远低于认证测试的90%。另外，加油站油气控制装置的安装成本为75万～112万元，每年还需要6万元的维护成本。较高的使用成本导致该装置陷入"普及率低、使用率低"的尴尬境地。最后，受到汽油温度、乙醇含量、雷特蒸汽压力等多种因素的影响，加油站油气控制装置的性能不稳定。（充分说明现有技术不够理想，项目产品完全具备替代使用的可能）

2. 国外油气控制技术——ORVR装置

美国已经立法废止加油站油气控制装置的推行，强制要求新产汽车加装车载油气回收装置（以下简称"ORVR装置"），通过对现有油箱系统中油管、阀门、碳罐的改造，有效抑制油气从加油管溢出，将加油过程中挥发的油气回收至碳罐，最终使其作为燃料被发动机使用。因技术壁垒，该项技术现阶段仅由美国掌握。日本、欧盟等国家和地区也在加紧对ORVR装置的研发和生产，以期有效控制加油过程中挥发的油气。

现阶段，国内自主品牌汽车的ORVR技术尚属空白，国内专家研究也已证明安装ORVR装置后能显著减少油气排放，从环境保护和经济效益的角度考虑，ORVR装置是我们的最终选择。（说明技术目前的稀缺程度和认可程度，更容易吸引投资人）

1.1.3 国家政策支持

在近年来严峻的大气环境形势下，国家已经出台多项政策，加强实施油气控制；同时，自主品牌汽车对ORVR技术需求强烈，国家也已经开始论证将安装ORVR装置写入车辆排放标准中，探讨我国推行ORVR装置使用的可行性，积极鼓励ORVR装置的技术研发。（国家政策对环境保护的控制以及对技术的扶持，使得项目有光明的前景）

1.2 产品技术

1.2.1 产品概述

曦锐车载油气回收装置（以下简称"曦锐ORVR装置"）是一种在对现有油箱系统进行改进的基础上，依托油箱油气控制和性能检测核心技术，有效抑制汽油车加油过程中油气从油箱逸出，并将回收的油气重新作为燃料供发动机使用的油气回收装置。产品技术已申请10项国家专利、发表14篇学术论文（专利与论文都在原计划书的附录中全部体现，本书受限于篇幅，省略了附录内容），具有回收高效、安全稳定、环保、安装后无须维护和更换的优势，打破了美国的技术垄断，填补了国内的技术空白，产品技术达到国内领先、国际先进水平。

1.2.2　产品构成

曦锐ORVR装置主要由加油管、单向阀、油气阀、坡度阀、碳罐等组成，能够高效回收汽车在加油过程中产生的汽油油气。

在现有的汽车燃油系统中配备一个小型的碳罐，用来吸附汽车由于热浸损失和昼间损失引起的油气排放。为了进一步使碳罐能够吸附汽车在加油过程中产生的油气，需要将现在的碳罐更换为ORVR碳罐，后者与现在的碳罐相比，吸附性能更强，吸附量更大。（简单介绍了产品构成情况，投资人对这部分的关心程度不算太高，无须详细介绍）

1.2.3　产品创新

1. 先进性

产品所采用的新技术对国内现有油箱做了很大改进，从根本上控制了汽油车在加油过程中挥发的油气，有效弥补了加油站油气回收系统效率有限、安装使用成本高、技术要求高、性能不稳定等不足。（通过解决现有油气回收装置的问题反映产品的先进性）

2. 应用性

产品可以有效回收汽油车在加油过程中挥发的油气，减少油气对大气的污染，节约有限的石油资源。产品技术研究深入，可应用性强，具有创新性，填补了国内的技术空白，技术达到国内领先水平，具备产业化条件。

从经济和社会发展的角度来讲，高效、稳定的车载油气回收装置的研发和生产，将有效解决汽油车在加油过程中挥发的油气带来的严重的环境污染问题，保护人们的健康，促进汽车环保领域的发展，具有显著的经济效益、社会效益和环境保护效益，是建设资源节约型、环境友好型社会和实现可持续发展的一个重要科学途径。（一方面油气挥发量大，另一方面有回收的必要，因此项目具备极强的应用性）

1.2.4　核心技术

曦锐ORVR装置的关键技术在于单向阀、油气阀、坡度阀的设计，以保证整个加油系统既能够确保油箱内的汽油蒸汽只能通过管路进入碳罐，又能够有效地阻止汽油油气从加油管逃逸到大气中。

基于现有加油系统不能有效回收加油过程中挥发的油气的问题，公司对当前的加油系统进行了改进，具体的改进点有：加装油气阀，调节油箱内的汽油蒸汽压力，并确保汽油蒸汽顺利通过管路进入碳罐；加大加油系统通气管路直径，减少管路的气阻，便于汽油蒸汽进入碳罐；加装坡度阀，平衡加油过程中的油箱压力；在加油管的底部加装单向阀，在加油枪的加油压力作用下单向阀打开，顺利加油，但是油箱里面的蒸汽不能通过单向阀逃逸，而且在单向阀上部，有部分液体存在，起到了液封作用。

1.2.5　产品优势

1. 回收高效

未安装油气回收装置的汽车，每加1升汽油，会排放大约1.5克油气。现在加油站使用的油气回收装置可回收其中60％～70％的汽油蒸汽，公司研发生产的ORVR装置，平均回收效率可达98％。

2. 环境友好

以2013年为例，我国增加约1 800万辆乘用车，普通家庭用车一年行驶2万千米，每千米耗油约8升。按以上数据计算，一年中加油过程会排放约4.32万吨油气，昼间挥发排放65.7吨油气。若新增乘用车都使用公司生产的ORVR装置，每年可减少排放约4.23万吨油气，这对治理雾霾提供了有力支持。（上述两个优势都通过数据进行了充分证明）

3. 性能稳定

曦锐车载油气回收装置只需要在新车制造时在油箱上进行加装，一旦装好不需要专门的维护。现阶段美国良好的实施效果为我国推行使用ORVR装置提供了借鉴经验。并且在美国现有技术的基础上，公司进行了升级改造，其工作性能更加稳定可靠，在汽油温度、乙醇含量、雷特蒸汽压力等多种因素的变化下，回收效率几乎不受影响。

4. 使用方便

加油站油气回收装置系统复杂，从加油枪到地下储油罐之间部件繁多，因此潜在维护问题众多，如加油箱套管的脱落或磨损、汽油回收管线由于磨损或安装不当而发生泄漏或堵塞等问题。而与加油站油气回收装置相比，ORVR装置只是对现有的油箱进行了相应的改进，结构简单，安装使用方便，并且一旦安装好就不再需要维护和更换。

点评 本部分重点对产品和技术进行了介绍。首先通过油气回收现状来说明产品的必要性和应用性，侧面说明市场潜力巨大。然后进一步通过产品的创新、核心技术和优势等内容，强调产品投入市场后具备的巨大优势，这无疑是获得投资的强有力砝码。

第二章 市场分析

2.1 宏观环境分析

2.1.1 政策环境

有效治理加油过程中的油气污染，减少挥发性有机物是我国环境治理的优先方向，针对挥发性有机物防治、加油站油气控制，国家出台了一系列政策和要求。如2011年《国家环境保护"十二五"科技发展规划》要求加强挥发性有机污染物控制，实施加油站、油库和油罐车的油气回收综合治理工程；2012年《环境空气质量标准》增加了细颗粒物，首次将PM2.5浓度限值和臭氧8小时浓度限值纳入监测指标；2013年《大气污染防治行动计划》推进挥发性有机物污染治理，限时完成加油站、储油库、油罐车的油气回收治理等。（列举具有代表性的国家政策文件能够增加专业度和可信度）

国家关于加油过程中油气控制的政策力度不断加大，为公司提供了良好的政策环境，我国油气治理必将越发严格，对油气控制有关的关键技术的要求也会越来越高。

2.1.2 经济环境

1. 国家经济发展势头好、潜力大

从我国经济发展的状况来看，当前我国正处于快速工业化和城市化阶段。2014年我国经济增长目标为7.5%左右，快速发展的经济为汽车产业的发展提供了良好的经济环境。

2. 汽车产业发展空间大

我国汽车工业正处于上升期，发展空间巨大，汽车市场消费潜力巨大，有较强的消化吸收能力和自主开拓能力。在全球化的大环境下，海外市场空间广阔。2009—2011年，我国汽车产销量连续3年位居全球第一，成为世界第一汽车产销大国；我国汽油车保有量年增长率保持在20%以上，趋于稳定增长状态。不仅如此，目前国内汽油总销量每年约6 000万吨，随着汽车保有量的增加，该数值也一直居高不下。

2.1.3　社会环境

随着经济收入水平、受教育水平的提高，追求绿色健康生活的人越来越多，人们的环境保护意识也不断增强。社会民众对企业承担环保责任的认知度越来越高，对汽车企业承担环保责任的呼声也越来越大。

当前人们对有效控制加油过程中的油气污染已达成广泛共识，愿意为此支付一定成本的购买者逐渐增多。

本团队进行市场调研时发现，83%的被调查者认为汽车企业应该使用新技术减少污染；73%的被调查者愿意为此付出一定成本，为环境保护做出努力；79%的被调查者在了解ORVR装置的优势后表示愿意优先考虑配有ORVR装置的车型（市场调研数据可以为观点提供有力的支持）。良好的社会环境为公司开拓市场提供了可能。

2.1.4　技术环境

1. 我国车载油气回收技术仍属空白

因技术壁垒，当前ORVR装置仅被美国使用，日本和欧盟等国家和地区正在努力攻克该项技术。国内车载油气回收技术仍属空白，自主品牌汽车尚未掌握该项技术。我国政府鼓励对车载油气回收技术的研发攻关，并准备强制推行ORVR标准。

2. 国家鼓励车载油气回收技术

国家科技计划体系项目中设立的科技型中小企业技术创新基金、国家重点新产品计划等一系列基金大力支持油气回收技术的攻关。《2014年度国家环境保护公益性行业科研专项项目申报指南》中，要求选择典型城市研究ORVR装置与加油站油气回收技术的关系，分析在我国推广ORVR技术的可行性。（明确国家政策对ORVR装置的正式关注）

在国家列ORVR关键技术研发攻关的大力鼓励和支持下，ORVR装置的需求会日益显现，公司将通过不断的技术创新来填补ORVR装置在我国的技术空白。

2.2　产业环境分析

2.2.1　现有竞争者

全球仅美国强制推行ORVR装置，另外，包括德国的考泰斯、英国的邦迪管路、法国的英瑞杰及日本的八千代等油箱生产企业均在美国设厂生产ORVR装置，可能会对公司构成威胁。

与之相比，我们的优势如下。

1. 地缘优势

公司创立初期在企业规模、资金实力等方面无法与国外现有竞争者抗衡，但由于具备地缘优势，更加熟悉国内市场消费者的消费心理和消费习惯，更加了解国内诸多区域的历史、文化和人群生活习惯，也在无形中具备了更强的人脉资源，所以在国内拥有广阔的生存空间，可凭借地缘优势有效应对国外竞争。（说明公司比国外企业更了解国内情况）

2. 达标优势

在地缘优势的基础之上，公司产品能够确保自主品牌乘用车达到国家标准。此外，公司研发生产的曦锐ORVR装置，在保证和美国现有ORVR装置具有同样性能的基础上，进一步提高了ORVR装置使用的安全性和稳定性，在技术上领先国外现有竞争对手，形成了技术优势，从而可以针对竞争者设置进入壁垒。（在技术上领先于国外企业）

3. 政策优势

国家大力扶持自主品牌汽车发展，扶持关键技术的研发。在国家有意设立ORVR标准的趋势下，ORVR装置技术突破为自主品牌汽车满足国家标准提供了助力。公司抓住自主品牌汽车ORVR技术的空白，自主研发ORVR装置，能够有效帮助自主品牌达到国家标准，助力自主品牌展开国际化路线，提升自主品牌竞争力。在一定程度上会得到国家的鼓励和扶持。（说明国家政策大力扶持自主品牌）

2.2.2 潜在竞争者

公司的潜在竞争者主要是有意研发ORVR装置的高新技术研发机构、高校汽车学院研究所、科技研发中心及国内油箱生产企业，如北京石油化工学院、天津中国汽车技术研究中心、亚普汽车部件有限公司、芜湖顺荣汽车部件股份有限公司等（能够列出具体的潜在竞争者，说明公司对它们有详细的调查和分析）。与之相比，我们的优势如下。

1. 技术优势

曦锐ORVR装置拥有10项国家专利，技术管理顾问从事ORVR技术研究已达17年，技术积累深厚。产品回收高效、环保节能、性能稳定，具有绝对的技术优势。公司生产的ORVR装置不仅在加油过程中能有效控制油气的溢出，在汽车加油后也能减少油气的挥发，真正做到环保节能，并能以较高的技术壁垒应对潜在竞争者的威胁。

2．市场先动优势

曦锐ORVR装置在国内尚属空白，公司在创立初期可充分发挥先动优势，构建销售网络，对潜在竞争者形成市场进入壁垒。

2.2.3　替代者

现阶段，美国已经强制停止使用加油站油气回收系统，从油箱系统这一根源着手，强制推行ORVR装置。国内外尚无其他汽油车加油过程中的油气回收技术，现阶段公司研发生产的ORVR装置暂不存在替代品。

2.2.4　供应商

ORVR装置的主要构成有加油管、单向阀、坡度阀、油气阀、泄压阀、碳罐等，其中核心产品由公司自行设计、研发、生产，其他相关材料外购。

1．供应商行业集中程度较低

随着汽车行业的日渐兴起和发展，阀门原料企业、碳罐的生产厂家数量较多且分布广泛，行业集中度较低，有利于公司与供应商形成价格谈判优势。

2．长期合作，互利共赢

公司与战略投资方、材料供应商将形成长期战略合作关系，注重合作关系的建立和维护，加强与材料供应商的合作交流，共谋发展，互利共赢。

2.2.5　购买者

公司将根据目标客户车型特征，一对一设计与车型配套的ORVR装置，统一供给目标汽车厂商。

1．ORVR装置需求量大，技术供不应求

随着国家对油气挥发引起的重大污染问题愈发关注，我国推行ORVR装置势在必行。一旦国家推行ORVR装置标准，各大汽车制造商对于ORVR装置的需求就会呈"井喷式"增长，公司生产的ORVR装置将供不应求。此外，国家积极推动自主品牌汽车走出国门，为有效应对美国、欧盟等国家和地区日益严格的环境保护标准，加装ORVR装置是提升自主品牌汽车的国际竞争力的关键一环（说明自主品牌车企与ORVR装置企业是互助共赢的关系）。

2．购买方区域集中，利于集中开展业务

我国自主品牌汽车制造商分布呈现出明显的区域集中性特点，主要分为东三省汽车工业中心、京津地区汽车工业区、长三角汽车工业区、华中地区汽车工业区和珠三角汽车工业区，有利于公司进行市场选择、定位及产品的投放，节约市场开发成本与产品运输成本。

2.3　SWOT分析

企业在社会环境下能有效识别和分析内外部环境，能有效促进企业的持续健康发展。

2.3.1　优势

技术先进，国内领先、国际先进；性能优越、回收效率高、稳定性高；与战略投资方合作，提升市场占有率。

2.3.2　劣势

创业初期，资金缺乏，市场认知度低，市场推广困难，管理经验有待进一步提升。

2.3.3　机会

国家政策愈发重视对油气中挥发性有机物的污染治理，国家多项基金支持ORVR装置的研发和推广；汽车产业发展潜力大，市场空间大，国家有意推行ORVR装置；现有的加油站油气处理系统成本高、性能不稳定、回收效果不理想；国内ORVR装置市场一片空白，潜在市场容量大。

2.3.4　威胁

国外现有ORVR装置的研发和生产；国内高校科研机构等的技术模仿和研发。

2.3.5　"优势+机会"战略

公司的ORVR技术成熟，国内领先、国际先进，能填补国内市场空白，有效回收加油过程中挥发的油气。曦锐ORVR装置性能优越，能有效解决现有加油站处理系统效率低、成本高、不稳定的问题。曦锐ORVR装置能够满足市场需求，市场潜力大。

2.3.6　"优势+威胁"战略

依托江苏大学江苏省车辆工程实验室，组建高水平的研发团队，形成技术竞争优势。与战略投资方、材料供应商形成长期合作关系，互利共赢。

2.3.7　"劣势+机会"战略

提升企业竞争力，吸引风险投资；加强人员培训，提升创业团队的管理经营水平；加强公司产品的宣传力度，争取政府支持，重点宣传产品的优越性，提升企业知名度和美誉度。

2.3.8　"劣势+威胁"战略

外聘专业法律人员，加强公司的知识产权保护；外聘专业管理专家，指导公司经营管理；通过市场渗透策略开拓市场，并逐渐形成自身优势。

（通过产业环境分析与SWOT分析，可以看出公司所处外部环境是机会大于威胁，而公司本身是优势大于劣势。另外ORVR装置的市场前景广阔，公司在业内也具有相当强的竞争力）

2.4　目标市场

2.4.1　目标市场细分

1. 品牌选择

我国自主品牌包括完全自主品牌和合资自主品牌，因合资自主品牌可通过集团渠道从国外获取ORVR装置，供应商资格审批时间长、过程复杂，不作为公司目标市场。此外，在国家未出台ORVR标准之前，加装公司车载油气回收装置必然会增加部分成本。因此，公司从完全自主品牌中选取社会责任感强、注重环境保护的企业进行合作，主要包括奇瑞汽车股份有限公司、比亚迪股份有限公司、东风乘用车公司、长城汽车股份有限公司、浙江吉利控股集团、重庆长安汽车股份有限公司等。（有目的地选择合作企业，说明公司对未来发展有明确规划）

加装公司车载油气回收装置，减少油气排放，为环境保护、改善大气环境做出贡献，能够提升使用厂商的社会形象，提高社会公众对企业的认同度，具有良好的社会价值和品牌价值。

2. 价格区间

我国自主品牌乘用车多为中低端车型，主要包括紧凑型车、小型车、微型车及中低端的SUV等。按照价格区间将自主品牌汽车划分为3个层次。其中，自主品牌高端车2015年的总销量为102.4万辆，占自主销量的37.8%；自主品牌中端车2015年的总销量为102.5万辆，占自主销量的37.9%；自主品牌低端车2015年的总销量为65.5万辆，占自主销量的24.3%。

从2015年自主品牌不同价位汽车的销量来看，自主品牌中端车销量所占比重最大，自主品牌高端车次之，二者销量差别不大。自主品牌低端车的销量虽远低于其他两种价位车，但是市场占有率仍达24.3%，市场空间比较可观。

自主品牌高端乘用车的销量中，销售量从高到低依次为：吉利、比亚迪、长城、东风、奇瑞和长安。其中吉利、比亚迪、长城2015年的销量均超过20万辆，占有较大市场份额。

自主品牌中端乘用车的销量中，销售量从高到低依次为：长安、长城、比亚迪、奇瑞、吉利、东风。其中长安、长城2015年销量超过20万辆，长安远远领先于其他品牌，比亚迪、奇瑞和吉利2015年销量超过10万辆以上。

自主品牌低端乘用车的销量中，销售量从高到低依次为：奇瑞、吉利、长城、比亚迪、长安。其中奇瑞低端价位汽车销量远高于其他品牌，占低端价位销售总量的43.4%；其次是吉利和长城，均超过10万辆；比亚迪和长安在低端价位的市场占有率较低；东风不开发销售低端价位汽车。（价格区间分析有严谨的数据加持，市场细分更加准确和细致）

2.4.2 目标市场选择

1. 目标市场确定

公司依据价位选定产品应用的乘用车价位区间，进一步依据自主品牌销售比重确定各价位重点开拓的自主品牌汽车，优先向这些企业推广公司产品，目标市场定位如下表所示。

汽车价位	品牌选择
自主高端车	吉利、比亚迪、长城、东风
自主中端车	吉利、比亚迪、长城、东风、长安、奇瑞
自主低端车	吉利、比亚迪、长城、长安、奇瑞

2. 目标市场推进安排

公司首先依据价位因素，按照自主品牌高端车、自主品牌中端车、自主品牌低端车的顺序进行市场推进，同一层次内按照不同品牌市场销量比重从高到低开拓市场。首先开拓自主品牌高端车市场的原因是：该价位车的购买者购买能力较强，受教育水平较高，环保意识更强，更容易接受公司产品；自主品牌高端车的市场占有率较高，市场接受度高，有利于公司迅速打开市场，提升产品形象，扩大市场占有率。（根据市场细分来安排目标市场推进，实现目标的概率大大提升）

2.5 市场容量预测

通过查阅汽车行业年鉴及有关机构的数据预测，参考汽车市场平均增长率，推算出自主品牌汽车未来5年的销量增长情况，由各层次乘用车市场销量预测可得公司市场容量，如下表所示，单位为：万套。

项目	品牌	2015年	2016年	2017年	2018年	2019年
高端乘用车	吉利	31.6	34.5	37.6	40.9	44.6

续表

项目	品牌	2015年	2016年	2017年	2018年	2019年
高端乘用车	比亚迪	31.2	34.1	37.1	40.5	44.1
	长城	29.8	32.4	35.4	38.5	42.0
	东风	16.4	17.9	19.5	21.3	23.2
中端乘用车	长安	34.3	37.4	40.8	44.4	48.4
	长城	23.9	26.0	28.4	30.9	33.7
	比亚迪	22.6	24.6	26.8	29.2	31.9
	奇瑞	15.2	16.6	18.1	19.7	21.5
	吉利	14.1	15.4	16.8	18.3	19.9
	东风	11.5	12.5	13.7	14.9	16.3
低端乘用车	奇瑞	33.8	36.8	40.1	43.8	47.7
	吉利	18.8	20.5	22.4	24.4	26.6
	长城	14.9	16.3	17.7	19.3	21.1
	比亚迪	6.2	6.8	7.4	8.0	8.8
	长安	3.9	4.2	4.6	5.0	5.5

2.6 市场销量预测

每辆乘用车加装公司的曦锐ORVR装置一套，按照公司市场推进计划的目标市场容量分析，公司的销售量将会呈逐年稳步上涨的趋势，销售总量将从2015年的15.3万套增长到2019年的122.1万套，目标市场占有率到2019年达28%，公司的发展前景相当可观。

点评 本部分重点对市场情况进行了介绍和分析。无论是宏观环境分析、产业环境分析，还是SWOT分析，都显示出公司具有极大的竞争优势，项目也有巨大的市场潜力。并且通过对目标市场的细分和选择，进一步强化了公司及项目的这种优势，能够让投资人对未来的市场销量有较大的期待。

第三章 营销管理

3.1 品牌策略

品牌是企业一项重要的无形资产，也是营销活动开展的核心。公司将以"专注油气回收，着眼未来环保"的品牌形象，将"绿色、环保、高效"的产品形象植入曦锐ORVR装置中，确保产品在长时间内保持良好的口碑。在市场竞争日益激烈的当下，公司要努力通过品牌策略形成稳定而持久的市场竞争力，具体将从以下3个方面进行品牌建设。

1. 保持产品的高质量

曦锐ORVR装置生产过程中实行全面质量管理，确保产品质量合格，让用户满意放心。

2. 提升产品的核心优势

以持续的技术创新打造曦锐ORVR装置的核心优势，拓展产品应用范围，全面提升产品优势。

3. 优化产品形象

公司将通过政府公关、产学研相结合、网络营销、支持环保事业等方式，优化产品形象，提升公司产品美誉度。（从产品质量、核心技术和产品形象方面来打造品牌，是较为稳妥的品牌策略）

3.2 营销组合策略

3.2.1 产品策略

1. 创立1～5年

初期主要研发、生产供自主品牌乘用车使用的车载油气回收装置，为目标客户提供个性化设计和生产服务。具体包括基本型乘用车、运动型多功能车、多用途汽车和交叉型乘用车。

2. 创立6～10年

公司创立6～10年内，将坚持技术研发和产品升级，将产品拓展到以汽油为动力的自主品牌商用车中。同时在现有技术积累的基础上，探索未加装车载油气回收装置的汽车燃油系统的改造升级技术，同时生产、销售改造技术所需的部件。

3.2.2 定价策略

1. 创立1～5年

公司产品主要以"引导绿色生活，专注油气回收，创立自主品牌"的形象面向市场，利用自主品牌中高端乘用车开拓市场，迅速占领市场，树立企业形象，打造优质品牌。

考虑成本、市场竞争和市场需求等因素进行综合定价。以产品制造成本、附加附件成本为基础，结合公司市场新进入者的定位，参考行业合理利润、高新技术附加值等数据，最终将产品标准件定价为400元/套。

2. 创立5年后

公司坚持通过研发降低产品成本，随着公司规模和生产能力的不断提升，将继续以高性价比渗透市场，打造价格优势，以应对潜在竞争者。（持续选择渗透策略定价，能够更好地减少竞争威胁，但前提是能够控制住成本）

3.2.3　渠道策略

公司将采取直接销售和间接销售相结合的渠道策略，将产品迅速有效地送至客户手中，不断提高市场占有率，提升公司产品的市场认知度，提升使用公司产品的汽车制造商的企业形象与品牌价值。

1. 直接销售

公司将根据市场推进计划，结合目标客户特征，选聘有良好关系网络及市场销售经验的营销人员，向自主品牌汽车制造商进行点对点销售。

2. 间接销售

（1）建立江苏曦锐企业网站

其主要功能区包括公司概况、产品介绍、国家质量检验报告展示、客户使用意见反馈等。通过网络平台推广产品、洽谈业务；同时建立客户数据库，对客户信息进行搜集和整理。

（2）优化搜索引擎排名

提高江苏曦锐企业网站在相关的搜索引擎，如阿里巴巴、百度、谷歌等的搜索排名。其中以阿里巴巴网站为重。

（3）行业交流会

积极参加汽车行业举办的汽车交流会，不断学习、借鉴成功企业的质量管理、服务管理及人才管理等诸多方面的经验。与此同时，借助交流会平台积极展示公司的产品，不断提升知名度。

（4）E-mail营销

建立邮件列表，加强与用户的联系，向用户推广产品和服务，并进一步获得客户反馈信息以完善产品和服务。（销售方式较多样化，但具体实施后的效果还有待验证，特别是网站、搜索引擎和E-mail营销，需要加大力度进行推广才能有所收获）

3.2.4　促销策略

基于我国未对安装ORVR装置做出强制要求、新产品市场美誉度不高的现实，公司将有针对性地采用政府公关、政产学研结合、特色营销等促销策略。

1. 政府公关

政府将在ORVR装置的推行上发挥重要作用，对ORVR装置的强制推行将给公司带来强大的市场需求。此外，政府丰富的信息资源、有利的导向政策及政府背景的影响力，对公司营销也会有很大的帮助，能够为公司争取更多的优惠政策并能获取贷款优先权。因此，政府公关是公司营销成功的关键一环。在保证公司正常运营发展的同时我们将做到以下几点。

第一，加强与国家标准委员会的交流沟通工作，促成ORVR装置早日写入标准。邀请标准委员会专家进行专门的听证会和讨论会，证实公司产品的优越性及实施车载油气回收装置标准的必要性与可行性。

第二，与政府环保等部门开展长期合作，支持政府关于油气回收的环保宣传活动，大力支持政府的油气回收公益事业，如协助政府开展相关环保宣传活动，支持政府制作宣传栏、宣传海报，协助政府召开油气控制论坛，等等。

第三，主动与政府部门建立紧密联系，让政府官员了解在我国推行ORVR装置的必要性与可行性，争取政府部门对公司产品的认可及对公司品牌的肯定。（政府公关的力度较大，说明产品对政策的依赖较强，将来面临的政策风险是不可避免的）

2. 政产学研结合

公司将始终采取"政产学研"相结合的方式，积极与政府、高校合作，及时掌握政策动向，努力推行ORVR装置标准化，积极推动技术前沿发展，依托江苏省车辆产品实验室并与之合作，不断提升核心技术，改进和丰富现有产品。

3. 特色营销

（1）新闻发布会

公司正式成立后，将召开新闻发布会，邀请地方政府相关负责人、汽车行业协会负责人、行业专家、主要目标客户负责人、各大知名媒体等，召开公司成立新闻发布会，宣传公司的理念，提高公司的公众认知度，重点介绍油气回收的必要性和紧迫性，介绍公司产品的优势，提升产品的市场美誉度。

（2）会议营销

针对现阶段车载油气回收装置在国内市场仍属空白，以及公众对车载油气回收装置及关键技术不了解的现实，我公司将邀请行业内专家和相关企业负责人，召开油气控制技术会议，重点宣传公司的曦锐ORVR装置的核心优势，提高专家和企业负责人对公司产品的认可度。

（3）支持环保事业

当公司运营进入相对稳定的状态后，公司将会拿出销售额的一部分对环保事业进行资助，积极支持、参与地方环保公益事业活动，并努力在其中发挥积极作用，以树立良好的公众形象，增强客户对公司的品牌认同感。

点评 本部分对产品的营销策略进行了介绍。重点采取的品牌策略对于初创公司而言是非常重要的，如何保证质量、提升核心优势、优化产品形象，是建立品牌的关键，这方面计划书介绍得非常合适。对于营销组合策略，产品策略和定价策略较为稳妥，渠道策略尚需进一步分析和验证，促销策略十分依赖政府，还需要积极拓展其他促销方式。

第四章 商业模式与战略管理

4.1 商业模式

江苏曦锐汽车环保技术有限公司将在良好的政策环境下，开展ORVR装置的研发、生产和销售活动，主攻自主品牌汽车市场。公司具体的商业模式为基于国家政策、独有的研发技术和广阔的市场前景，生产新型车载油气回收装置，并通过多种销售渠道，向自主品牌汽车企业销售产品。

公司实现自身商业模式的核心优势如下。

◆核心能力：公司是国内首家研发、生产及销售ORVR装置的厂家，拥有10项国家专利，技术成果获得多名领域内专家的认可；曦锐ORVR装置具备油气回收高效、环保、可靠等核心优势，能有效回收汽油车在加油过程中挥发的油气，保护环境，节约能源，具有良好的社会价值；公司拥有一支专业知识齐全、合作能力强、创新创意综合素质较高的创业团队及实力雄厚的业内专家顾问团。

◆价值主张：公司坚持"专注油气回收，着眼未来环保"的理念，致力于曦锐ORVR装置的研发、生产、销售与服务，勇担企业环保责任，贯彻环保理念，具有较高的社会价值、经济价值。

◆客户价值：公司坚持客户价值最大化，专注ORVR装置的研发制造，车载油气回收技术以其高效率、环保节能、性能稳等优势，能够有效满足汽油车加油过程中油气回收的需要，有助于提升客户的品牌形象。

◆持续竞争力：公司依托国家政策支持，凭借领先的技术、优质的研发队伍、稳定的销售渠道、良好的品牌价值来促进公司不断发展。

4.2 公司战略

4.2.1 经营目标

公司作为一家高科技中小型企业，致力于曦锐ORVR装置的研发生产，以满足国内汽车自主品牌对于车载油气回收装置的需求（只有正确进行自我定位，才能找准经营目标）。公司将坚持"技术领先、人才优先"的总体战略，发挥技术上的领先优势，坚持人才第一理念，紧抓市场契机，利用政府扶持，扩大投资，加强产品研发，迅速开拓市场，不断扩大企业规模，使企业效益最大化，使公司发展成为实力雄厚的大企业。

4.2.2 整体规划

◆1～5年：主攻自主品牌乘用车市场，有社会责任感、重视环保的自主品牌汽车企业为主要客户；以先进的技术、卓越的产品、科学的管理创立品牌，成为国内ORVR装置研发生产龙头企业。（短期内将公司打造为龙头企业很具吸引力，但实现难度也很大）

◆6～10年：产品拓展到自主品牌商用车，依托质量、诚信、创新提升品牌形象，努力在10年内参与ORVR标准的制定。

◆10年后：以高性价比拓展公司业务至国内合资品牌汽车市场，将公司业务扩展到国外市场，将公司打造成环保行业的"绿色巨人"企业。

4.2.3 战略实施

根据公司的经营目标和经营规划，公司以5年为一阶段进行战略的实施，同时根据国家宏观政策环境、市场环境及公司发展对战略进行适时适当的调整，具体实施计划如下。（战略规划与实施目标非常清晰，也极具可行性）

1. 1～5年

◆技术研发战略：利用已有的技术知识，发现并解决生产过程中的技术难题，保证产品的质量，不断积累经验。

◆市场战略：利用国内巨大的自主品牌乘用车市场，逐步推广我们的产品，到第五年目标市场占有率达到28％。

◆管理战略：制定并规范公司管理章程、各部门管理条例，尊重员工，营造良好的工作氛围及积极的企业文化。

◆财务战略：合理控制成本，确保净利润增长，为企业后期的研发创造、项目投资提供充足资金。

◆服务战略：对客户进行跟踪服务，及时收集客户的信息和意见，注重售后服务，本着"客户至上"的服务宗旨，真诚地为客户提供便利的服务。

2. 6～10年

◆技术研发战略：对现有的技术进行更新换代和升级，保证产品能够满足这一阶段自主品牌商用车市场的技术需求。

◆市场战略：在稳固乘用车市场的基础上，利用前期建立起来的品牌声誉向自主品牌商用车市场拓展。

◆管理战略：细化公司内部考核条例，引进信息化管理方式，使员工目标与公司目标一致。

◆财务战略：通过前期有效的财务管理与内部控制，尽快实现创业板上市融资，资金将集中投入关系营销和全国性市场。

◆服务战略：打造品牌效应，进一步完善面向客户的服务网络，不断提高公司员工的服务意识，树立规范的服务理念，促进服务管理标准化，扩大企业知名度，提升企业品牌形象。

3. 10年以后

◆技术研发战略：丰富的工程技术经验使得我们在汽车油气回收领域保持优势地位，满足企业国际化的需要。

◆市场战略：公司将不仅仅满足于国内汽车市场，计划将市场拓展到全球范围。

◆管理战略：公司将在扩大规模的同时实行扁平化管理，使公司效益最大化。

◆财务战略：保证企业稳定发展，为客户、股东、员工及社会不断创造更大效益。

◆服务战略：建立全球服务网络，形成规模化品牌效应。

点评 本部分对商业模式和战略管理的内容进行了介绍。总体来看，公司的商业模式简单可行，经营战略目标清晰，分阶段实施有助于实现目标。

第五章 公司管理

5.1 公司简介

◆中文名：江苏曦锐汽车环保技术有限公司。

◆英文名：Jiangsu XiRui vehicle environmental protection technology Co., LTD.

◆公司性质：有限责任公司。

◆注册资本：3 500万元。

◆主营业务：车载油气回收（ORVR）装置的研发、生产与销售。

5.2 企业文化

◆企业使命：研发高效车载油气回收装置，创立汽车部件自主品牌，引领未来汽车环保走向。

◆企业愿景：成为国内车载油气回收装置的领导者。

◆经营理念：人才为先、创新为本、客户导向、合作共赢。

◆核心价值观：持续创新、质量立本、诚信务实、勇担责任。

◆业务理念：专注油气回收，着眼未来环保。

5.3 组织机构设置

公司创立初期，采用直线职能制，以优化和提高公司的管理效率，公司的组织机构设置如下图所示。

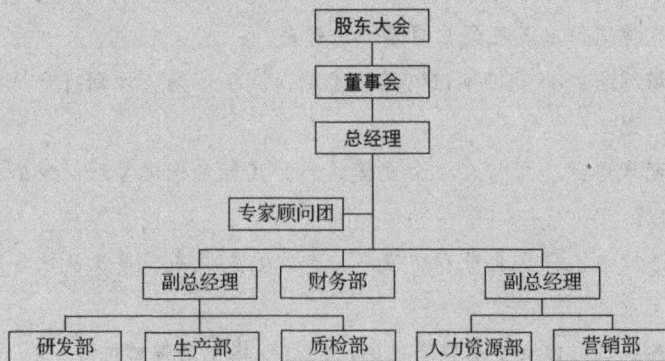

5.4 研发管理

坚持持续研发、技术创新的方针，努力打造核心竞争优势，加强对研发部门的管理与激励，重视和支持技术研发。

公司在研发上主要采取自主研发与产学研相结合的策略。公司处于高新技术产业中，在研发方面有着人才的优势，可以进行自主研发（明确研发方式为自主研发，从侧面验证了产品的技术优势），采取的重点措施如下。

第一，提高研发部门地位、增加研发人员的薪酬福利、优化研发部门的工作环境、增加研发经费等，使技术成为公司发展的核心力量。在研发规划的实施过程中，管理层将全程给予研发部门资金和物力支持，并通过高薪等激励措施激发研发部门人员的创造力，确保研发的效率和效果。

第二，每年按营业收入的6％计提研发费用。公司初期募集的资本为1 000万元的技术股，这构成了公司的已有技术，在此基础上我们依托江苏省车辆工程实验室，成立公司的研发部门。研发人员主要由创业团队技术人员和外聘专业技术人员组成。（以上各种措施彰显公司对研发生产的重视，对于高新企业而言，强大的研发力量是公司赖以生存的基石）

5.5 薪酬管理

公司创立初期，为有效控制成本、激发员工工作的积极性，同时考虑到内部公平性和外部竞争性，在参考市场同行业平均工资水平的前提下，确定公司的薪酬组成为基本工资＋绩效工资＋福利。

◆绩效工资：主要表现为年终奖金，总经理的年终奖金为当年销售收入的0.1％，副总经理的年终奖金为当年销售收入的0.04％，其他部门经理的年终奖金总计为销售收入的0.05％，其他员工的年终奖金总计为销售收入的0.08％；销售部门经理及员工的基本工资低于其他部门，相应增加季度绩效提成，按季度销售额的0.4％计提。

◆福利：五险一金、带薪休假、节日礼品等；公司在未进行首次公开募股时，将每年安排一定股份按净资产账面价值或一定折扣出售给管理或技术部门的核心成员；公司发展稳定且于成熟期上市后，可制订股票期权奖励计划。

5.6 公司团队

◆陈××，总经理。江苏大学管理学院管理科学与工程研究生，第十三届"挑战杯"大学生课外科技学术作品竞赛二等奖；2013年中国大学生方程式赛车比赛成本与设计报告第二名，营销报告第十一名。

◆郭××，财务经理。江苏大学财经学院会计学硕士研究生，曾获国家奖学金及校长奖学金、第八届"挑战杯创业计划竞赛"铜奖，在银行、企业、会计师事务所均有实习经验。

◆邓××，研发经理。江苏大学汽车与交通工程学院研究生，积极参加节能减排大赛，多次申请科研立项。

◆高××，生产部经理。江苏大学管理学院管理科学与工程硕士研究生，获第八届"挑战杯创业计划竞赛"金奖。

◆吴××，营销经理。江苏大学管理学院行政管理专业研究生，获CCTV杯大学生英语演讲比赛二等奖；全国大学生英语奥林匹克竞赛三等奖；国家级语言文字基本功大赛一等奖。

◆陈××，副总经理。江苏大学财经学院会计学研究生，第八届"挑战杯创业计划竞赛"金奖，多次赴企业及会计师事务所实习，参与过上市公司及其下属子公司的审计工作。

◆陈××，人力资源部经理。江苏大学管理学院管理科学与工程硕士研究生，曾主持并参与国家级、省级大学生创新创业计划并顺利结题。

◆张××，质检经理。江苏大学管理学院管理科学与工程硕士研究生，多次获得国家励志奖学金，荣获中国大学生方程式汽车大赛2010年度综合奖。

◆汪××，副总经理。江苏大学汽车与交通工程学院车辆工程专业研究生，拥有第一作者专利1项，作品获"挑战杯创业计划"竞赛并获全国一等奖，主持项目参加第一届江苏省大学生科技创新创业交流展，参加江淮汽车（JAC）B-II加油管总成开发、上海通用S318汽车加油管总成开发。

点评　本部分对公司的基本情况、组织结构、研发管理、薪酬管理和团队情况做了基本介绍。通过这部分内容，投资人可以了解到公司是一个讲究实效、重视研发、重视团队的公司。但公司也需要考虑到所有团队成员均没有创业经验和管理经验的现状，做好充分的准备来应对投资人的提问。

第六章　生产与研发

6.1　厂址选择

6.1.1　地理优势

公司最终预计建设厂房面积4 000平方米，办公面积2 000平方米，将厂址选在江苏镇江高新技术产业园。

江苏镇江地处沪宁工业带、长江和运河十字交汇点，具备发展基础工业所必需的港口、交通、能源、水利、用地及城市依托等优势资源。（交通便利对于生产型企业至关重要）

◆航空：距上海虹桥国际机场240千米；距上海浦东国际机场285千米；距南京禄口国际机场90千米；距常州奔牛国际机场60千米。

◆港口：靠近镇江大港国际港口，该港已兴建近20座万吨级以上的货柜、散件和化工品专用码头，并与世界上40多个国家和地区的136个港口有运输业务往来。

◆铁路：京沪高速铁路沪宁段将从开发区南侧通过；由地方自建的镇大铁路将大港港区同京沪铁路连接起来。

◆航运：长江和京杭大运河在区内交汇，构成了国内最大的"十"字黄金水道，极尽舟楫之利。

6.1.2　投资环境

1. 毗邻汽车制造厂

2013年8月7日，北汽集团（后简称"北汽"）与镇江市政府签署框架协议，北汽将重组镇江汽车制造厂。汽车的产业集群效应极为明显，北汽成功入驻后，将有大量汽配零部件企业集中在镇江，这将为公司提供优质的上游供应商选择机会。（说明面对供应商有更多的选择余地和更好的讨价还价的能力）

2. 身处高新技术创业园区

镇江高新技术创业园是苏南开发区中的后起之秀，经过15年的开发建设，现已成为长江三角洲重要的制造业基地及镇江市投资密集度最高的区域，呈现出良好的发展势头。目前，已有来自20多个国家和地区的企业投资镇江高新技术创业园，累计落户项目1 300多个，其中外资项目375个，实际到位外资超过28亿美元，投资额在1 000万美元以上的项目有190个，投资额超过1亿美元的项目有5个。

目前，镇江高新技术创业园已成为中国最大的汽车发动机缸体生产基地，吸引了众多汽车及零部件厂商，形成了汽车行业的产业集聚地。

3. 邻近各大技术院校

镇江市辖区内有江苏大学、江苏科技大学等高等院校，还有镇江高等专科学校、镇江市船艇学院、镇江市职业中等专业学校等中等专业技术学校。镇江是"全国科教兴市先进城市"，有较为发达的科技、文化、教育事业，为开发区引进、培训科技人才和熟练技术工人提供了强有力的保障。

6.1.3 优惠政策

创业园内省级以上的高新技术产品，自认定年度起，可申请创业园高新技术财政补助资金，补助年限为国家级3年、省级2年，补助资金主要用于企业高新技术产品的研制和开发，金额最高为企业该产品当年所缴纳的增值税创业园财政留成的部分。对留学归国人员、博士、博士后进区创办的科技型企业，2年内可申请创业园高新技术财政补助资金，补助金额最高为企业当年所缴纳的增值税创业园财政留成部分。

创业园内新办的高新技术企业购买开发区自建标准厂房享市场价9折优惠，如租赁则按市价优惠30％～50％。对进驻高新技术创业服务中心的企业，根据投资规模，经营期3年以上的，在开发区租赁的面积在300平方米以内的生产、办公用房，第一年免缴房租，第二年减半收取房租，优惠的费用由创业园财政每半年审核后与房屋产权单位结算。

（公司设在镇江高新技术创业园，有利于与大学进行科技研发交流，同时便利的交通便于原材料的采购，镇江的环境及一系列优惠政策也对公司非常有利）

6.2 质量控制与管理

产品的质量是企业生存发展的生命线，也是稳定客户源的关键所在。基于此，公司严把质量关，吸取全面质量管理的思想，进行全面的、全方位的、全过程的及全员参与的质量管理。

公司专门成立质检部，严格按照全面质量管理的思想，坚持质量第一、用户至上、一切以预防为主、用数据说话、突出人的积极因素以及按PDCA循环严抓生产质量的原则，保证公司产品的合格率。

6.3　供应链管理

由于公司的大部分原材料采用外购的方式，管理供应商的难度较大，因此必须建立良好的供应链管理体系。

6.3.1　供应链管理的目标

建立稳定、可靠的原材料供应渠道（这是最困难的目标，也是供应链管理的重中之重）；确保供应商原材料供应的及时性和质量的可靠性；确保产品在客户期望的时间内送至客户手中；尽可能降低物流成本；尽可能地减少供应商和公司的库存，降低双方的成本。

6.3.2　供应链管理的手段

1.　建立有效的信息管理系统

从采购环节的订货、发货、退货，到生产过程中的物料需求及流转信息，再到产品的销售发货等各个环节都必须做好信息化工作，及时共享各环节的信息，以求得到供应链上的快速响应。（信息管理系统是现代化企业必备的管理手段）

2.　对上游供应商进行风险控制

公司 ORVR 装置组装线中的碳罐、加油管及通气管等部件都采用外购的方式，而且各个部分对整个系统的运行都起着十分重要的作用。因此公司对上游供应商的资质要求很高，我们选择的供应商都是国内资质较好的企业，如扬州华光橡塑新材料有限公司，我们将与其形成长期稳定的合作关系，以降低上游供应商给公司带来的风险。

3.　合理控制原材料及半成品库存

本产品坚持采用准时制生产模式，因此不会产生大量产成品库存（说明库存威胁不大，降低了资金链断裂的可能性），但为了保证生产及时进行，需要保留一定的原材料库存。控制原材料的合理库存及半成品的合理流转，对在供应链上控制产品成本起着极为重要的作用。

6.4　研究开发

6.4.1　研发措施

公司在研发策略上主要采取自主研发与产学研相结合的方式。公司的定位是高新技术企业，在研发方面具有人才优势，可以进行自主研发。

公司将借助江苏大学的资源，与高校联合进行科技攻关及人才培养，共建研究中心及实验室，设立产学研专项基金，促进科技成果转化，不断提高公司的核心竞争力。（这里解释的是如何利用产学研相结合的方式进行研发）

6.4.2 研发步骤

1. 调查计划阶段

根据市场对曦锐ORVR装置的认识和需求情况，根据政府对油气回收系统出台的质量和规模的要求，对产品进行再设计。提出新产品的构思、设计方案，包括新产品的构造、材料、工艺过程、规格、性能等方面的描述。

2. 新产品设计阶段

对技术构思进行评价及经济分析，提出完整的设计方案。

3. 新产品试制阶段

对新产品的质量、性能进行评价。

4. 小批量试制阶段

在获得对新产品在实际应用中的性能评价及反馈意见后，进行小批量生产，为以后的大批量生产做技术、经济上的准备。

5. 新产品的生产及市场开发阶段

投入生产、打开市场，同时根据市场的新需求进行新一轮研发工作。

点评 本部分对公司生产与研发的情况做了简单介绍。从介绍的内容中可以看到，公司选址经过了严密的分析，能够为公司以后的生产销售提供较大的帮助。另外，公司特别重视质量、供应链与研发的管理，就生产型企业而言，对这些方面的重视，无疑能增加投资人的投资信心。

第七章 投资与财务分析

7.1 股本结构与规模

我公司的股本结构与规模为：创业团队自有资金100万元，占总股本的2.86%；何××以发明人身份出资200万元，占总股本的5.71%；江苏大学以专利技术入股1 000万元，占总股本的28.57%；扬州华光橡塑新材料有限公司战略投资1 000万元，占总股本的28.57%；接受风险投资资金1 200万元，出让剩余的34.29%的股本。

7.2　资金来源与运用

7.2.1　资金来源

计划吸收3家或4家风险投资公司的投资以筹得风险投资资金1 200万元。创业团队自有资金入股100万元；技术顾问何××以其自有货币资金200万元入股。扬州华光橡塑新材料有限公司已与公司签订战略投资意向书，约定以货币资金1 000万元入股。江苏大学以其所持有的价值1 000万元的专利技术参股。

7.2.2　资金运用

公司创办初期筹集的资金主要用于支付开办费、房屋置办费以及购置办公用固定资产、生产用固定资产和研究设备。（资金具体用途的介绍不够细致，建议用表单详细列出各事项花费的资金）

7.3　营运情况预测

7.3.1　成本费用

公司日常运营会产生各种成本费用。下面对公司成立5年内的各项成本费用进行预算，以便让投资者和公司管理层清楚公司的资金去向。

1. 原材料来源及单价

（1）阀门套件

公司生产的阀门有坡度阀、油气阀、单向阀、燃油控制阀及泄压阀5种，其主要材料为共聚甲醛、膜片、阀球及压缩弹簧等，单个阀材料的成本为5.81元。

（2）ORVR装置

公司生产ORVR装置所需零部件主要为阀门、加油管、波纹管、活性碳罐等，材料成本为266.05元/件。

2. 厂房与办公楼租赁

公司厂址选在镇江高新技术创业园区，厂房、仓库及办公楼采用租赁方式取得。其中，厂房月租金为18元/平方米，办公楼月租金为25元/平方米。根据公司的生产需要及发展情况，公司未来5年的厂房与办公楼面积为6 000平方米。

3. 固定资产

随着销量和生产量的增加，公司后期需追加固定资产投资，具体数额如下表所示。

单位：元

项目	第一年	第二年	第三年	第四年	第五年
生产用固定资产	10 260 000	10 260 000	10 360 000	25 600 000	25 600 000
管理用固定资产	1 229 080	1 329 080	1 429 080	2 529 080	2 629 080
研究用固定资产	5 000 000	5 000 000	5 000 000	5 000 000	10 000 000
合计	16 489 080	16 589 080	16 789 080	33 129 080	38 229 080

4. 研发费用

公司属于高新技术公司，拥有的核心技术在国内尚无先例。因此，技术研发、开拓新产品对提高公司竞争力及维持其生存发展至关重要。研发费用按销售收入的6%计提，前5年的研发费用全部费用化。

5. 环保支出

公司将大力支持国家环保事业，待公司盈利能力稳定后，从第三年开始，每售出一件产品，为环保事业捐赠2元，至第五年累计捐赠559.2万元。

6. 其他费用

公司的其他费用均按销售收入的一定比例提取，其中业务招待费按0.5%提取，运输费按1%提取，宣传费按2%提取，差旅费按0.5%提取，办公费按0.08%提取，包装费按每件10元提取。（成本费用分析较为详细）

7.3.2 股利分配

为了给投资人最大限度的回报，结合利润增长及整体发展状况，公司将采取固定股利支付率政策。从第三年起，每年按当期净利润的50%向股东分配现金股利，给投资人带来良好的投资回报，以增强投资人对公司的信心，向市场传递公司稳步发展的信息，树立公司的良好形象。至第五年，公司累计现金分红达40 557 243.45万元。

7.4　财务分析

7.4.1　重要的财务数据表

单位：元

项目	第一年	第二年	第三年	第四年	第五年
销售收入	61 200 000.00	161 200 000.00	230 400 000.00	399 600 000.00	488 400 000.00
净利润	-5 322 441.91	10 671 495.95	16 074 785.42	27 921 685.32	37 118 016 16
所有者权益	29 677 558.09	40 349 054.04	48 386 446.75	62 347 289.41	80 906 297.49

从上表中可以看出，公司销售收入逐年上升，在第二年就扭亏为盈，并逐年增加，发展势头良好。

7.4.2　偿债能力分析

项目	第一年	第二年	第三年	第四年	第五年
资产负债率	12.91%	22.27%	25.47%	31.48%	30.20%
流动比率	2.35	2.67	2.81	2.12	2.44
速动比率	2.26	2.63	2.78	2.10	2.42

从上表中可以看出，公司的资产负债率逐渐趋于稳定，维持在30%左右；流动比率与速动比率的平均值均大于2.4，表明公司充分利用了财务杠杆，财务风险较小，偿还债务能力较强，财务状况较稳定。

7.4.3　营运能力分析

项目	第一年	第二年	第三年	第四年	第五年
应收账款周转率	22.79%	16.52%	13.41%	14.46%	12.54%
应收账款周转天数（天）	15.80	21.79	26.85	24.90	28.72
总资产周转率	3.59%	3.75%	3.94%	5.13%	4.72%
总资产周转天数（天）	100.22	96.01	91.27	70.23	76.25

从上表中的数据可以看出，随着公司发展进入成熟期，应收账款的周转率波动降低，趋于稳定，平均收现期限较短，应收账款收回较快；总资产周转率波动较小，平均值为4.226，平均约86.80天周转一次，表明公司资产的利用效率较高，营运能力强。

7.4.4 盈利能力分析

项　　目	第一年	第二年	第三年	第四年	第五年
销售净利率	-8.70%	6.62%	6.98%	6.99%	7.60%
净资产收益率	-17.93%	26.45%	33.22%	44.78%	45.88%
毛利率	20.03%	27.19%	28.44%	27.48%	28.16%

如上表所示，在逐渐进入市场并稳定发展时，销售净利率呈增长态势，由此可判断公司的经营方向和产品仍符合现有市场的需要；由净资产收益率可知，投资者的投资回报率较高，公司资金的回报水平较高，投入公司的资本获得了较好的保值增值；公司的毛利率水平维持在28%左右，属于较高水平，说明公司的ORVR装置技术含量高。

点评　本部分对投资与财务情况做了简单介绍与分析，准确说明了投资需求和股本占比情况。另外对公司偿债、营运和盈利能力的分析也比较详细。虽然数据均是未来的预测，但指标反映出来的能力还是较为优秀的，这样不仅能增加投资人的信心，也能提高公司团队的士气。

第八章　风险管理及资本退出

8.1　公司风险管理

8.1.1　市场开拓风险

公司生产的曦锐ORVR装置技术先进、性能优越，并且国内尚无先例，市场空间大。然而客户对新技术和新产品的认知度低，对其性能缺乏全面直观的了解，存在一定的市场开拓风险。

应对策略如下。

1. 专注自主品牌

由于国内ORVR技术尚属空白，公司在成立初期，目标市场瞄准国内自主品牌汽车。公司产品符合国家倡导的环保理念，高效稳定，易得到国内社会责任感强的自主品牌汽车制造商的支持，并且国内供应商的资格认证耗时较短，便于公司迅速开拓市场。

2. 加大宣传力度

公司很注重产品宣传促销，将结合自身实际情况，采用会议营销、论坛营销、网络营销等多种方式，大力推广产品品牌，使产品深入人心，树立公司的良好形象。（新进入市场的产品必须加大宣传力度，其间可能会用到多

种宣传手段）

8.1.2 管理风险

公司管理团队主要由未入职的研究生组成，虽然团队成员拥有极高的创业热情，但管理经验不足，不利于公司的长期发展。（这一点是最明显也是最容易出现的风险）

应对策略如下。

1. 完善内部控制体系

公司将建立分工明确的组织架构，各职能部门相互衔接配合，使公司整体正常运作；同时会降低组织经营成本，维护公司利益。另外还将安排专人根据公司的发展状况，定期优化内控制度，规范人员操守，为公司建立完善的自律系统，不断提升公司秩序化、规范化水平。

2. 定期安排技能培训

公司将安排各层级人员进行专业技能培训，并形成以股东大会为核心、经理层为支撑、各层人员共同参与及决策的学习型组织。这样不仅可以提高管理及工作水平，还能有效降低决策失误风险、增强员工的工作积极性与归属感。

3. 优化人才引进机制

公司将树立正确的人才观，依据公司的实际需要，"任人唯贤"而不论亲疏，采用人才市场选聘、挖掘其他公司合适人才、加强与科研部门及高校的联系等方式引进优质人才，为公司注入新鲜血液，增强公司的总体管理实力。（管理风险的应对策略还是比较合适的，先从内部抓起，并通过人才引进来辅助实施）

8.1.3 技术模仿风险

ORVR装置技术顺应国家注重环保问题的发展主题，待相关产品问世后，必然会出现很多仿冒的研发公司。随着模仿企业技术水平的不断提高、产品的改良和创新，公司的现有优势必将被严重削弱，公司的发展前景也会受到影响。

应对策略如下。

公司与江苏大学汽车与交通工程学院合作，聘请行业专家作为公司的技术顾问，并单独设立研发部和质检部，组建完善的研发团队，加大科研资金投入，确保公司在今后的发展中能不断推陈出新，保质、高效地进行ORVR装置相关技术的研发创造。（永远走在市场前面，引领市场和技术才能立于不败之地）

公司采用品牌策略，建立起客户对品牌的忠诚度，不仅可以为新产品的开发争取时间，还可以以优质的服务加深与客户的沟通，促使客户持续购买、使用公司产品，保证市场销量。

8.1.4 融资风险

公司在创办初期资信等级不高，规模不大，尚未与银行建立较稳固的合作关系，因此融资存在一定困难，运营资金吃紧。

应对策略如下。

公司将制订完善的融资计划，构建合理的融资结构，优化融资组合，坚持信息对称性原则，努力树立商业信誉，从而赢得投资人的充分信任。公司也会积极寻找风险投资，如江浙沪等发达地区具有大量民营公司且其资金充足，它们也在寻找资金需求量大、盈利能力较强、投资回报快的公司进行投资。

8.1.5 应收账款风险

由于公司在创业初期应收账款较少，主要收款对象为国内自主品牌汽车制造商。该对象资信等级高，信誉良好且资金运营情况良好，因此公司未提取坏账准备，后期视公司实际情况适量提取坏账准备，但是公司仍存在到期不能收回账款的风险。

应对策略如下。

1. 加强基础信息管理

公司需全面掌握客户的资信材料，了解对方的资信等级与偿债能力，建立客户信用评价体系，对不同信用级别的客户采用不同的收账政策，事先做好风险预防工作。

2. 严守相关内控制度，建立完整的赊销制度

赊销不应单凭销售人员的经验判断，而必须经有关具有审批资格的人员审批方可实行，做到谁赊销、谁负责、谁做账，责任明确、分工具体。公司应落实应收账款催收责任制，将销售人员的销售提成和应收账款的回收情况挂钩，对经办的每一业务都要进行事前、事中、事后监督，直至收回资金。

8.2 风险资本的退出

根据前面对财务数据的分析，公司第五年的财务状况满足我国对风险公司在创业板上市申请首次公开发行股票的规定，如要求最近两年连续营利，最近两年净利润累计不少于1 000万元；最近一期末净资产不少于2 000万元且不存在未弥补亏损；发行人是依法设立且持续经营3年以上的股份有限公司等。因此，综合考虑公司的基本情况、营运能力、市场竞争力等因素，初步确定第七年以IPO方式进行风险资本退出。（资本退出方式为IPO退出）

点评　本部分对风险管理和资本退出的情况做了介绍。从面对的风险和应对措施来看，公司在这方面的准备也是比较合理与充分的。但资本退出的方式有可能略显单一，无法更好地吸引投资人。建议可以优化退出的方式，增加退出渠道，如回购、转让等。

9.2.2　案例分析

上述案例的项目属于实体类高新技术项目。与互联网项目相比，实体类商业计划书的写作要点有所不同。下面通过对案例进行分析，进一步帮助读者理解实体类项目商业计划书的写作方法。

从整体来看，上述商业计划书重点介绍的内容有产品与技术、市场分析、营销管理、商业模式与战略管理、公司管理、生产与研发、投资与财务分析、风险管理及资本退出，下面分别对这些内容进行分析。

1. 产品与技术

该商业计划书首先介绍的是产品与技术，而非公司情况。这样处理的好处在于，产品和技术如果有明显的竞争优势，就能马上吸引投资人的目光。实体类项目在介绍产品和技术时，一定要突出技术上的优势，并通过与现状的对比，进一步体现该优势。如果有国家政策护航，则无异于如虎添翼。对于产品的构成和技术的原理，做简要说明即可，无须长篇大论。如果觉得有必要体现出来，可以将其放在附录中，供有兴趣的投资人查看。

2. 市场分析

市场分析部分的写法与互联网类项目的写法差别不大，主要涉及对市场、行业的现状、趋势、竞争环境等的介绍和分析。

3. 营销管理

这一部分的内容应当详细介绍，特别是涉及品牌建立和产品销售时，应当重点说明具体的策略和采取该策略的原因。对于新产品而言，如何打开销路是非常重要的，这一点也是投资人非常看重的部分之一。

4. 商业模式与战略管理

关于商业模式与战略管理，可以做简要说明，其中战略管理的内容甚至可以进一步简化，并放到公司介绍的部分来展现。如果属于创新的商业模式，则应该说明该模式的创新之处、有什么优势、如何让市场和用户接受等。

5. 公司管理

公司管理部分的写法与互联网项目相似，重点展现出组织结构和团队情况即可。

6. 生产与研发

这一部分的内容是实体类项目应当涉及的内容，介绍时应重点介绍研发、供货与生产的情况和优势，使投资人认可公司的研发能力、生产能力和产品的质量和数量。

7. 投资与财务分析

投资与财务分析需要说明资金的需求和用途、股份占比、财务现状、财务预测等，这些都与互联网类项目的介绍方法相似。

8. 风险管理及资本退出

此案例将风险管理与资本退出放在一起介绍，这样处理虽然不算错误，但一般情况下还是应当将资本退出方式放在投资部分来介绍。风险管理部分也与互联网类项目的介绍方法相似：说明会出现的风险，同时给出应对的措施。

9.3 疑难解答

问： 有些商业计划书的摘要是放在目录前面的，这样处理可以吗？

答： 一般来说，摘要的目的是让投资人阅读计划书前可以知道大概的内容，有些摘要还提供关键词以方便投资人搜索。这些特点和作用都说明摘要应该放在目录之前。但对于商业计划书而言，摘要越来越多地以项目概要的形式出现，因此往往会被放在目录之后。

问： 实体类项目的生产工艺和流程之类的内容，需要在商业计划书中体现出来吗？

答： 如果确有必要，比如有明显的生产特色和优势，或属于创新型工艺等，可以在文中做简要介绍，详细的工艺流程则可以放到附录中供投资人查看。

第10章

精雕细琢——
商业计划书美化技巧

本章导读

　　在确保一份商业计划书拥有优质的内容以后，它的美观、精致也会让投资人眼前一亮，立即产生阅读的兴趣。相反，一份外观看上去"粗制滥造"的商业计划书，给投资人的第一印象就不会很好。因此，对商业计划书进行美化是非常有必要的。

　　本章将以Word版商业计划书和PPT版商业计划书两种格式为例，介绍如何根据不同的软件特点来对商业计划书进行美化。通过学习本章的内容，读者可以将商业计划书打造得更加完美。

　　某研发诗词的App创业团队准备将制作好的商业计划书发送给投资人，创始人的一位朋友看见后连忙制止了他，原因是这位朋友认为这份商业计划书还有可以完善的地方。而所谓的可以完善的地方，指的就是对商业计划书进行适当的美化。下图即为该商业计划书的目录页效果，朋友告诉他这种商业计划书在外观上没有自己的特点，效果太过单调，会影响投资人的阅读体验。

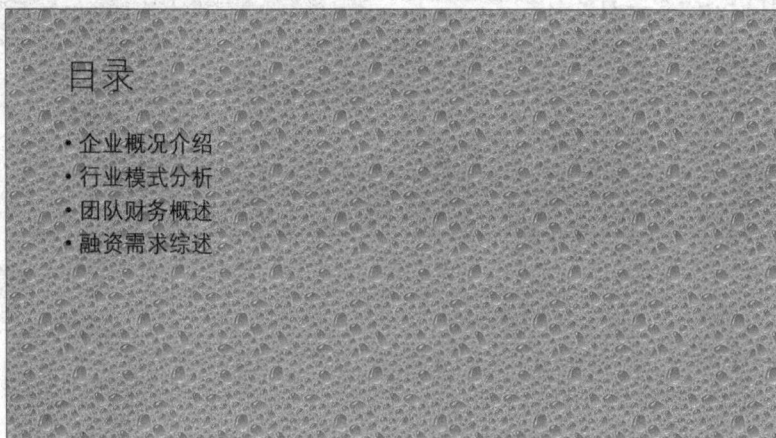

　　听了这位朋友的建议后，该团队重新认真地对商业计划书进行了美化和调整，调整后的目录页效果如下图所示。朋友看到后告诉他现在可以去寻找投资了，如此精致的商业计划书肯定会助其一臂之力。

案例分析

　　美化商业计划书是很有必要的一项操作。上例中如果该团队拿着美化前的商业计划书寻求投资，可以预见当投资人第一眼看到该计划书时，有很大概率会产生"看来又是一份浪费时间的商业计划书"的想法。因为该商业计划书给人的第一印象确实是太普通了，投资人每天需要阅读的商业计划书又很多，自然很难"入他们法眼"。如果拿着美化后的商业计划书给投资人阅读，暂且不说会不会让投资人眼前一亮，但至少会让他有看下去的意愿。因此，一份精美的商业计划书，是寻求投资的"敲门砖"，可以打开投资人下意识排斥的心理大门。

10.1　Word版商业计划书美化

　　Word版商业计划书是指利用Word来制作的商业计划书，这类商业计划书的篇幅较长，其中包含大量的内容。对这类长篇文档的美化，重点应放在内容的可读性、层次性和美观性上。

专家指导

　　除Word外，还有许多文档编辑软件，如Indesign、WPS等，这里以Word为代表。下面介绍的美化技巧，对使用其他文档编辑软件撰写的商业计划书同样适用。

10.1.1　字体美化技巧

　　字符是组成文档内容的最基本单元，简单大方的字体便于投资人阅读，舒适的字体外观可以缓解投资人的视觉疲劳，提升其阅读体验。

1. 美化要点

字体的美化要点为字体外观、字号大小、字体颜色等属性设置。

》 **选择字体：**商业计划书中，除特殊情况外，不宜选择过于花哨的设计类字体。通常使用的正文字体为宋体，一级标题可以选用黑体或加粗处理的宋体，二级标题类似，三级标题可以选用楷体。

- **字号大小**：正文的字号一般为Word默认的五号字，可以在此基础上适当增大字号，各级标题的字号略大于正文，一级标题可以使用三号字，其余级别的标题字号酌情略减即可。
- **字体颜色**：正文字体的颜色为黑色，各级标题除一级标题有时需要设置其他颜色外，都使用黑色为宜。图10-1所示即为某商业计划书对字体进行不同设置的对比效果。很明显上图给人感觉“花里胡哨”，严重影响阅读体验；下图则给人感觉非常“清爽”，可读性更强。

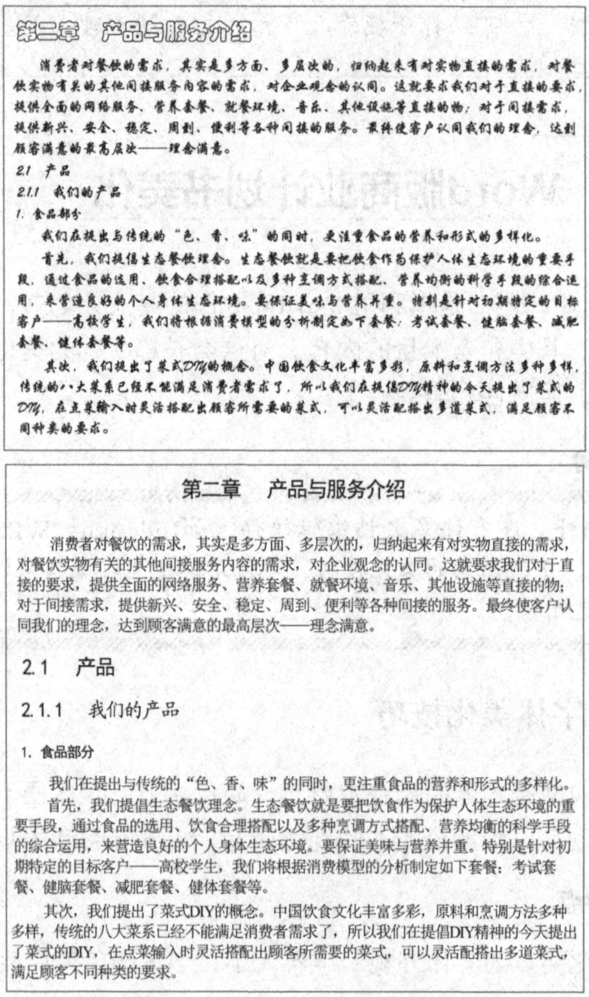

第二章　产品与服务介绍

消费者对餐饮的需求，其实是多方面、多层次的，归纳起来有对实物直接的需求，对餐饮实物有关的其他间接服务内容的需求，对企业观念的认同。这就要求我们对于直接的要求，提供全面的网络服务、营养套餐、就餐环境、音乐、其他设施等直接的物；对于间接需求，提供新兴、安全、稳定、周到、便利等各种间接的服务。最终使客户认同我们的理念，达到顾客满意的最高层次——理念满意。

2.1　产品

2.1.1　我们的产品

1. 食品部分

我们在提出与传统的“色、香、味”的同时，更注重食品的营养和形式的多样化。

首先，我们提倡生态餐饮理念。生态餐饮就是要把饮食作为保护人体生态环境的重要手段，通过食品的选用、饮食合理搭配以及多种烹调方式搭配、营养均衡的科学手段的综合运用，来营造良好的个人身体生态环境。要保证美味与营养并重。特别是针对初期特定的目标客户——高校学生，我们将根据消费模型的分析制定如下套餐：考试套餐、健脑套餐、减肥套餐、健体套餐等。

其次，我们提出了菜式DIY的概念。中国饮食文化丰富多彩，原料和烹调方法多种多样，传统的八大菜系已经不能满足消费者需求了，所以我们在提倡DIY精神的今天提出了菜式的DIY，在点菜输入时灵活搭配出顾客所需要的菜式，可以灵活配搭出多道菜式，满足顾客不同种类的要求。

第二章　产品与服务介绍

消费者对餐饮的需求，其实是多方面、多层次的，归纳起来有对实物直接的需求，对餐饮实物有关的其他间接服务内容的需求，对企业观念的认同。这就要求我们对于直接的要求，提供全面的网络服务、营养套餐、就餐环境、音乐、其他设施等直接的物；对于间接需求，提供新兴、安全、稳定、周到、便利等各种间接的服务。最终使客户认同我们的理念，达到顾客满意的最高层次——理念满意。

2.1　产品

2.1.1　我们的产品

1. 食品部分

我们在提出与传统的“色、香、味”的同时，更注重食品的营养和形式的多样化。

首先，我们提倡生态餐饮理念。生态餐饮就是要把饮食作为保护人体生态环境的重要手段，通过食品的选用、饮食合理搭配以及多种烹调方式搭配、营养均衡的科学手段的综合运用，来营造良好的个人身体生态环境。要保证美味与营养并重。特别是针对初期特定的目标客户——高校学生，我们将根据消费模型的分析制定如下套餐：考试套餐、健脑套餐、减肥套餐、健体套餐等。

其次，我们提出了菜式DIY的概念。中国饮食文化丰富多彩，原料和烹调方法多种多样，传统的八大菜系已经不能满足消费者需求了，所以我们在提倡DIY精神的今天提出了菜式的DIY，在点菜输入时灵活搭配出顾客所需要的菜式，可以灵活配搭出多道菜式，满足顾客不同种类的要求。

图10-1　字体的不同美化效果对比

专家指导

> 有的商业计划书从整体上看拥有其特有的主题颜色，比如在封面、页眉页脚等区域设置该主题颜色来达到统一商业计划书的整体颜色的目的。此时也可以将一级标题设置为该主题颜色来进行呼应，前提是该颜色为深色，否则将影响标题的展现。

2. 美化方法

以Word 2016版为例，在文档中选择需要设置的文本后，可以直接在【开始】/【字体】组中利用其中的参数选项进行设置，如图10-2所示。也可单击该组右下角的"展开"按钮，在打开的"字体"对话框中进行设置，如图10-3所示。

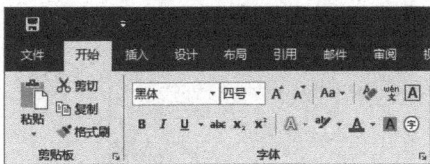

图10-2　在"字体"组中设置 　　　　图10-3　在"字体"对话框中设置

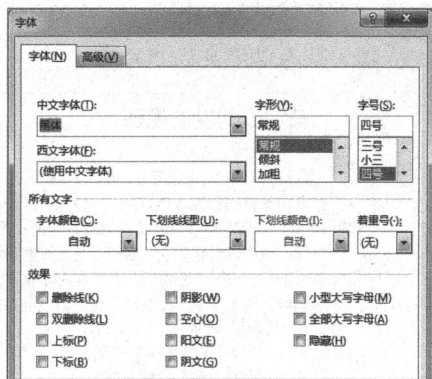

10.1.2　段落美化技巧

段落美化的"终极目标"就是增强文档的层次感，进而提升阅读体验。

1. 美化要点

美化段落可以通过设置对齐方式、缩进方式和间距等来达到目的。

» **对齐方式**：通过设置对齐方式，可以将整个段落调整为居中对齐、左对齐、右对齐等效果。商业计划书中，一级标题可以设置为居中对齐，其他级别的标题及正文一般采用两端对齐的方式。其中，两端对齐是指在文档页面左边距与右边距之间均匀分布文本，这种对齐方式可以让文档看上去更为干净整洁。

» **缩进方式**：缩进是指段落距离左边距或右边距的距离。对于正文而言，首行缩进2字符是最常见的缩进方式。除一级标题外，其他级别的标题也可以设置首行缩进2字符或左缩进2字符，也可不进行缩进处理。

» **间距**：间距包括段落各行之间的行间距，以及段落与段落之间的段前间距与段后间距。对正文而言，五号字的行间距一般设置为"单倍行距"，其他字号的行间距设置以此为参考即可。正文与正文之间的段落距离一般采用默认值。标题的段前间距和段后间距一般在"0.2~0.5行"的范围内进行设置，总体要求就是突出层次感，但不至于太浪费页面空间。图10-4所示即为某商业计划书中对段落进行不同美化后的对比效果。其中，上图保留了默认的段落设置，仅对字体进行了美化，页面内容较为紧凑，层次感不强。下图加大了标题的段落间距和段落自身的行间距，并将正文缩进方式设置为"首行缩进2字符"，这样就让整个页面显得较有层次感，内容分布较为合理，给人以清爽优雅的感觉。

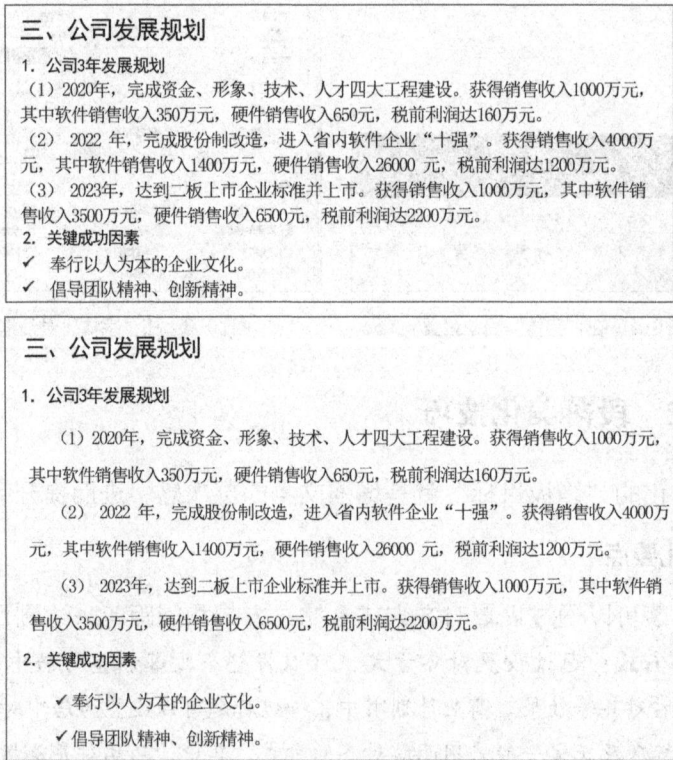

三、公司发展规划

1. 公司3年发展规划

（1）2020年，完成资金、形象、技术、人才四大工程建设。获得销售收入1000万元，其中软件销售收入350万元，硬件销售收入650万元，税前利润达160万元。

（2）2022 年，完成股份制改造，进入省内软件企业"十强"。获得销售收入4000万元，其中软件销售收入1400万元，硬件销售收入26000 元，税前利润达1200万元。

（3）2023年，达到二板上市企业标准并上市。获得销售收入1000万元，其中软件销售收入3500万元，硬件销售收入6500元，税前利润达2200万元。

2. 关键成功因素

✓ 奉行以人为本的企业文化。
✓ 倡导团队精神、创新精神。

三、公司发展规划

1. 公司3年发展规划

（1）2020年，完成资金、形象、技术、人才四大工程建设。获得销售收入1000万元，其中软件销售收入350万元，硬件销售收入650万元，税前利润达160万元。

（2）2022 年，完成股份制改造，进入省内软件企业"十强"。获得销售收入4000万元，其中软件销售收入1400万元，硬件销售收入26000 元，税前利润达1200万元。

（3）2023年，达到二板上市企业标准并上市。获得销售收入1000万元，其中软件销售收入3500万元，硬件销售收入6500元，税前利润达2200万元。

2. 关键成功因素

✓奉行以人为本的企业文化。

✓倡导团队精神、创新精神。

图10-4　段落的不同美化效果对比

2. 美化方法

与美化字体类似，美化段落时，在文档中选择需要设置的段落后，在【开始】/【段落】组中利用其中的参数选项进行设置，如图10-5所示。也可单击"段落"组右下角的"展开"按钮，在打开的"段落"对话框中进行设置，如图10-6所示。

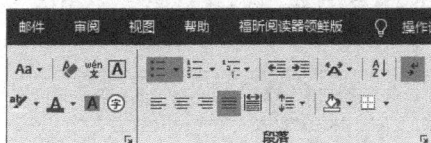

图10-5　在"段落"组中设置　　　　　图10-6　在"段落"对话框中设置

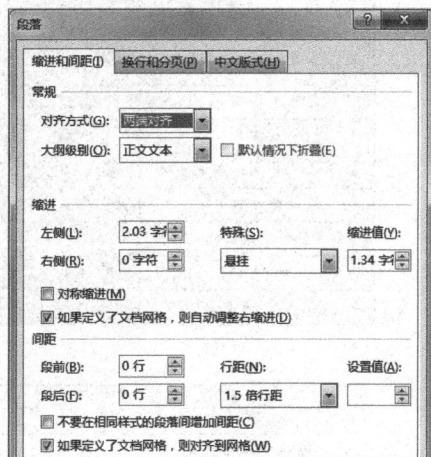

10.1.3　表格美化技巧

商业计划书中有许多地方都会用到表格，比如公司获得的专利信息、公司的财务数据和指标等。使用表格展示这些数据有助于投资人查看和理解。

1. 美化要点

表格的美化主要有两个方面：一是表格内部的文本或段落，其美化要点可以参考10.1.1节和10.1.2节介绍的内容；另一方面则是表格的边框和底纹，下面对其进行重点介绍。

> » **表格边框**：表格边框的作用主要是划分区域，因此美化的要点在于边框不能过细，否则区域划分就不明显，也不能过粗以免影响整体美观。通常在美化边框时，会将内部边框的粗细设置在"0.2～0.5磅"这个范围，上下外边框的粗细设置在"0.75～1磅"这个范围，取消左右外边框。

> » **表格底纹**：表格底纹实际上就是单元格的填充颜色，通常采取的做法是为第一行或第一列单元格填充底纹，有的表格也可以隔行或隔列交替填充相同

的颜色。建议选择与主题色为同一个色系的颜色，比如主题色为蓝色，则可以在第一行单元格填充浅蓝色底纹。图10-7所示即为某商业计划书中对表格进行不同美化后的对比效果。上图中的表格美化得过于"花哨"，相比起来，下图中的表格则显得清爽不少。

项目	原值	月折旧率（%）	月折旧金额
1.8米平冷工作台冰柜	2000	1.6	32
30升全自动电热水器	500	1.6	8
直饮超滤进水器	600	1.6	9.6
商用小型制冰机	1000	1.6	16
收银机	1000	1.6	16
盎司杯、量杯、雪克杯等	1000	1.6	16
封口机	1200	1.6	19.2
EC9.1咖啡机	700	1.6	11.2
碎冰机	200	1.6	1.9
冰淇淋机	4800	1.6	76.84

单位：元

项目	原值	月折旧率（%）	月折旧金额
1.8米平冷工作台冰柜	2000	1.6	32
30升全自动电热水器	500	1.6	8
直饮超滤进水器	600	1.6	9.6
商用小型制冰机	1000	1.6	16
收银机	1000	1.6	16
盎司杯、量杯、雪克杯等	1000	1.6	16
封口机	1200	1.6	19.2
EC9.1咖啡机	700	1.6	11.2
碎冰机	200	1.6	1.9
冰淇淋机	4800	1.6	76.84

图10-7　表格的不同美化效果对比

专家指导

　　表格中各行的行高与各列的列宽也影响着表格的美观程度。设置时不能使表格整体看上去过于紧凑或过于松散，相同关系的行或列，其行高或列宽可以保持一致，具体可以参考上图中下方表格的效果。该表格第一行行高的值更大，其余各行的行高是相等的；第一列列宽的值更大，其余各列的列宽近似相等。

2. 美化方法

美化表格的边框时，一般可以选择整个表格然后再进行设置，而美化表格底纹时，则只能选择相应的单元格然后再进行设置。

» **美化边框**：在表格中单击鼠标，定位插入光标，单击表格左上角出现的"全选"标记田选择整个表格对象，在【表格工具－设计】/【边框】组的右下角单击"展开"按钮，此时将打开"边框和底纹"对话框的"边框"选项卡，如图10-8所示，在"宽度"下拉列表框中选择需要的宽度，单击右侧预览区表格中相应的边框位置即可设置该位置的边框格式。重新设置宽度后，再次单击表格中其他的边框位置，又可设置相应位置的边框格式。

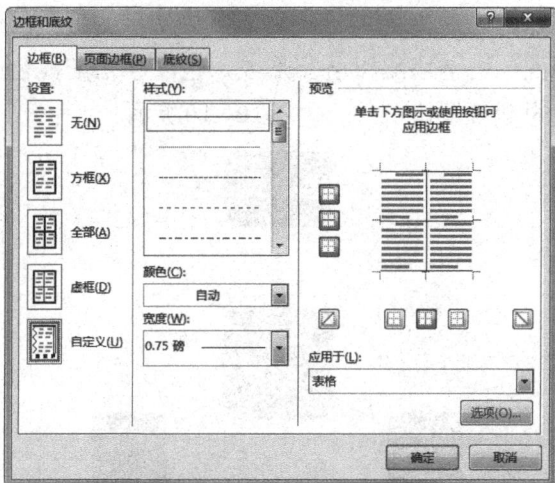

图10-8　在"边框和底纹"对话框中设置表格边框

» **美化底纹**：选择需要设置的单元格，在【表格工具－设计】/【表格样式】组中单击"底纹"按钮下方的下拉按钮，在弹出的下拉列表中选择需要的底纹颜色即可，如图10-9所示。

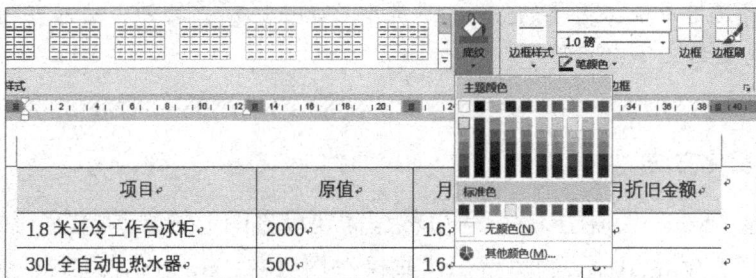

图10-9　为单元格添加底纹

▌ 10.1.4　图示美化技巧

图示主要是指商业计划书中可能出现的结构图、流程图等，如组织结构图、生产工艺流程图。在Word中可以直接利用SmartArt工具来创建相应图示，创建过程也很简单。下面重点介绍图示的美化要点和方法。

1. 美化要点

图示显示的是一种关系，因此逻辑性是首先需要考虑的。比如展示有先后顺序的内容时，就不能选择表现层次结构的图示。确定了逻辑关系后，就要保证图示能够清晰地显示出这种关系，这就要求文本、图形、线条等元素能够被清楚地展示出来。设置时，一般都会将文字的颜色与图形的颜色进行高反差设置，即浅色文字搭配深色图形或深色文字搭配浅色图形。线条的颜色则可以与图形的颜色保持一致，如图10-10所示。

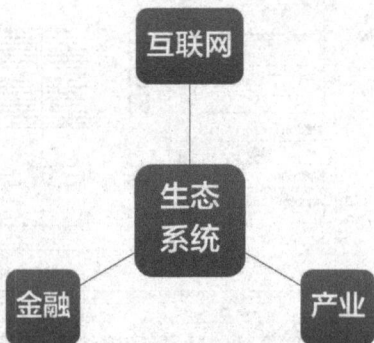

图10-10　添加图示

专家指导

在Word中的【插入】/【插图】组中单击"SmartArt"按钮，在打开的对话框中选择需要的SmartArt类型后单击　确定　按钮，然后在图形中输入需要的文字内容即可。

2. 美化方法

创建了SmartArt图形后，可以根据需要设置图形的文本内容、结构、颜色，也可更改SmartArt的类型。这些操作均可在"SmartArt工具-设计"选项卡中实现。

» **修改文本**：在【SmartArt工具-设计】/【创建图形】组中单击 文本窗格 按
钮，可在打开的窗格中设置文本内容，如图10-11所示，利用【Tab】键或
【Shift+Tab】组合键可调整文本的显示级别。

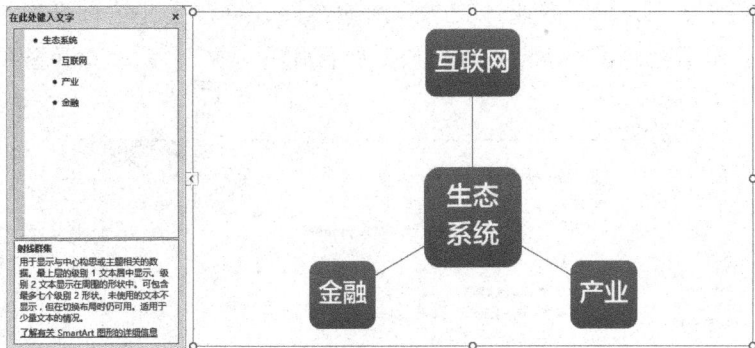

图10-11　在文本窗格中设置文本

» **调整结构**：选择SmartArt图形中的某个形状，在【SmartArt工具-设计】/
【创建图形】组中单击 添加形状 按钮后侧的下拉按钮，可在弹出的下拉列表
中为所选形状添加相应位置的形状。

» **设置颜色**：在【SmartArt工具-设计】/【SmartArt样式】组中单击"更改颜
色"按钮 下方的下拉按钮，在弹出的下拉列表中可为SmartArt图形设置
颜色。

» **更改类型**：在【SmartArt工具-设计】/【版式】组中可以重新为SmartArt选
择其他图形类型。

10.1.5　页眉、页脚美化技巧

对于篇幅较长的商业计划书而言，页眉和页脚是不可缺少的部分。一般
情况下，页眉的内容会显示在每一页文档的上方，页脚的内容则会显示在每
一页文档的下方。

1. 美化要点

从内容上说，页眉和页脚所显示的内容要清晰可见，如果包含图片形状
等其他元素，也尽量不要设置得过于"花哨"。页眉的内容可以是公司名
称、商业计划书名称，甚至可以是联系方式；页脚的内容则主要是页码。这
些元素不能喧宾夺主，抢占了正文的"风头"。

另外，美化页眉和页脚时也不能太过随意，它们是体现整篇商业计划书

主题思想的好帮手。比如一个关于科技项目的商业计划书，就可以在页眉、页脚处添加具有科技色彩的图片或形状来渲染科技的氛围。图10-12所示即为某少儿培训机构的商业计划书的页眉、页脚效果，通过在页眉、页脚区域添加卡通图形，增加了商业计划书的童趣效果，符合少儿培训机构的形象。页眉中添加了机构的名称，页脚处添加了页码，充分发挥了页眉和页脚的作用。

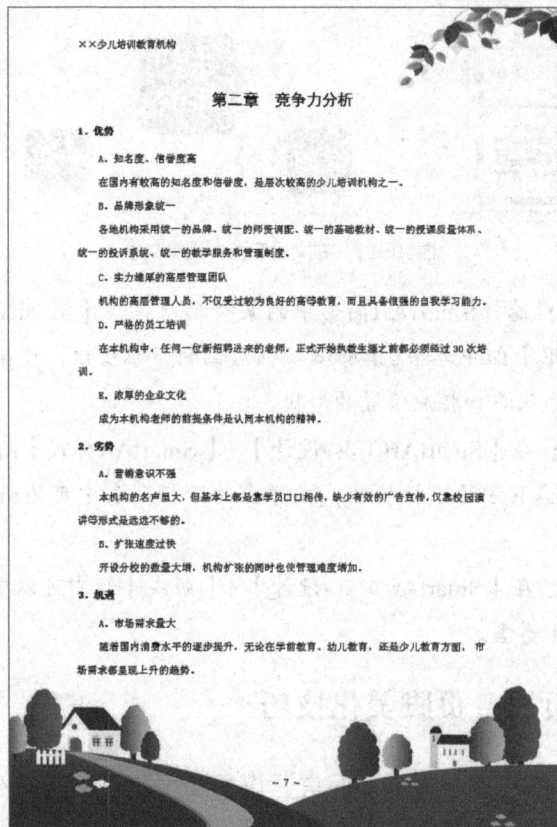

图10-12　页眉页脚的美化效果

2. 美化方法

在Word中美化页眉、页脚的方法很简单，只需双击页眉或页脚区域，然后选择需要美化的文本或段落，按10.1.1节和10.1.2节介绍的方法进行设置即可。需要注意的是，在页脚区域添加页码时，应在【页眉和页脚工具-设计】/【页眉和页脚】组中单击"页码"下拉按钮 ，在弹出的下拉列表中选择所需页码的位置和格式即可。

10.2　PPT版商业计划书美化

　　PPT是指用PowerPoint（幻灯片）演示文稿制作的文件。由于PowerPoint具有强大的演示功能，越来越多的公司或创业团队会选择利用它来制作商业计划书，以便在某个场合进行公开演说，向投资人介绍自己的公司、团体、项目、产品和想法。

　　为了更好地吸引投资人，除了演说人需要具备极高的素质外，PPT的美化也非常重要。下面就为读者介绍一些美化PPT版商业计划书的方法。

10.2.1　配色

　　不同的色彩能够给人不同的感觉。就商业计划书而言，也可以根据一定的配色方案来确定整体的色彩搭配。

1. 色相环

　　在介绍配色方案之前，先来认识一下色相环。色相环是用于体现不同颜色相互之间的关系的一种图示，根据颜色数量的不同，色相环分为十环色相环、十二环色相环、十六环色相环、二十四环色相环等。这里以十二环色相环为例进行介绍，其效果如图10-13所示。

图10-13　十二环色相环

　　根据颜色在色相环中位置的不同，可以将各颜色之间的关系分为对比色、互补色、邻近色、类似色等。

>> **互补色：** 色相环中相距180度的颜色互为互补色，如红色的互补色为绿色。

>> **对比色：** 色相环中相距120～150度的颜色互为对比色，如红色的对比色可以是蓝色、蓝绿色、黄色、黄绿色。

>> **类似色：** 色相环中距离在90度范围之内的颜色统称为类似色，如红色的类似色可以是蓝紫色、紫色、红紫色、红橙色、橙色、黄橙色。

>> **邻近色：** 色相环中距离在60度范围之内的颜色都是邻近色，如红色的邻近色可以是紫色、红紫色、橙色、红橙色。

2. 配色方案

了解了颜色之间的相互关系后，下面介绍4种常用的配色方案以供参考使用。

>> **单色搭配：** 单色搭配是指仅使用一种颜色，通过调节饱和度和亮度来搭配出深浅不一的效果。这是一种相对安全和谐的配色方法，可以保证商业计划书的简洁和专业，操作上也更为省时省力。

>> **类似色搭配：** 指使用色相环中的两个或两个以上的类似色进行搭配的方案。它的好处在于颜色之间的差异较小，同时又比只使用一种颜色更富有变化，不易使画面产生呆滞感。

>> **互补色搭配：** 指使用色相环中的两个互补色进行搭配的方案。互补色搭配可以使画面形成强烈的反差和对比，能够吸引投资人的注意。但是要注意使用互补色时要有主次之分，两种颜色中一个作为主要颜色，另一个作为辅助颜色，这样才能在体现对比效果的同时不至于让画面显得不协调。图10-14所示即为互补色配色方案，其中背景色使用的是绿色，水平矩形条则使用的红色（作为辅助颜色）。

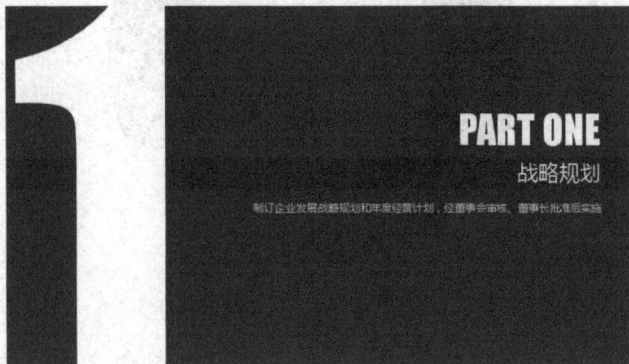

图10-14　互补色配色方案

» **双互补色搭配：** 指使用色相环中两个相邻色及其互补色进行搭配的方案。这种搭配可以增强画面的活泼感和趣味性，使用时要注意颜色的亮度不宜太高。

专家指导

除非对颜色有较强的掌控力，否则不建议在PPT中使用太多种颜色。通常的做法是以公司的标识颜色或行业的代表颜色为主要颜色，然后另外选择1～2种颜色作为辅助和点缀的颜色。

10.2.2　文字美化

PPT的文字内容不宜过多，但这不代表文字并不重要。美化文字时，应该从字体的选择以及如何突出显示重要文字的角度着手。

1. 字体的选择

从数量上来看，PPT中使用的字体不宜太多，一般不应超过3种，这样能保证整体的统一性。从外观上看，应结合项目、主题等因素选择合适的字体，这其中涉及衬线字体与无衬线字体两类字体。

» **衬线字体：** 衬线字体是一种艺术化字体，这类字体的笔画粗细不一，有的还带有笔锋或其他的修饰效果，如"楷体""隶书"等字体。在衬线字体的这种特性下，如果字号太小，文字的可读性就会变得较差，因此衬线字体常以标题的形式存在，不适合作为正文字体使用。

» **无衬线字体：** 无衬线字体的笔画没有明显的粗细差别，这类文字的优点在于非常简洁现代，极具商务感，非常适合在电子屏幕上阅读，在PPT中使用也较为广泛。如"黑体""中等线字体""中黑"字体等都属于无衬线字体。

专家指导

对字体外观敏感度较低的用户，可以选择一种正文字体，如"思源黑体"，然后可以将经过放大、加粗等处理的该字体作为标题字体，这样既保证了统一性，也不会影响美观和可读性。

2. 突出重要的文字

将需要引起观众注意的文字突出显示，是在PPT中美化文字最常用的方法之一。增大字号、改变字体颜色等多种操作均可实现突出显示文字的效果。

增大字号时一般也会与改变字体颜色结合进行设置，这样可以通过大小与颜色的显著变化突出文字效果。在图10-15所示的幻灯片中，为了突出极具特色的营销方式，文字使用了"颠覆"一词，而要引起投资人的兴趣，则可以突出显示"颠覆"这两个字的效果。

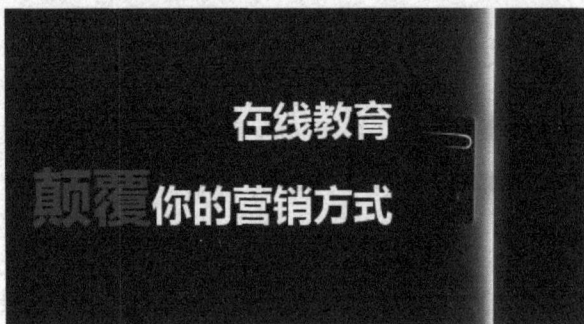

图10-15　增大字号并改变字体颜色

另外，使用线条、边框、色块等形状也可实现突出显示文字的效果。图10-16便利用了色块来突出显示核心团队的简介内容。通过色块与背景的反差，自然地将观众的视线转移到文字上。

图10-16　利用色块突出显示文字

10.2.3　表格美化

表格是PPT中使用较多的对象之一，在商业计划书中，也可以尽量使用表格来展现数据，利用PPT的演示功能最大化地发挥表格的作用。

美化表格时，除了要注意表格内容简单、边框不宜过粗、颜色不宜过多外，还可以使用一些方法来快速提高表格的质量。

1. 使用形状点缀表格

在表格中使用各种形状来点缀表格，不仅可以提升表现力，也能使表格变得更加生动活泼。图10-17中，表格的项目名称前使用了矢量图形来生动表现该项目，右侧则使用实心五角星和空心五角星的组合来表现潜力指数，整个表格看上去自然又富有感染力。

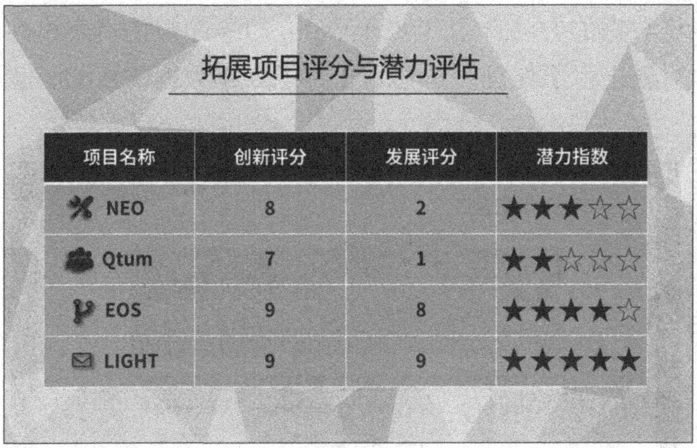

项目名称	创新评分	发展评分	潜力指数
NEO	8	2	★★★☆☆
Qtum	7	1	★★☆☆☆
EOS	9	8	★★★★☆
LIGHT	9	9	★★★★★

图10-17　使用形状点缀表格

除了使用单独的形状外，也可使用形状组合来点缀表格。图10-18所示的幻灯片中便使用多个矩形组成了电池的图案，以中间实心矩形的数量来代表不同的电量，进一步展示了表格所要表达的不同的培训效果，使得整个表格更加生动和立体。

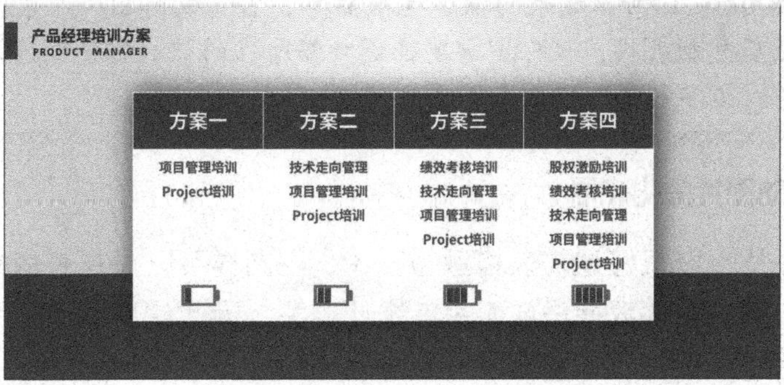

方案一	方案二	方案三	方案四
项目管理培训 Project培训	技术走向管理 项目管理培训 Project培训	绩效考核培训 技术走向管理 项目管理培训 Project培训	股权激励培训 绩效考核培训 技术走向管理 项目管理培训 Project培训

图10-18　使用形状组合点缀表格

专家指导

　　表格在颜色的使用上，也应该与主题配色相统一。如图10-18中的表格，其首行的底纹颜色与幻灯片的主题颜色一致。形状图案中的电量也使用了相同颜色。这样会使画面更加协调和统一。

2. 强调表格数据

　　对于表格而言，只要提到强调数据，绝大多数情况会选择加粗字体、加大字号、改变颜色等常规操作。如果想得到更好的效果，则应该考虑更有创意的强调表格数据的方法。图10-19所示的幻灯片中便将表格的一列数据作为一个整体对象进行了处理，这样既达到了强调数据的目的，也使表格更加立体和生动。

图10-19　强调表格数据

专家指导

　　实现图10-19所示效果的操作也很简单，首先制作出一个表格并美化内容。然后复制表格，仅保留需要强调数据所在的行。将复制的表格适当放大，并对文字颜色进行适当修改即可。

3. 借助图片美化表格

　　如果图片可以很好地与表格融为一体，则同样可以提升表格的表现力。图10-20所示的表格数据与商业用房统计相关，因此使用了房屋图片来作为表格的边框，使图片和表格数据合二为一，更加形象生动地表现出了表格的内容。

图10-20　使用图片作为表格边框

图10-21中，表格数据为手机参数，因此选用了手机图片作为表格的外边框和背景图片，表格极具创意。

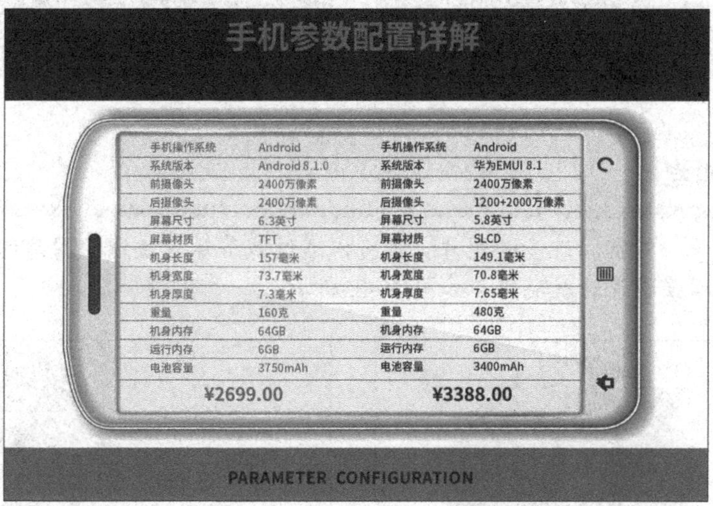

图10-21　使用手机图片作为表格框架和背景

10.2.4　图片美化

PPT中少不了图片，无论是作为内容来展示，还是作为背景来点缀，图片都能为PPT增色不少。选用图片时，首先要保证图片的清晰度，不使用低分辨率的图片。其次，图片的内容要与PPT需要表现的内容一致，不要出现图文不对应的情况。如果需要使用多幅表现不同产品的图片，则图片的外观、效果等应尽量保持一致。

上述内容是美化图片最基本的要求。除此以外，还可以使用一些技巧来对图片进行设置。

1. 图片要有空间

如果图片是用来辅助文字内容的，就应该考虑如何在图片上添加文字，有没有为文字留出合适的位置或空间。此时，应选择有空白区域的图片素材，而不是完全撑满空间的图片。图10-22所示即为有空间和没有空间的图片对比，左图的效果明显好于右图。

图10-22　图片上有无空间的对比

专家指导

对于一些空间过多的图片，则可以通过裁剪等方法缩小图片的空间，这样能增强图片的表现力，如图10-23所示。

图10-23　主动减少图片空间

2. 利用图片引导内容

当图片内容具有明显或潜在的引导信息时，可以充分利用这个优势，更好地实现图文混排的效果。图10-24左图利用了人眼朝向，图10-24右图利用了道路的延伸方向，这些信息可以潜移默化地将观众的视线吸引到相应的方向上，再将文字放置在相应的方向上就非常合适。

图10-24　利用图片的引导方向放置文字

3. 文字过多时图片应简洁

一些PPT中可能无法避免包含较多的文字内容，遇到这种情况时，应尽量选择简洁的图片素材来突出文字对象。图10-25左图的背景过于复杂，即便为文字添加了色块也无法提升文字的可读性和观赏性；而图10-25右图使用简洁的图片则得到了完全不一样的效果。

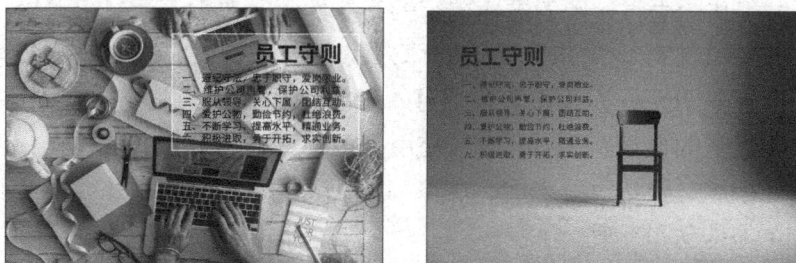

图10-25　文字过多时图片的使用对比

🔍 10.3　疑难解答

问：Word表格中的数据可以设置段落和缩进方式吗？

答：可以。将插入光标定位到单元格中，便可按设置正文的方法设置表格中数据的对齐、缩进和间距等格式。一般来说，一行一行地显示数据时，首行可以设置为上下、左右居中对齐，其余各行设置为上下居中、左对齐的效果。

问： 在PPT中排列多幅图片有什么技巧吗？

答： 排列多幅图片时，应根据图片内容来决定排列方法。比如多张产品图片，则应保证其大小一致、间距一致，在水平或垂直方向上对齐即可。如果是介绍团队的多幅人物图片，则不仅要保证图片对齐分布，还要保证图中人物的眼睛也处于同一水平线上，这就是视平线概念。进行这种处理后，可以确保图片的重心稳定、内容集中，如图10-26所示。

图10-26　人物图片的视平线应一致

问： 在PPT中使用图表对象后，应该如何进行美化呢？

答： 美化图表时，要考虑其内容的简洁性，一般图表背景多采用浅色背景，这样便于更好地突出数据。总体来说，图片美化后能实现便于阅读理解、看起来美观大方的效果即可。另外，在PPT中完全可以使用形状来表达图表所要表达的数据。图10-27便使用了多种不同的形状和颜色，分别展示了投资回报率、年化收益率和利润率等指标。这种处理方式相较图表而言，自然会更加生动和形象。

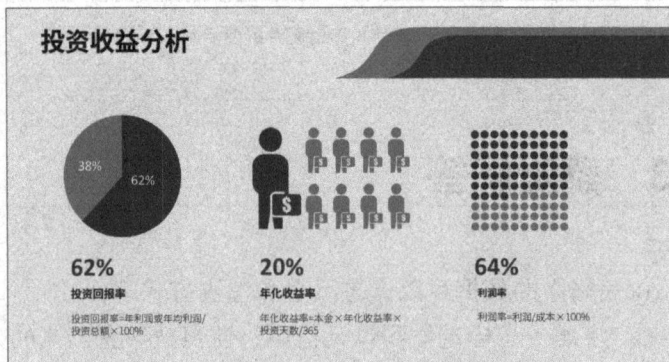

图10-27　利用形状表现图表数据